Dem Single-Dasein auf der Spur

Pädagogisch-psychologische Bedingungsfaktoren für Partnerlosigkeit im mittleren Erwachsenenalter

von

Maria Mechthild Bodmann

Tectum Verlag
Marburg 2000

Die Deutsche Bibliothek - CIP-Einheitsaufnahme

Bodmann, Maria Mechthild:
Dem Single-Dasein auf der Spur.
Pädagogisch-psychologische Bedingungsfaktoren für Partnerlosigkeit im mittleren Erwachsenenalter.
/ von Maria Mechthild Bodmann
- Marburg : Tectum Verlag, 2000
Zugl: Bochum, Univ. Diss. 1999
ISBN 3-8288-8104-1

Tectum Verlag
Marburg 2000

Vorwort

„Und jedem Anfang wohnt ein Zauber inne, der uns beschützt und der uns hilft, zu leben.“ (Hermann Hesse)

Wenn die eigene Dissertation vor einem liegt, ist es wie ein kleines Wunder, daß nun tatsächlich doch die allerletzten Korrekturen ein Ende gefunden haben.

Noch wunderbarer ist, daß mir in dieser Zeit des „Oft-wenig-Zeit-habens“ die Familie und die Freunde treu blieben und stets ein offenes Ohr hatten.

Besonders möchte ich mich bei meinen Eltern, Josef und Monika Bodmann, und Geschwistern, Monika Dreist, Josef Bodmann und Beate Bodmann, für Ihre Ermutigung und tatkräftige Hilfe bedanken.

Außerdem sollen an dieser Stelle meine Betreuer dankend hervorgehoben werden: Ohne die Unterstützung von Prof. Dr. Hans Werner Bierhoff wäre diese Arbeit nie geschrieben worden, und ohne Prof. Dr. Bernhard Rosemann hätte die Dissertation kein Ende gefunden.

Des weiteren stärkten meinen Durchhaltewillen zwei Freunde: Karin Rinne - mit ihrer fachlichen Kompetenz - und Oliver Geiß – mit seinem Humor.

Ebenfalls herzlichen Dank sei allen Freunden und Bekannten, die bei der Verteilung der Fragebögen geholfen haben. Auch wenn ich sie hier nicht einzeln aufführen kann, werde ich ihr Engagement in guter Erinnerung behalten.

Inhaltsverzeichnis

Abbildungsverzeichnis

Kapitel 2

Kapitel 3

Kapitel 7

Kapitel 8

Tabellenverzeichnis

Kapitel 2

Kapitel 3

Kapitel 4

Kapitel 6

Kapitel 8

Was es ist

Es ist Unsinn

sagt die Vernunft
Es ist was es ist
sagt die Liebe

Es ist Unglück
sagt die Berechnung
es ist nichts als Schmerz
sagt die Angst
Es ist aussichtslos
sagt die Einsicht
es ist was es ist
sagt die Liebe

Es ist lächerlich
sagt der Stolz
Es ist leichtsinnig
sagt die Vorsicht
es ist unmöglich
sagt die Erfahrung
Es ist was es ist
sagt die Liebe
(Fried, 1998, S.98)

1 Bindungslust: Hinführung zur Thematik

„Der fruchtlose Verschiebebahnhof von 'die Eltern sind schuld' zu 'die Gesellschaft ist schuld' zu 'die Männer' sind schuld' soll stillgelegt werden zugunsten einer Denkpause, in der eine Weile keiner schuld ist und alle beteiligt (Schmidbauer, 1994, S.9).

Warum ein Mensch im mittleren Erwachsenenalter ohne einen festen Partner[1] lebt, war bisher kaum Inhalt wissenschaftlicher Auseinandersetzung, wodurch gegenwärtig noch umfassende theoretische Konstrukte fehlen. Im Rahmen dieser Arbeit sollen mögliche Erklärungen für Partnerlosigkeit diskutiert werden:

Als *erste Erklärungsebene* bietet sich eine gesellschaftliche an, da das Phänomen „Single" nur in westlichen Ländern und auch erst seit den 70er Jahren von Relevanz ist. Die Lebensform „Single" bedurfte bestimmter gesellschaftlicher Bedingungen, um an Popularität zu gewinnen. Die veränderten gesellschaftlichen Bedingungen (z.B. Anstieg der Berufstätigkeit der Frau) scheinen jedoch nicht zwangsläufig den Trend zum Single-Sein zu beeinflussen, denn nach wie vor gibt die überwiegende Mehrheit der Bevölkerung auch heute noch als Wunsch Nr.1 „eine glückliche Partnerbeziehung" an und lebt in einer Ehe (Statistisches Bundesamt, 1997).

Ein Individuum kann nur dann eine Partnerbindung eingehen, wenn es eine „Bindungsfähigkeit" ausgebildet hat. Die Bindungsfähigkeit beinhaltet eine erfolgreiche Bindungsentwicklung in den einzelnen Lebensphasen sowie eine innere Bindungsstabilität. Basis-Voraussetzungen für ein späteres Eingehen einer Partnerschaft sind somit zu erlernende komplexe Bindungsverhaltensweisen (z.B. verläßlich sein) und ein sicheres Bindungsgefühl, aus dem heraus gehandelt werden kann.

In diesem Zusammenhang scheint es notwendig als *zweite Erklärungsebene* zu betrachten, wie sich Bindung entwickelt und welche Bindungserfahrungen sich auf das Eingehen einer Partnerschaft auswirken.

---

[1] Aus Gründen der leichteren Lesbarkeit wird in dieser Arbeit nicht zwischen weiblichen und männlichen Substantivendungen unterschieden. Die kürzere Schreibform soll beide Geschlechter wiedergeben.

Auf der *dritten Erklärungsebene* werden die Auswirkungen von traumatischen Erlebnissen auf die Bindungsfähigkeit betrachtet. Wird die eigene Integrität von der sozialen Umwelt gefährdet, kann diese Bedrohung als generalisierte Erfahrung die Offenheit für nachfolgende Kontaktanbahnungen behindern.

Die *vierte Erklärungsebene* hinterfragt Persönlichkeitsmerkmale, die sich direkt auf die Partneranbahnung beziehen. Die psychische Stabilität sollte dafür genauso ausschlaggebend sein wie Vorstellungen über einen Partner und Verhaltensweisen, die zu einer Kontaktintensivierung führen können.

Die vier Erklärungsebenen deuten an, daß das Eingehen einer Partnerschaft von gesellschaftlichen Wertorientierungen, von einer individuellen Bindungsgenese, von der Qualität der Bindungserfahrungen und von „partnerschaftsspezifischen" Kompetenzen abhängig sein kann. Dabei wird angenommen, daß sowohl eine der vier Erklärungsmuster als auch eine Kombination einzelner Komponenten eine Antwort auf die Frage nach den Ursachen der Partnerlosigkeit für ein Individuum bieten kann. Denkbar scheint ebenfalls eine Wechselwirkung von Faktoren aus den vier Erklärungsebenen zu sein.

Die o.g. möglichen Erklärungsebenen bestimmen die Struktur der vorliegenden Arbeit: Neben den

- gesellschaftlichen Aspekten werden die
- individuelle Bindungsentwicklung, die
- Bindungserfahrungen und die
- „partnerschaftsspezifischen" Kompetenzen thematisiert.

Von der Vorgehensweise her wird zuerst zu den vier thematischen Schwerpunkten der Stand der Forschung aufgearbeitet (s. Kap. 2-5). Mithilfe der Literaturrecherche werden die ersten Hypothesen abgeleitet (s. Kap. 6.1). Ebenfalls für die Hypothesenbildung sollen innerhalb einer Voruntersuchung narrative Interviews mit Singles durchgeführt werden (s. Kap. 6.2). Zur Prüfung der Hypothesen aus Literatur und Voruntersuchung (s. Kap. 6.3) wird ein entsprechendes Untersuchungsdesign erstellt (s. Kap. 7). In der Hauptuntersuchung werden die Hypothesen an einer größeren Stichprobe mittels einer Fragebogenerhebung empirisch überprüft (s. Kap. 7.2). Nach der Datenanalyse und Ergebnisdarstellung (s. Kap. 8) wird die Untersuchung methodisch reflektiert, und deren Ergebnisse werden inhaltlich resümiert (s. Kap. 9.1; s. Kap. 9.2). Inwieweit die Erklärungsmöglichkeiten für Partnerlosigkeit pädagogische Konsequenzen implizieren, wird abschließend diskutiert (s. Kap. 9.3). Mit einer Schlußbemerkung (s. Kap. 9.4) und einer Zusammenfassung (s. Kap. 9.5) endet diese Arbeit.

Es ist eine reizvolle Aufgabe, Bedingungsfaktoren für die „Lebensweise ohne einen Liebespartner“ zu erforschen. An dieser Stelle soll allerdings hervorgehoben werden, daß meine „Neugier“ nicht mit einer Bewertung der verschiedenen Lebensformen verbunden ist, sondern vielmehr deren Pluralität begrüßt wird.

2 Bindungslosigkeit: Gesellschaftliche Rahmenbedingungen

Im folgenden Kapitel soll der Frage nachgegangen werden, inwieweit sich eine Lebensform ohne einen Partner aus dem gesellschaftlichen Strukturwandel heraus erklären läßt.

2.1 Gesellschaftlicher Wertewandel

> „Alles hat sich um uns so schnell geändert: die menschlichen Beziehungen, die Arbeitsbedingungen, Sitten. Sogar unsere psychische Verfassung ist bis ins Innerste erschüttert. Begriffe wie Trennung, Abwesenheit, Entfernung, Rückkehr besagen mit den gleichgebliebenen Worten nicht mehr die gleichen Realitäten.
>
> Jeder Fortschritt hat uns aus Gewohnheiten, die wir kaum ernst genommen hatten, gleich wieder vertrieben. Wir sind wie Auswanderer, die noch kein neues Vaterland aufgebaut haben“ (Saint Exupéry, 1982, S.118).

Wenn neue Lebensformen in einer Gesellschaft möglich werden, ist dies der Ausdruck eines Wandels von gesellschaftlichen Wertvorgaben sowie von wirtschafts- und sozialpolitischen Veränderungen. Gesellschaftliche Strukturdaten, die mit der Herausbildung des Single-Daseins als Lebensform einhergehen, sind:

- eine höhere Erwerbsbeteiligung der Frau,
- weniger Eheschließungen,
- ein erhöhtes Heiratsalter,
- eine niedrigere Geburtenquote und
- eine gestiegende Scheidungsrate.

Die Auswirkungen dieser Veränderungen liegen u.a. in:

- einem stärkeren Belang der Individualität und in
- einer neuen Sichtweise vom „Alleinstehenden“.

2.1.1 Erwerbsbeteiligung der Frau

Der Wandlungsdruck auf die Familie und das Interesse an neuen Lebensstilen geht hauptsächlich mit der Zunahme an erwerbstätigen Frauen einher (Meyer & Schulze, 1989) (s. Abb. 1).

Abb. 1: Erwerbsquoten von Frauen und Männern

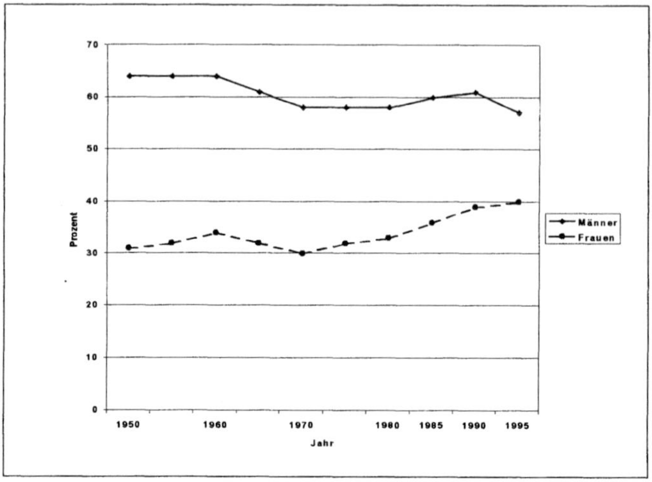

Quelle: Statistisches Bundesamt, 1997, S.80

*Die Zahlenwerte gelten für Westdeutschland, in Ostdeutschland ist die Entwicklung aufgrund anderer Strukturbedingungen entgegengesetzt.

Der Gesamtanteil aller Erwerbstätigen lag 1995 mit 48,3% um 2,1% höher als 1950. Die Erwerbsquote stieg bei Frauen von etwas über 30% (1950) auf fast 40% (1995) an. Dafür waren vor allem folgende gesellschaftspolitische Ereignisse verantwortlich:

- Nach dem zweiten Weltkrieg begünstigte das rapide Wirtschaftswachstum und der gleichzeitige Arbeitskräftemangel die Erwerbstätigkeit der Frau.
- Eine Verschiebung des Arbeitsmarktes - weg von der Industriegesellschaft, hin zur Dienstleistungsgesellschaft - bot vielen Frauen Arbeitsmöglichkeiten.
- Die Bildungsreform verlängerte nicht nur die Ausbildungszeit, wodurch die Ehe- und Kinderphase verschoben wurden, sie sorgte auch für ein höheres Bildungsniveau der Frauen (Meyer & Schulze, 1989).

Die Ausweitung des Bildungssystems stellte sich besonders für Frauen als Zugewinn heraus. So verdreifachte sich von den 50er bis zu den 80er Jahren die Anzahl der Mädchen, die eine Realschule, Gesamtschule oder ein Gymnasium besuchten - bei Jungen verdoppelte sich der Anteil. Der Anstieg von qualifizierteren Abschlüssen bei jungen Frauen führte zu neuen Lebensvorstellungen (Blossfeld, 1985; Jeschek, 1989; Rerrich, 1990). Eine auf Dauer angelegte qualifizierte Berufstätigkeit wurde zunehmend zur Perspektive (Handl, 1988).

Im privaten Bereich eröffnet der Umbruchprozeß im Geschlechterverhältnis neue Möglichkeiten der Lebensgestaltung und der Definitionen der Geschlechtsrollen (Bilden, 1991). Untersuchungen über Veränderungen der Rollenverteilung weisen jedoch bisher mehrheitlich nur auf eine Änderung der weiblichen Normalbiographie im privaten wie im beruflichen Bereich hin. Eine größere Belastung der Frau steht einer sich kaum veränderten Geschlechtsrolle des Mannes gegenüber (Bilden, 1991; Krüger, 1990). Werden die aktuellen Daten zur Vorstellung der Frauenrolle ausgewertet, so zeigt sich trotz Emanzipationsbestrebungen und Berufstätigkeit vieler Frauen weiterhin bei beiden Geschlechtern eine vorwiegend traditionelle Aufgabenverteilung im außerberuflichen Bereich (Statistisches Bundesamt, 1997).

> „Die Widersprüche zwischen weiblicher Gleichheitserwartung und Ungleichheitswirklichkeit, zwischen männlichen Gemeinsamkeitsparolen und Festhalten an den alten Zuweisungen spitzen sich zu und bestimmen mit der durchaus gegensätzlichen Vielfalt ihrer Umgangsformen im Privaten und Politischen die zukünftige Entwicklung" (Beck, 1986, S.162).

Wird die Aufgabenverteilung in der Partnerschaft für die Frau als ungünstig erlebt, kann die Frau bei wirtschaftlicher und intellektueller Eigenständigkeit leichter aus der Beziehung ausbrechen. Im Unterschied zu ihren oftmals als benachteiligt erlebten Müttern können Frauen selbst initiativ werden, wenn sie vom Versorgungsaspekt her auf keinen Mann angewiesen sind (Springer, 1998). Dies trifft auf Single-Frauen zu, die im Unterschied zu Single-Männern überwiegend qualifizierte Berufe bekleiden und ihr Alleinleben aufgrund größerer persönlicher Freiheit ihrer nicht-traditionellen Rolle positiver als Single-Männer bewerten (Krüger, 1990).

Der Rückzug von Frauen aus engen Partnerbindungen wirkt sich auf die Verbesserung der beruflichen Karrierechancen aus. In einer globalisierten und schnell sich wandelnden Welt sind hohe Flexibilität, Eigeninitiative und Mobilität günstige Voraussetzungen für den Arbeitsmarkt. Diese Eigenschaften müssen alleinlebende Frauen in ihrem selbstverantwortlichen Leben teilweise zwangsläufig ausbilden, so daß als eine Konsequenz davon erscheint, daß zunehmend mehr Frauen den Dienstleistungssektor erobern (Springer, 1998). Die Single-Frauen kommen somit den Interessen einer vollmobilen Gesellschaft entgegen (Beck, 1987).

Es läßt sich resümieren, daß das gestiegene Bildungsniveau, der höhere Ausbildungsgrad und die höhere Erwerbsbeteiligung der Frau zu einer größeren ökonomischen Unabhängigkeit der Frau führen. Die Lebensplanung der Frau wandelt sich von einer Familienzentriertheit zu der Vorstellung einer auf Dauer angelegten Berufstätigkeit mit einer abnehmenden Bereitschaft, die Familienarbeit allein zu übernehmen (Meyer & Schulze, 1989).

Demnach könnte das Single-Dasein der Frau auch als Möglichkeit begriffen werden, einer traditionellen Rollenverteilung entgegenzuwirken und die Arbeitsmarkterfordernisse zu erfüllen, um sich bessere Karrierechancen offenzuhalten.

2.1.2 Eheschließungen

> „Es ist nicht mehr klar, ob man heiratet, wann man heiratet, ob man zusammenlebt und nicht heiratet, heiratet und nicht zusammenlebt, ob man das Kind innerhalb oder außerhalb der Familie empfängt oder aufzieht, mit dem, mit dem man zusammenlebt, oder mit dem, den man liebt, der aber mit einer anderen zusammenlebt, vor oder nach der Karriere oder mitten drin“ (Beck, 1986, S. 163/164).

Befürworteten Anfang der 60er Jahre noch 92% der Frauen und 86% der Männer die Ehe als unverzichtbare Institution, so waren dies Ende der 70er Jahre noch 61% der Frauen und 60% der Männer. Von Verheirateten gaben 1949 noch 57% der Männer und 51% der Frauen die Ehe als Voraussetzung für individuelles Glück an, Ende der 70er Jahre stimmten einer entsprechenden Einstellung nur noch 42% der Männer und 29% der Frauen zu (Köcher, 1988). Die „Ehemüdigkeit“ läßt sich auch an den Vergleichszahlen der Eheschließungen verschiedener Jahrgänge dokumentieren (s. Abb. 2):

Abb. 2: Anzahl der Eheschließungen (1950 – 1994)

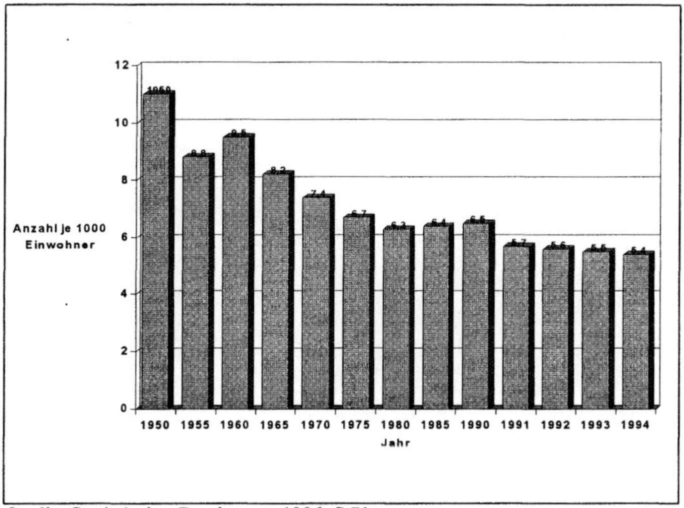

Quelle: Statistisches Bundesamt, 1996, S.71

Aus Abbildung 2 wird ersichtlich, daß seit 1965 die Anzahl der Eheschließungen kontinuierlich sinkt. Kamen 1960 im Mittel 9,5 Eheschließungen auf 1000 Einwohner, so waren dies 1994 nur noch 5,4 Eheschließungen. Innerhalb von 34 Jahren sank die Rate an Eheschließungen somit um mehr als 40%. Die absolute Zahl an geschlossenen Ehen nimmt in der Bundesrepublik ebenso seit 1972 ab, d.h., es werden mehr Ehen durch Tod oder Scheidung gelöst als durch Heirat geschlossen (Höhn & Otto, 1985). Ein leichter Anstieg war 1989 und 1990 zu beobachten, da im Zuge der Wiedervereinigung die neuen Bundesländer in das Datenmaterial miteinbezogen wurden, bei denen ab 1991 der Trend zu sinkenden Eheschließungen beobachtbar ist (vgl. Kaufmann, 1995).

Obwohl in den 50er Jahren das zahlenmäßige Frau-/ Mann-Verhältnis zuungunsten der Frau unausgeglichen war, nahm im Zuge der Rückbesinnung auf traditionelle Werte die Verheiratetenquote deutlich zu. Seit 1965 sinkt die Anzahl der Eheschließungen - ebenfalls in Westeuropa und den USA (Höpflinger, 1987).

Unterschiedliche Interpretationsmöglichkeiten für die „Ehemüdigkeit" sind denkbar. So fällt einerseits auf, daß Ehelosigkeit mit einem höheren Bildungsniveau korreliert. Verglichen mit Verheirateten weisen Alleinlebende eine qualifiziertere Bildung auf - vor allem in der jüngeren Altersgruppe (Meyer & Schulze, 1989). Andererseits darf dieser Fokus auf das berufliche Fortkommen nicht mit einem Desinteresse gegenüber dauerhaften Partnerschaften gleichgesetzt werden. Ansonsten ließe sich nicht erklären, daß sich die Zahl der „Ehen ohne Trauschein" innerhalb der letzten 20 Jahre deutlich erhöht hat (s. Abb. 3).

Abb. 3: Nichteheliche Lebensgemeinschaften (1978 - 1994)

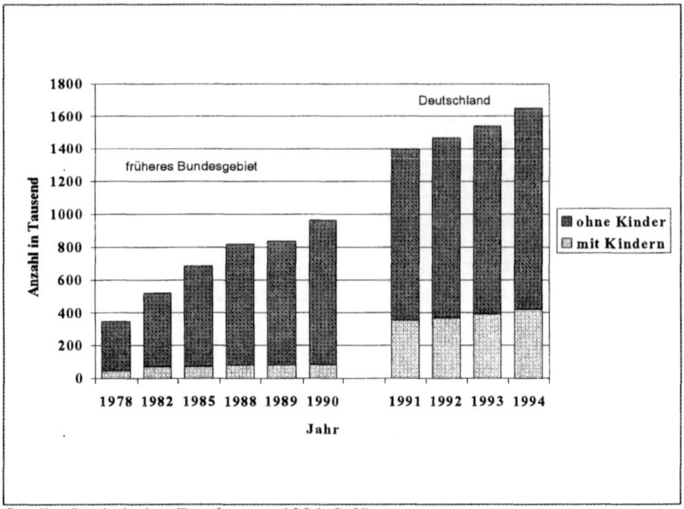

Quelle: Statistisches Bundesamt, 1996, S.67

Seit den 80er Jahren entscheiden sich zunehmend mehr Personen für eine nichteheliche Lebensgemeinschaft. In Abbildung 3 ist neben der Anzahl von nichtehelichen Lebensgemeinschaften auch die Kinderanzahl aufgeführt. Sie nahm überproportional zum Anwachsen der nichtehelichen Lebensgemeinschaften zu: lebten 1978 in 14% der nichtehelichen Beziehungen Kinder, so war dies 1994 in 25% der Fall.

Die Zunahme an nichtehelichen Partnerschaften ging mit einer zunehmenden gesellschaftlichen Akzeptanz einher. So wurden bis in die 70er Jahre unverheiratete Paare diskriminiert (Kaufmann, 1995; Köcher, 1988). Seither haben nichttraditionelle Lebensformen neben der quantitativen Zunahme auch eine Bedeutungsumwertung erfahren und sind für viele an die Stelle der Ehe getreten (Krüger, 1990). Innerhalb einer Ehe kommen allerdings prozentual noch mehr Kinder zur Welt als in nichtehelichen Partnerschaften. Aus Abb. 3 ist nämlich nicht erkennbar, daß die meisten Kinder in nichtehelichen Beziehungen aus vorherigen geschiedenen Ehen kommen, und die scheinbare Zunahme der Kinder allein auf die neuen Bundesländer zurückzuführen ist

(Statistisches Bundesamt, 1997). In den alten Bundesländern lebten 1972 noch in 18% der nichtehelichen Gemeinschaften Kinder, 1990 nur noch in 11% der Fälle, wobei dieser Trend weitergeht und sich auch in den neuen Bundesländern abzeichnet (Kaufmann, 1995). Bei einem Kinderwunsch könnte deshalb die Institution „Ehe“ vorgezogen werden, weil die gesetzlichen Strukturen des Steuer-, Sozial-, und Familienrechts noch hauptsächlich aus den 50er Jahren stammen und unverheiratete Paare mit Kind benachteiligen (Henke, 1989). Das könnte bedeuten, daß bei einer rechtlichen Angleichung von verheirateten und unverheirateten Paaren die Anzahl der Eheschließungen weiter sinken würde.

Trotz abnehmender Anzahl von Eheschließungen steht allerdings „glückliche Ehe/Partnerschaft“ immer noch an oberster Stelle auf der Prioritätenliste verschiedener Wertbereiche: 68% der Befragten (Gesamtdeutschland) halten dies für „sehr wichtig” und weitere 22% für „wichtig” (Statistisches Bundesamt, 1997, S. 475; vgl. Arbeitsgemeinschaft Riedmüller, 1991). Dies gilt auch für Geschiedene, die überwiegend eine Wiederheirat anstreben (Napp in Krüger, 1990; Nave-Herz, 1987).

Die Bemühungen von Singles in bezug auf Partnerschaft und heirat ermittelten Austrom & Hanel (zitiert nach Grammer, 1995) 1983 in Kanada: Von den 482 Singles waren 10% bereits bei Heiratsvermittlern, 20% erhofften das Partnerglück in kirchlichen Gruppen zu finden, und 27% waren einem Singleclub beigetreten.

Eine Erklärung dafür könnte sein, daß zwar eine Sehnsucht nach einer dauerhaften Partnerbindung besteht, sie jedoch mit komplexen Erwartungen verbunden wird (Nave-Herz, 1987). In anderen Epochen wurde die Liebe keineswegs als Hauptkriterium für Ehe und Kindererziehung definiert. Das Zusammenleben bestimmten Tradition, Religion, die Notwendigkeit zu wechselseitigem sozialen Schutz und die Sicherung der Nachkommenschaft. Es wird weniger Wert auf eine Erfüllung geschlechtsspezifischer Rollen als auf die Qualität der zwischenmenschlichen Beziehung gelegt (Petri, 1991; Pfrang, 1987).

Die abnehmende Anzahl der Eheschließungen hängt zum einen mit steigenden Bildungsqualifikationen zusammen. Zum anderen ist eine gesellschaftliche Notwendigkeit einer Eheschließung im mittleren Erwachsenenalter oft mit einem Kinderwunsch verbunden. Besteht dieser nicht, so erfreuen sich nicht-eheliche Lebensgemeinschaften zunehmender Beliebtheit. Eine sinkende Heiratsrate ist somit nicht gleichzusetzen mit einem geringem Interesse an dauerhaften Partnerschaften, vielmehr bestehen neben der Ehe unterschiedliche Alternativen zur Gestaltung einer Zweierbeziehung. Diese gesellschaftlichen Prozesse könnten u.a. das Single-Dasein ermöglichen, da es zu einer Statusaufwertung anderer Lebensformen (als die Ehe) im mittleren Alter gekommen ist.

2.1.3 Heiratsalter

Je später in einer eheähnlichen Gemeinschaft gelebt oder geheiratet wird, desto eher besteht die Möglichkeit, mit einer individualisierten Lebensform experimentieren zu können und eine größere Unabhängigkeit zu entwikkeln. Von daher ist für die eigene Fragestellung auch das Heiratsalter von Interesse (s. 1).

*Tab. 1: Durchschnittliches Heiratsalter nach dem bisherigen Familienstand der Ehepartner**

Jahr	Durchschnittliches Heiratsalter in Jahren*							
	Männer				Frauen			
	insge-samt	Familienstand vor der Eheschließung			insge-samt	Familienstand vor der Eheschließung		
		ledig	verwitwet	geschied.		ledig	verwitwet	geschied.
1950	31,0	28,1	48,7	39,5	27,4	25,4	36,3	34,8
1955	29,8	27,0	52,5	40,7	26,2	24,4	41,7	36,5
1960	28,5	25,9	54,7	40,7	25,2	23,7	45,6	36,7
1965	28,5	26,0	56,1	39,3	25,4	23,7	47,1	35,4
1970	28,3	25,6	57,1	38,4	24,9	23,0	48,1	35,0
1975	28,4	25,3	57,8	37,9	25,1	22,7	49,6	34,6
1980	29,0	26,1	57,4	38,5	25,8	23,4	49,5	35,1
1985	30,3	27,2	57,5	39,7	27,1	24,6	48,9	36,3
1990	31,1	27,9	56,9	40,5	28,2	25,5	47,3	37,1
1994	32,8	29,4	58,9	42,7	30,0	27,1	48,6	39,0

Quelle: Statistisches Bundesamt, 1987, S.71; Statistisches Bundesamt, 1996, S.72
*von 1950 - 1985 alte Bundesländer, ab 1990 alte u. neue Bundesländer

Die Gegenüberstellung des Heiratsalters verschiedener Jahrgänge zeigt, daß das durchschnittliche Heiratsalter bis in die 70er Jahre gesunken ist. Seit 1975 läßt sich eine Erhöhung des durchschnittlichen Heiratsalters registrieren.

Wird lediglich betrachtet, wann zum ersten Mal geheiratet wird, dann liegt gegenwärtig das Heiratsalter bei Männern und Frauen etwas über ein Jahr höher als 1950 und ca. vier Jahre höher als 1975. Neben den längeren Ausbildungszeiten ist ein weiterer Grund für das höhere Durchschnitts-Heiratsalter der Gegenwart, daß die Zahl der Wiederverheiratungen angestiegen ist (Koch, 1995).

Diekmann (1992) konnte nachweisen, daß das Heiratsalter bei einem höheren Bildungsabschluß, Berufsprestige und Einkommen der Frau steigt (vgl. Statistisches Bundesamt, 1997). Gerade die Partnerlosigkeit bis zum dritten Lebensjahrzehnt ist heute überwiegend dadurch motiviert, den Heiratswunsch bis zum Einstieg in den Arbeitsmarkt aufzuschieben (Kaufmann, 1995). Gegenwärtig Single zu sein, bedeutet also nicht, zukünftig auf eine Partnerschaft und eventuell Heirat verzichten zu wollen.

Zusammenfassend läßt sich festhalten, daß das durchschnittliche Heiratsalter durch längere Ausbildungszeiten und Wiederverheiratungen angestiegen ist. Für das Anwachsen der Single-Population im jüngeren Erwachsenenalter könnte somit gelten, daß während der Ausbildungszeit die Priorität nicht bei einer Partnerbindung liegt, was sich mit dem Berufsbeginn wieder verändern kann.

2.1.4 Geburtenquote

Eine selbstbestimmte Existenz hat neben der Erwerbstätigkeit auch als Voraussetzung, frei entscheiden zu können, ob ein Kinderwunsch besteht. Zu dieser Freiheit führten die sich seit den 60er Jahren veränderte Sexualmoral, die veränderten Werthaltungen sowie der Zugang zu verbesserten Verhütungsmitteln - vor allem der Anti-Baby-Pille (Kaufmann, 1995; Rerrich, 1990). Diese Entwicklung beeinflußte u.a. die Geburtenquote (s. Abb. 4).

Abb. 4: Zahl der Neugeborenen (1950 - 1996)

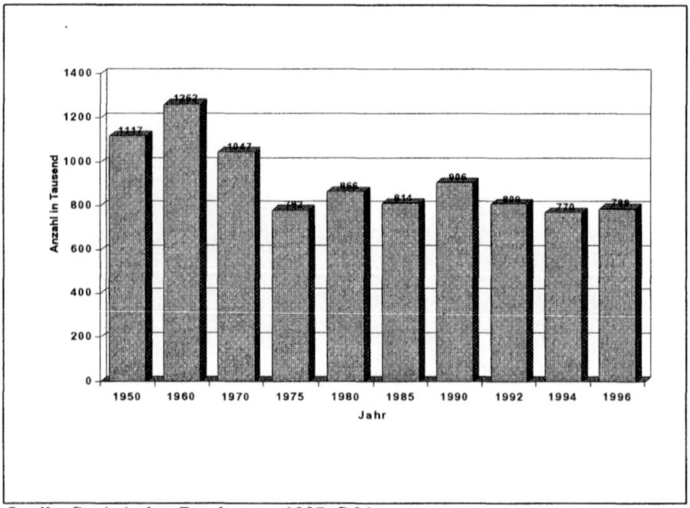

Quelle: Statistisches Bundesamt, 1997, S.31

Mit 1;36 Millionen Lebendgeburten hatte Deutschland 1964 einen Höchststand erreicht. Bis 1975 fiel die Geburtenrate auf 782.000, die bis 1980 wieder auf 866.000 zunahm. In den 80er Jahren sank die Zahl der Lebendgeburten erneut und stieg 1990 auf 906.000 an. Nachdem die Geburtenrate bis 1995 wieder kontinuierlich abgenommen hatte, ist seither ein Aufwärtstrend zu beobachten.

Da die anfallende Hausarbeit und Kindererziehung auch bei zwei berufstätigen Partnern noch hauptsächlich von der Frau übernommen werden (Kaufmann, 1995), kann eine mögliche Erklärung für den Geburtenrückgang die Ablehnung der Frau von „einseitigen" Mehrbelastungen sein. Für einige Frauen könnte es auch eine Rolle spielen, daß der Mythos vom „Mutterinstinkt", der erst seit Anfang des 19. Jahrhunderts aufgebracht worden ist, inzwischen kritischer betrachtet wird (Badinter, 1991; Springer, 1998).

Weiterhin hat sich die Einstellung dem Kind gegenüber verändert. So wurde bis in die 70er Jahre das Kind aus einem religiösem Hintergrund eher als Geschenk begriffen oder aus einer materiellen Sichtweise als Arbeitskraft und Alterssicherung. Da die Aufgabe der finanziellen Absicherung staatliche Instanzen übernommen haben, werden gegenwärtig Kinder häufiger mit finanziellen und persönlichen Einschränkungen verbunden (Helsper, 1989). Die Inhalte, die gegenwärtig mit Selbstverwirklichung verbunden werden, wie spontan den eigenen Bedürfnissen und Interessen nachgehen zu können, stehen einer Familiengründung entgegen (Nave-Herz, 1987; Kaufmann, 1995).

Daß ein Geburtenrückgang mit den Lebenserhaltungskosten, der Inflationsrate, den Gehältern und Steuernachlässen sowie Freibeträgen für Ehepartner und Kind zusammenhängen kann, zeigt Italien. Umfragen der Universität Bologna haben ergeben, daß nur noch jeder dritte Italiener heiratet und davon 25% aus finanziellen Gründen kein Kind will. Italien hat die niedrigste Geburtenrate weltweit. Nach Prognosen wird sich die italienische Bevölkerung bis zum Jahr 2025 um 20 Millionen auf 37 Millionen reduzieren (Weber, 1996).

Die Geburtenrate ist in den westlichen Ländern aus politischen, wirtschaftlichen und sozialen Gründen rückläufig. Die Liberalisierung der Einstellung zu außerehelicher Sexualität und die Verwendung von Verhütungsmitteln führen dazu, daß eine Partnerschaft nicht Mutterschaft bedeutet. Ohne diese Entwicklungen hätten viele der heutigen Single-Frauen bereits während ihrer Ausbildung Kinder bekommen, wären deshalb in Abhängigkeit von Mann und Eltern geraten und hätten eine eingeschränkte Berufschance hinnehmen müssen (Springer, 1998).

Das Single-Dasein kann somit eine bewußte Entscheidung gegen ein eigenes Kind und eine Familiengründung sein oder, zumindest von der Gewichtung her, dem beruflichen Fortkommen eine höhere Priorität einräumen.

2.1.5 Scheidungsrate

In einer Gesellschaft, in der die Individualität des Einzelnen von Relevanz ist, wird im Unterschied zu einer gemeinschaftsorientierten Gesellschaft, auf die persönliche „Passung" der beiden Partner geachtet. Wird eine solche von Ehepartnern nicht mehr wahrgenommen, stellt sich die Frage nach einer Scheidung der Ehe (s. Abb. 5).

Abb. 5: Entwicklung der Scheidungsrate (1950 - 1994)

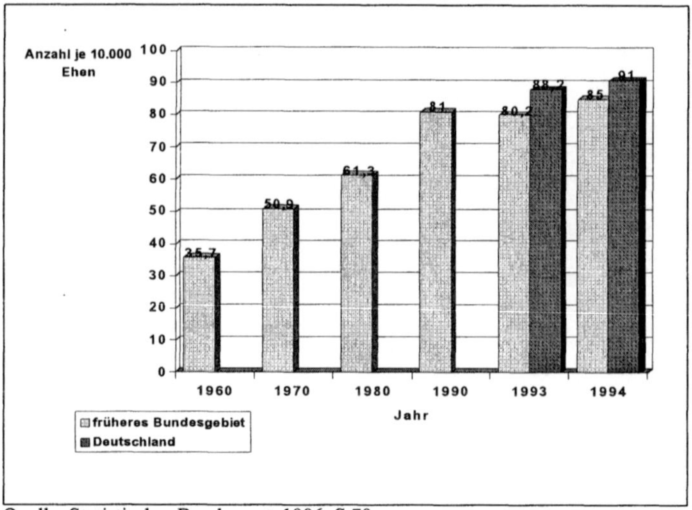

Quelle: Statistisches Bundesamt, 1996, S.79

In Abbildung 5 ist die Entwicklung der Scheidungsrate seit den 50er Jahren abgebildet. Es wird in Prozent die Scheidungsquote angegeben, die für ein bestimmtes Jahr in bezug auf die Anzahl der Eheschließungen gilt. Aus der Graphik läßt sich erkennen, daß seit den sechziger Jahren die Scheidungsrate ansteigt und sich bis heute mehr als verdreifacht hat. Inzwischen läßt sich prognostizieren, daß jede dritte Ehe geschieden wird. Für die steigenden Scheidungszahlen können folgende Faktoren als mitverantwortlich gelten:

- veränderte rechtliche, soziale und ökonomische Verhältnisse, vor allem die Liberalisierung des Scheidungsrechts,
- bindungsunfreundliches soziales Leben (z.B. Mobilität des Arbeitsplatzes),
- verändertes Rollenverständnis und häufiger ökonomische Unabhängigkeit der Frau,
- Idealisierung des Partners und Glückserwartungen: Liebe wird mit dauernder Leidenschaft gleichgesetzt,
- Jugendkult: Ein Kennzeichen der Jugend ist, häufig etwas Neues auszuprobieren (Nave-Herz, 1990 b; Nuber, 1994).

Die emotionale Überforderung einer Partnerschaft (s.o.) erläutert Beck (1987), der als eine Ursache für die Eheauflösungen die erhöhten Wahl- und Entscheidungsmöglichkeiten als mitverantwortlich sieht. Da nichts mehr selbstverständlich wäre, erhöhe sich auch das Konfliktpotential in der Partnerschaft.

Eine andere Bewertung der gegenwärtigen Entwicklung nimmt Kaufmann (1995) vor, der betont, daß die höheren Scheidungszahlen auch aus einer „Entdramatisierung" der Scheidung resultieren, die zwar weiterhin als problematisch, aber immerhin als legitim angesehen wird. Des weiteren ist die Offenheit gestiegen, Partnerkonflikte zu thematisieren. Der häufigste Scheidungsgrund bei Männern ist die eheliche Untreue oder das Abwenden von der ehelichen Gemeinschaft, bei Frauen werden neben diesen Gründen noch häufiger Gewalttätigkeit, Alkoholismus oder Gleichgültigkeit des Partners angegeben (Kaufmann, 1995). Eine höhere Bereitschaft, sich mit solchen Partnerschaftskonflikten auseinanderzusetzen und gegebenenfalls die Konsequenzen für die wahrgenommene Diskrepanz zwischen Vorstellungen und Realität zu tragen, kann zu einer Trennung beider Partner führen.

Eine Scheidung zieht nicht nur für die ehemaligen Ehepartner Konsequenzen nach sich, sondern auch für ihre Kinder. Daß sich eine bei den Eltern miterlebte Scheidung auf den eigenen Heiratswunsch auswirkt, zeigt eine Studie unter 16-18jährigen Jugendlichen, die nach ihrem Heiratswunsch gefragt worden sind (s. Tab. 2).

Tab. 2: Einstellungen Jugendlicher zur Ehe: 1962 und 1983

Selbst heiraten wollten:

Jahr	Mädchen	Jungen	Scheidungskinder	Kinder von verheir. Eltern
1962	91%	79%	/	/
1983	77%	69%	49%	76%

/ = nicht 1962 erfragt

Quelle: Allerbeck, 1985 (in Anlehnung)

Werden Scheidungskinder nach ihrem Heiratsinteresse befragt, liegt dies im Gegensatz zu Kindern verheirateter Eltern (76%) bei 49%. Eine mögliche Erklärung dafür könnte sein, daß die elterlichen Eheerfahrungen desillusionierend wirken (Beal & Hochman, 1994). Ebenfalls können die tägliche Berichterstattung, die eigenen Erfahrungen und Einblicke in andere Ehen abschreckend wirken (Institut für Tiefenpsychologie und Philosophie, 1990; Lupri, 1990).

Seit den sechziger Jahren steigt die Scheidungsrate an, so daß die Ehe als Lebensbündnis inzwischen größerer Skepsis ausgesetzt ist. Für die Single-Population könnte diese Entwicklung somit zweierlei bewirken: zum einen werden bei jeder Scheidung zunächst neue Singles geschaffen. Zum anderen könnte eine elterliche Scheidung oder allgemein das Ansteigen der Scheidungsrate abschreckend auf einen Heiratswunsch wirken.

2.1.6 Individualisierung

„Wenn keine Stadt, kein Milieu, keine Familie, kein Beruf, kein Geschlecht, keine Ideologie mehr eine verläßliche Heimat bietet,...entsteht eine Großbaustelle namens 'Ich', die Tag und Nacht in Betrieb ist" (Elisabeth von Thadden in PZ, 1996, S.9).

Wenn das Single-Dasein eine individualisierte Lebensform darstellt, dann muß diese in der Gesellschaft denkbar und umsetzbar sein. Tatsächlich lassen sich seit den 50er Jahren Entwicklungen abzeichnen, die zu einer Verstärkung der Individualisierung geführt haben:

- Die Einkommensentwicklung läßt Konsumgemeinschaften (z.B. Ehe) überflüssig werden.
- Die materielle Konsumhaltung wirkt sich auf den Umgang mit Beziehungen aus, indem z.B. Kosten-Nutzen-Rechnungen über das Fortbestehen eines Kontaktes entscheiden.
- Die Medienlandschaft verzerrt das Bild des Erreichbaren, so daß geglaubt wird, der eigenen Person würde noch Besseres zustehen (z.B. attraktiverer Partner).
- Die Bildungsexpansion fördert nicht nur erhöhte Bildungsansprüche sowie eine Werteverschiebung, sondern auch Mobilität und Konkurrenz.
- Gleichberechtigungsstreben auf Ebenen der Wirtschaft, Politik, Wissenschaft und Öffentlichkeit arbeiten dem traditionellen Familienmodell entgegen.
- Durch eine arbeitsrechtliche und sozialstaatliche Absicherung werden die traditionellen sozialen und familiären Solidaritätsstrukturen weniger wichtig.

- Die Verrechtlichung bringt das Individuum in ein bestimmbares Verhältnis zum Staat (Beck-Gernsheim, 1983; Beck, 1986; Bilden, 1991; Schofer, Bender & Utz, 1991).

Der moderne Wohlfahrtsstaat ermöglicht eine Loslösung aus ehemals festen Beziehungsverbänden. Mit dem sozialen Sicherungssystem sinkt die Angewiesenheit des Einzelnen auf den anderen, so daß z.B. niemand allein aufgrund von Arbeitslosigkeit auf seine Herkunftsfamilie oder den Ehepartner angewiesen ist (Bertram, 1995; Schofer, Bender & Utz, 1991).

Nach Meinung von Schofer, Bender & Utz (1991) ist die jüngere Generation in der Anpassung an eine individualisierte Gesellschaft begünstigt, weil sie bereits in dieser Gesellschaftsform aufgewachsen ist und ihr deshalb positiver gegenüber steht als diejenigen, die die Umbruchsituation miterlebt haben. Sie würde kaum einen Verlust an traditionellem Handlungswissen, Glauben und Normen empfinden, der mit dem gesellschaftlichen Phänomen der Individualisierung einhergeht. Für sie existiere ein individuelles Normengefüge, in dem Unabhängigkeit, Originalität und Selbstverwirklichung eine zentrale Rolle einnehmen würden (Beck, 1986).

Inwieweit sich dieser Wertewandel auf Partnerschaftsbeziehungen auswirkt, weist Nave-Herz (1990 a) nach. Partner unterschiedlicher Eheschließungskohorten sollten ihre Präferenz zu bestimmten Wertbereichen eine Partnerschaft betreffend auf einer Ratingskala angeben: Je jünger die Paare waren, desto weniger stimmten sie den Pflicht- und Akzeptanzwertorientierungen zu und betonten mehr die Selbstentfaltung (vgl. Noelle-Neumann, 1993).

Die Unabhängigkeit von Tradition und Herkunft kann durch die Betonung von „ich-orientierten“ Werten zu Vereinzelung und Einsamkeit führen (Berentzen, 1994; Nuber, 1991). Kontakte außerhalb der Familie benötigen im Unterschied zu den familialen Beziehungen ständige Bemühungen und soziale Kompetenz, um aufrechterhalten zu bleiben (Szczesny-Friedmann, 1991). Von daher wird von einigen Autoren als Kehrseite der individuellen Freiheit eine mangelnde Verläßlichkeit sozialer Beziehungen, der Verlust an Geborgenheit und menschlicher Nähe angesehen (Szczesny-Friedmann, 1991). Laut Beck (1987) wird im Zeitalter der Moderne das eigene Kind der einzige Mensch, mit dem mit hoher Wahrscheinlichkeit eine dauerhafte Beziehung aufgebaut wird, ansonsten kann sich jede Bindung plötzlich auflösen.

Kreisman & Straus (1992, S.14) bezeichnen unser Zeitalter als „Borderline-Ära“: „So...spiegelt das bruchstückhafte Gefühl der Borderline-Persönlichkeit von ihrer Identität und die Schwierigkeit, stabile Beziehungen aufrechtzuerhalten, möglicherweise die Zerstückelung stabiler Einheiten in unserer Gesellschaft wider“. In je größeren Einheiten in einer Gesellschaft gelebt wird, desto vereinzelter wird gelebt, so daß sich die ehemalige „Wir“- zur „Ich-Identität“ entwickelt. Eine „Ich-Identität“ ist in anonymisierten Lebensverhältnissen besonders wichtig. Deshalb wird nach Szczesny-Friedmann (1991) soviel Wert auf Autonomie und Ablösung der Menschen gelegt. Die kollektive Gleichgültigkeit beeinflußt die individuelle (Sicherovsky & Scheer, 1991). Lebenslange Treue zu einem Partner, die Verbundenheit mit Eltern und Freunden sind für das berufliche Fortkommen zweitrangig. Enge Beziehungen können, weil sie mehr Zeit beanspruchen und viele Bedürfnisse abdecken, einem großen Bekanntenkreis im Wege stehen. Ein solcher bietet allerdings wichtige Informationen (z.B. Stelle, Wohnung), die meistens informelle Wege nehmen (Nuber, 1991). „Solange der Partner Nutzen bringt, ist er erwünscht, wirft er keinen Gewinn mehr ab, wird er gegen einen neuen ausgetauscht“ (Lermer & Meiser, 1991, S.14). Selbstverwirklichung steht laut Lermer & Meiser (1991) bei zwei Drittel der Bürger höher im Kurs als die Familie (vgl. Schönfeld, 1996).

Die Medien zeigen genormte Attraktivität, an der sich das eigene Anspruchsdenken orientiert. Dies kann zu einer Unzufriedenheit mit der eigenen Person führen, beeinflußt aber auch die Erwartungen gegenüber einem potentiellen Partner. Wenn in anderen Lebensbereichen ein emotionaler Verlust erfahren wird, werden an die Partnerbeziehung immer höhere Anforderungen gestellt (Schmidbauer, 1994). Die Ansprüche können so hoch gewählt werden, daß sie eine Bindung verhindern (Schreiber, 1980). Z.B. sind die persönlichen Definitionen darüber, wer als „schön“ angesehen werden kann, seit Anfang der 70er Jahre zunehmend anspruchsvoller geworden (Rodin, 1993).

Überhöhte Ansprüche, mangelnde Kontinuität und Stabilität der Beziehungen führen zu einem Mangel an Geborgenheit (Nuber, 1995). Die Vereinsamung wird verstärkt durch das Verlangen von schneller Befriedigung sozialer, emotionaler und sexueller Bedürfnisse bei gleichzeitiger Kontaktlosigkeit (Lasch in Jaeggi, 1993).

Die Suche nach reizvollem „Nicht-Kontakt“ hat ihren Umsatzmarkt in künstlichen Medienwelten (z.B. Cyber-Sex) gefunden (Berentzen, 1994). Die künstliche Stimulierung bietet den Vorteil, die Schwierigkeiten einer konkreten Begegnung wie Auseinandersetzungen, Absprachen, „Gefühlsinvestitionen" auszuschalten „... - ja selbst ohne die Gefahr, sich von der Stelle bewegen zu müssen" (Berentzen, 1994, S.23).

Die Individualisierung wurde erst durch ein Sozialversicherungssystem ermöglicht, das durch finanzielle Leistungen für eine materielle Absicherung und durch die medizinische und soziale Versorgung für eine Unabhängigkeit von vertrauten Personen sorgt. Die geringere Angewiesenheit auf andere ist auch ein Kennzeichen der „modernen" Lebensform „Single", die sich durch Bindungslosigkeit, Gewinnmaximierung und Selbstverwirklichung auszeichnet.

2.1.7 Vom „Alleinstehenden" zum „Single"

> In den alten Büchern sind die Liebenden vor
> Liebe oft wahnsinnig geworden.
> Ihr Haar wurde grau, ihr Kopf leer,
> ihre Haut wurde fahl vor Liebe, lese ich.
> Aber nie ist jemand wahnsinnig geworden
> aus Mangel an Liebe, die er nicht empfand.
> Auch das steht in den alten Büchern.
> So hätte der Mangel einmal sein Gutes
> (Wagener, 1982, S.346).

Das Bild eines Erwachsenen, der sein Leben ohne eine dauerhafte Partnerschaft verbringt, hat sich bis zur Gegenwart entscheidend gewandelt. Im Unterschied zu heute war diese Lebensform in der Vergangenheit jedoch weniger freibestimmt und meistens nicht gesellschaftlich anerkannt.

Bis zum 11. Jahrhundert wurde das „Einsiedlertum" von der Kirche nicht akzeptiert. Wer sich freiwillig vom Elternhaus entfernte, galt als krank oder böse. Später wurde das Aufsuchen von Einsamkeit sowohl mit geistiger Reinigung als auch mit Ketzertum verbunden. Das Alleinleben im Mittelalter war für Frauen zu gefährlich, was sich allerdings trotzdem einige Frauen durch die ständige Verkleidung als Mann ermöglichten (Bachmann, 1991; Sieder, 1987).

Seit Beginn des 16./17. Jahrhunderts wurde die Ehe zum „Normalstand", in der nun auch ausschließlich Sexualität gelebt werden sollte (Jaeggi, 1993). Das Heiraten blieb aber zunächst ein Privileg der Reichen. Im 18. bis zur ersten Hälfte des 19. Jahrhunderts blieben Männer ledig, die zur Ausbildung wegzogen oder auf Wanderarbeit gingen. Kapitalschwäche verhinderte eine Heirat: mittellose Männer gehörten zum Gesinde eines Hofes, ebenso wie Frauen unterer Stände, die auch in fremden Haushalten oder als Spinnerin für ihren eigenen Lebensunterhalt aufkamen (Spiegel, 1986). Für Angehörige höherer Stände eröffnete sich als Ledige/r die Möglichkeit, ins Kloster einzutreten (Rosenbaum, 1982; Sieder, 1987). „Mit wenigen Ausnahmen war ein unverheiratetes Leben im 18. und dem beginnenden 19. Jahrhundert kein attraktives Leben und mit wesentlich erweiterten Abhängigkeiten verbunden als das Verheiratetsein" (Bachmann, 1991, S.48).

Die Industrialisierung führte neben der Verstädterung auch zur Aufhebung gesetzlicher Ehebeschränkungen. Viele Menschen blieben dennoch zwangsweise ledig, weil sie durch geringe Löhne und Wohnungsnot in den Städten keine materielle Sicherheit bieten konnten. In der Folgezeit führte der wachsende Wohlstand einer breiteren Schicht zum Anstieg der Verehelichung (Rosenbaum, 1982). Damit einher ging gleichzeitig eine Diskriminierung der Alleinlebenden. Das Ledigsein wurde jetzt nicht mehr als unverschuldet, sondern als persönliches Unvermögen angesehen („alte Jungfer", „;Hagestolz"). Die Weltkriege änderten dies schlagartig. Sie führten zu einer Zunahme junger verwitweter Frauen, wodurch bis in die 60er Jahre hinein das „Alleinleben" hauptsächlich mit Verwitwung verbunden wurde Bachmann, 1991).

Seit Mitte der 60er Jahre wächst nicht nur die Gruppe weiblicher Singles im höheren Lebensalter durch Verwitwung an. Beachtung finden vielmehr diejenigen, die im dritten Lebensjahrzehnt „freiwillig" ungebunden bleiben. Daß eine wachsende Anzahl von Menschen nicht aus wirtschaftlicher Not, sondern mit verbesserter ökonomischer Lage alleinstehend bleibt, ist ein historisch neues Phänomen und wird seit den 70er Jahren als „Single"-Dasein bezeichnet (Bachmann, 1991; Meyer & Schulze, 1989).

Eine Gesellschaft muß viele Ressourcen zur Verfügung haben, wenn sie sich die Single-Lebensform der Gegenwart „leisten" kann. Die Singles müssen nicht nur ausreichend verdienen, es sollten auch genügend Wohnraum und erschwingliche Konsumgüter vorhanden sein (Jaeggi, 1993).

Für die Wirtschaft stellen Singles einen finanzstarken Absatzmarkt dar. Zuerst richtete sich die Lebensmittelindustrie auf die Lebensform „Single" ein. Der Begriff des „Alleinessers" wurde geprägt und mit ihm Ein-Portionen-Menüs und tiefgekühlte Komplett-Menüs. Möbelhersteller reagierten ebenso wie die Küchengeräteindustrie und die Versicherungen: die Kompaktküche im Rollkoffer samt Rundum-Versicherungspaket sind eigens für Singles geschaffen. Reiseveranstalter vermerken einen steigenden Umsatz bei Club-Urlauben und Aktiv-Reisen, an denen bevorzugt Singles teilnehmen.

Auch die Autobranche unterscheidet zwischen einem Single-Auto und einem Familienwagen (Fischer, 1992).

In den Medien wurden nicht nur für Singles Produktwerbungen, Partnershows, Talk-Runden und Serien geschaffen, sondern dort wurde das Bild des Singles als erfolgreicher, aktiver, attraktiver Mitdreißiger geprägt. Wird über den Themenkomplex „Lebensform Single“ in den Medien informiert, geht dies meistens damit einher, daß auf den anhaltenden Anstieg von Einpersonenhaushalten hingewiesen wird (s. Abb. 6).

Abb. 6: Haushaltsgröße im Zeitvergleich

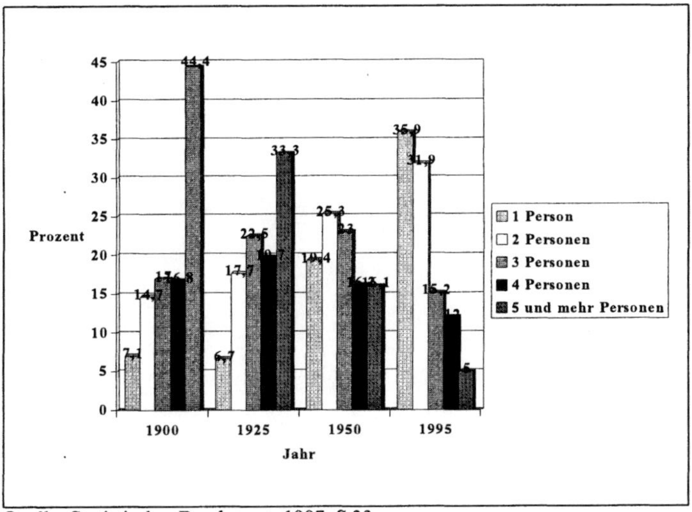

Quelle: Statistisches Bundesamt, 1997, S.33

Über die Vergleichszeitpunkte hinweg läßt sich eine Abnahme von Großfamilien und eine Zunahme von individualistischen Wohnformen konstatieren (vgl. Meyer & Schulze, 1989). Anteilmäßig befinden sich die meisten Einpersonenhaushalte in Großstädten. Jeder vierte bis fünfte Großstadtbewohner lebte 1995 allein, jedoch nur jeder achte aus Gemeinden mit weniger als 10.000 Einwohnern (Statistisches Bundesamt, 1997). Auch wenn seit 1970 der Anteil der Männer unter den Bewohnern von Einpersonenhaushalten steigt, so bewohnen doch noch fast zwei Drittel aller Einpersonenhaushalte Frauen, was hauptsächlich mit Verwitwungen zu erklären ist.

Verwitwungen oder Nicht-Heirat als Kriegsfolgen bewirkten, daß es in den 50er Jahren mehr ledige Frauen im mittleren Lebensalter und mehr Alleinerziehende als in den 80er Jahren gab (Arbeitsgemeinschaft Riedmüller, 1991).

Wird die Wohnform verschiedener Jahrgänge dieses Jahrhunderts miteinander verglichen, so liegt eine eindeutige Abnahme des Haushaltstyps „verheiratetes Paar mit Kind" und eine Zunahme an Einpersonenhaushalten vor (Bayer & Bauereiß, 1995). Nach der Geschlechtszugehörigkeit und dem Alter differenziert, ergibt sich ein aussagekräftigeres Bild über die Bewohner von Einpersonenhaushalten (s. Tab. 3):

Tab. 3: Einpersonenhaushalte nach Altersgruppen, Geschlecht und Familienstand (April 1994)*

in 1000

Alter	Einpersonen-haushalte	darunter			
		ledig	verheiratet getrennt-lebend	verwitwet	geschieden
unter 25	1059	1035	19	/	6
25 - 44	3789	3018	252	28	491
45 - 64	2829	858	256	778	937
65 und mehr	5070	571	86	4051	362
insgesamt	12747	5482	612	4857	1795
darunter Frauen					
unter 25	534	521	10	/	/
25 - 44	1389	1119	75	18	178
45 - 64	1587	367	86	624	509
65 und mehr	4282	477	48	3472	285
zusammen	7792	2484	219	4114	975

Quelle: Statistisches Bundesamt, 1996, S.66

* absolute Zahlen

Wie aus Tabelle 3 zu ersehen, ist die Ledigenquote bei den 25-44jährigen Personen am höchsten. In dieser Altersgruppe interessieren bezüglich der „Lebensform Single" auch die verheiratet-getrenntlebenden, verwitweten und geschiedenen Personen, wobei die Verwitweten die kleinste Gruppe bilden. Der Familienstatus ist dann jedoch am häufigsten „verwitwet", wenn die Bewohner von Einpersonenhaushalten 65 Jahre und älter sind. Dies verdeutlicht, daß eine Alterseingrenzung für eine Untersuchung über Singles sinnvoll ist, da die Gründe für das Alleinwohnen je nach Alter differieren.

Wird bei den Bewohnern von Einpersonenhaushalten die Geschlechtszugehörigkeit beachtet, so befinden sich in der Gruppe der 25-44jährigen unter den ledigen, getrenntlebenden und geschiedenen weniger Frauen als Männer. Dieses kehrt sich mit zunehmendem Alter und bei Verwitwung um.

Da in der amtlichen Statistik nur nach Haus- und Familienstand, nicht aber nach Personen mit und ohne Partnerschaften differenziert wird, soll eine Untersuchung über Singles angeführt werden: Bachmann (1991), der Singles als alleinwohnend und partnerlos definiert, recherchierte für 1986, daß in den alten Bundesländern (einschließlich Westberlin) 800.000 30-40jäh-rige Singles leben. Das ist ein Anteil von 9% aller 30-40jährigen Personen. Bei den 30-40jährigen liegt das Zahlenverhältnis von Single-Frau zu Single-Mann bei 1 : 1,8. In der Stichprobe von Bachmann waren zwei Drittel der Probanden ledig und ein Drittel geschieden (Bachmann, 1991).

Die Lebensform des „Alleinstehenden" hat eine Umwertung erfahren. War die Partnerlosigkeit in der Vergangenheit vor allem an mangelnde finanzielle Ressourcen geknüpft, was eine Familiengründung ausschloß, so ist in der Gegenwart mit dem Single-Dasein ökonomische Unabhängigkeit verbunden. Das Single-Dasein ist auch Ausdruck einer wohlhabenden Gesellschaft, in der das Individualisierungsdenken als Wirtschaftsfaktor gefördert wird.

2.2 Konsequenzen: Gesellschaftliche Rahmenbedingungen

Die gestiegene Erwerbsbeteiligung der Frau sowie die damit verbundene Bildungsexpansion eröffneten der Frau eine größere finanzielle Unabhängigkeit. Ihr zunehmender Wille zur Gleichberechtigung sowie Gleichbehandlung blieb nicht nur auf dem beruflichen Sektor begrenzt. Familiär wirkte er sich auf veränderte Strukturen der Paarbeziehung und auf die Loslösung von der Vorstellung der lebenslangen Ehe und Mutterschaft als bestimmenden Lebenssinn aus. Veränderte Wertorientierungen gingen mit einem Rückgang von Eheschließungen, einer Erhöhung des Heiratsalters, einer sinkenden Geburtenquote, einer steigenden Scheidungsrate und einem zunehmenden Individualisierungsdenken einher.

Das Single-Dasein ist somit aus dem gesellschaftlichen Kontext heraus zu verstehen. Es könnte vermutet werden, daß sich unter den Singles ein hoher Anteil schulisch und beruflich sehr engagierter Frauen befindet. Ein hohes berufliches Engagement könnte dazu führen, daß häufiger situative Bedingungen (z.B. Mobilität) eine Partnerschaftsanbahnung erschweren. Das damit einhergehende und ebenfalls die Lebensform beeinflussende Individualisierungsdenken sollte dazu führen, daß die Wertprioritäten ichorientierter und somit weniger traditionell sind, d.h., daß wahrscheinlich die Selbstverwirklichung stärker betont wird, als die Familiengründung.

3 Bindungsweg: Individuelle Bindungsgenese

Die Partneranbahnung hängt entscheidend davon ab, ob Bindungen überhaupt eingegangen und aufrechterhalten werden können. Wie diese „Bindungsfähigkeit" entsteht, sich stabilisiert und sich im Sozialkontakt auswirkt, wird im folgenden referiert.

3.1 Entwicklung, Stabilisierung und Auswirkungen von Bindung

„Die Lebensfähigkeit eines Menschen steht in unmittelbarem Zusammenhang mit seiner Liebesfähigkeit" (Borneman in Lermer & Meiser, 1991, S.33).

Als Arbeitsgrundlage soll zunächst der Begriff „Bindung" definiert werden. Im Anschluß wird gefragt, welches Bindungsverhalten entwicklungspsychologisch betrachtet das Individuum in verschiedenen Entwicklungsphasen erwirbt. Weiterhin wird die Bedeutung der Bindungsqualität in der Kindheit für späteres Bindungsverhalten untersucht.

3.1.1 Begriffsklärung: Bindung

Umgangssprachlich werden die Begriffe „Beziehung" und „Bindung" oft als Synonyme verwendet, so daß die inhaltlichen Unterschiede beider Begriffe im folgenden näher erläutert werden.

Unter einer Beziehung wird eine regelmäßige soziale Interaktion zu einer bestimmten Person über eine bestimmte Zeitspanne hinweg verstanden. Sie ist zukunftsorientiert und je nach Konstellation unterschiedlich intensiv. Die Bedeutung, die der einzelne einer Beziehung beimißt, bestimmt den Intensitätsgrad der empfundenen Vertrautheit, Verbindlichkeit und körperlichen Intimität (Argyle & Henderson, 1990). Eine Beziehung kann locker, oberflächlich oder fest und intim sein.

Bindung impliziert eine auf Dauer angelegte emotionale Orientierung an eine Person, die auch bei ihrer Abwesenheit erhalten bleibt. Die Nähe zu dieser Person wird gesucht, unter Trennung wird gelitten, bei ihrer Rückkehr wird sich gefreut (Maccoby, 1980). Eine zufriedenstellende Bindung ist mit einem starken Kontaktbedürfnis, emotionaler Zuwendung und prosozialem Verhalten verbunden (Bowlby, 1995; Trommsdorff, 1991).[2] Bindungen sind mit besonders intensiven Emotionen verknüpft wie Freude, Vertrautheit, Zuneigung, Intimität, Liebe - aber auch mit Kummer, Ärger, Furcht, Eifersucht, Einsamkeit, Verlust- und Verlassenheitsängste usw. (Kruse, 1991).

Die Anstrengungen, die unternommen werden, um die Nähe einer Bezugsperson zu erlangen und aufrechtzuerhalten, werden als „Bindungsverhalten" bzw. „Bindungsstreben" bezeichnet.

Dem Bindungsstreben liegt eine kognitive Struktur zugrunde, die sich als angeborene Disposition im Entwicklungsverlauf herausbildet. Die kognitiven Steuerungsmechanismen bestimmen die Suche nach körperlicher Nähe und affektivem Kontakt (Guidano & Liotti, 1983).

Die komplexe Konstellation von Bindungsgefühlen/-verhalten und -verhaltenstendenzen kann laut Bowlby (1980) als „Bindungssystem" aufgefaßt werden. Die Aufgabe des Systems besteht in der Bewältigung von „Gefahrensituationen" und in der Erhaltung des Sicherheitsgefühls. Kommt es zu einer diesbezüglichen Verunsicherung oder Angst, wird das Bindungssystem aktiviert, das durch spezifische Verhaltensweisen, wie z.B. weinen, anklammern, rufen, hinterherlaufen und suchen, die Bindung wieder festigen soll (Bowlby, 1983, 1995).[3]

Schon in der frühen Kindheit lassen sich individuell stabile Bindungsmuster unterscheiden (Ainsworth et al., 1978). Im Erwachsenenalter hängt die Gestaltung von Beziehungen von der Bindungsfähigkeit ab. Diese Fähigkeit, Bindungen aufzubauen und mit emotionaler Kapazität sowie Kompetenz aufrechtzuerhalten, kann als ein Persönlichkeitsmerkmal aufgefaßt werden, welches sich aus der individuellen Bindungsgeschichte entwickelt (Grammer, 1993).

---

[2] An dieser Stelle wird "Bindung" definitionsgleich mit dem englischen Begriff "attachment" (Bowlby, 1995) verwendet. Der Begriff "bonding" beschreibt hingegen eine wechselseitige Beeinflussung/Beziehung (Klaus & Kennell, 1976).

[3] Einige Autoren halten das Bindungssystem für ständig aktiviert, wobei sie seine Funktion neben der Erhaltung eines Sicherheitsgefühls auch in der Entwicklung einer Bindung sehen (Ainsworth et al., 1978; Sroufe & Waters, 1984).

3.1.2 Entwicklung des Bindungsverhaltens

Wann von einer Bindung des Kindes an die Bezugsperson gesprochen werden kann, wird unterschiedlich beurteilt. Einige Bindungsforscher (z.B. Bowlby, 1995) erklären die Trennungsempfindlichkeit des Kindes mit ca. acht Monaten zum entscheidenden Kriterium für eine entstandene Bindung.[4] Für andere (z.B. Klaus & Kennell, 1976) besteht die Kind-Mutter-Bindung von Beginn an, d.h. seit der Schwangerschaft.

Kindheit, Jugend und Erwachsenenalter sind bedeutende Entwicklungsstufen auf dem Weg zur Bindungsfähigkeit. Gleichzeitig ist zu berücksichtigen, daß gerichtetes sowie differenziertes Bindungsverhalten von der kognitiven Entwicklung beeinflußt wird.

3.1.2.1 Kindheit

Die Bedeutung der Kindheit wird häufig deshalb hervorgehoben, weil in dieser Lebensphase erste Bindungen aufgebaut werden. Direkt nach der Geburt kann von einer „sensiblen Phase“ für die Entwicklung einer emotionalen Beziehung zur Mutter gesprochen werden. Innerhalb dieser ersten Wochen festigen zärtliche Berührungen und verbale sowie non-verbale Interaktionen (vor allem Augenkontakt) die Mutter-Kind-Bindung (Klaus & Kennell, 1976).

Grossmann (et al., 1981) untersuchte die Effekte des frühen Hautkontaktes. Dabei wurden die Mütter in vier Gruppen eingeteilt, die sich im Zeitpunkt, der Dauer und Art des Hautkontaktes mit dem Neugeborenen unterschieden. Es zeigte sich, daß in Abhängigkeit von der Erwünschtheit der Schwangerschaft der ausgedehnte Hautkontakt direkt nach der Geburt das Mutter-Kind-Verhältnis fördert. Einerseits erhöht sich die Orientierungsbereitschaft (soziale Reaktionen sind auf die Bezugsperson gerichtet) des Säuglings, andererseits hängt früher Körperkontakt zwischen Mutter und Kind auch noch nach einem Monat mit mehr Augenkontakt, Zärtlichkeit, Trost und weniger Alleinlassen der Mutter zusammen (Klaus et al., 1972; Mussen et al., 1981).

Der Säugling bindet sich mit zunehmendem Alter aktiver an sein Bezugsfeld, indem er sich für bestimmte Personen interessiert und sie präferiert. Daß dies zu unterschiedlichen Zeitpunkten der Kleinkindentwicklung stattfindet, berichten Schaffer & Emerson (1964). Sie führten eine der ersten Längsschnittstudien über das Bindungsverhalten

---

[4] Weinraub & Lewis (1977) bezweifeln, daß Bindung und Trennungsangst sich direkt gegenseitig bedingen, sondern verstehen sie als verwandte Phänomene.

durch. In ihrer Untersuchungsgruppe von 60 schottischen Babys erhöhte sich die Aktivität des zielgerichteten Bindungsverhaltens bei 1/3 von ihnen mit ca. 6 Monaten, 3/4 verstärkten ihre Reaktionen auf die Bezugsperson mit neun Monaten. Einige Kleinkinder gestalteten allerdings bereits nach vier Monaten die Bindung aktiv mit, andere zeigten dieses Verhalten auch noch nicht mit einem Lebensjahr. Von daher sollten die folgenden Zeitangaben lediglich als Richtwerte verstanden werden, die Ainsworth (1972, 1979) für die vier Phasen der Entwicklung des Bindungsverhaltens eines Neugeborenen angibt:

1. initial preattachment phase:

In den ersten Lebenswochen wird auf Personen undifferenziert reagiert, d.h. nicht zwischen Eltern und Fremden unterschieden.

2. phase of attachment in the making:

Ab dem dritten Monat unterscheidet das Kind zwischen vertrauten und fremden Personen. Inzwischen hat sich ein festes Mutter-Kind-Interaktionsmuster eingespielt. Die sozialen Bezüge werden spezifischer und mit mehr Gefühlsengagement (zeigen von Freude, Neugier, Ärger) verbunden. Mit Lächeln, Schreien, einigen motorischen und vokalen Äußerungen kann das Kleinkind auf seine soziale Umgebung Einfluß nehmen (Kruse, 1991; Lamb et al., 1985).

3. phase of clearcut attachment:

Zwischen dem 6. und 9. Monat wird die Nähe der Bindungsperson aktiv gesucht, auf ihre Abwesenheit wird mit Furcht, Trauer und Protest reagiert. Dies deutet darauf hin, daß das Kind zunehmend trennungsempfindlich wird, was aus einer entstandenen Bindung resultiert (Kruse, 1991). Die entstandene Bindung impliziert gleichzeitig eine größere Verletzlichkeit. Das Kind fühlt sich durch intensive Emotionen an die Bezugsperson gebunden und ist bei deren Verlust dem Trennungsschmerz ausgeliefert (Damon, 1989; Kruse, 1991).

4. phase of a goal-directed partnership:

Ab dem 3. Lebensjahr zeigt das Kind ein flexibles, hierarchisch organisiertes Bindungsverhalten, zu dem sich die Mutter reziprok verhält. Das Kind versucht mit wachsenden kognitiven Fähigkeiten, Einblicke in die Motive und Emotionen der Bezugsperson zu erhalten, um sein eigenes Verhalten darauf abzustimmen. Dadurch entsteht ein homöostatisches System: Das Bindungsverhalten, mit dem sich Unterstützung versichert wird, löst das Fürsorgeverhalten aus, welches dem Kind ein Gefühl von Sicherheit vermittelt. Ein Beispiel dafür ist, daß das Kind die Mutter anlächelt, die sich dadurch in ihrer Rolle bestätigt fühlt und sich dem Kind zuwendet. Gleichzeitig wird aber auch das Bindungsverhalten durch das Feedback der „Fürsorgenden" zielkorrigiert. Bedingt durch diese Zielkorrekturen kann es zu gestörtem Bindungsverhalten als Reaktion auf vorangegangenes gestörtes Fürsorgeverhalten kommen.

An den verschiedenen Entwicklungsstufen wird deutlich, daß Bindung kein einmaliger Prägungsakt, sondern eine Entwicklung mit verschiedenen Lern- und Reifungsschritten ist.

Natürlich sind enge Bindungen des Kleinkindes nicht auf die Eltern beschränkt. Sie können zu Geschwistern, Verwandten, Bekannten ebenso aufgenommen werden, wie gegenüber Haustieren (Bank & Kahn, 1994; Bowlby, 1975; Grossmann, 1984). Auch nicht-anwesende Familienmitglieder üben einen Einfluß auf die Mutter-Kind-Dyade aus (Hinde, 1989). Des weiteren zeigen Babys ein Kontaktinteresse Gleichaltrigen gegenüber, sogar in der Phase, in der sie Erwachsenen gegenüber fremdeln. Lewis & Rosenblum (1975) führen dies auf das sich entwickelnde Selbstkonzept des Kindes zurück. Indem es eine „Objektpermanenz" aufbaut, kann das Kind zwischen sich und anderen unterscheiden. Es entwickelt von sich ein einfaches Bild und erkennt Ähnlichkeiten bei anderen, weshalb es sich Gleichaltrigen positiv zuwendet (vgl. Piaget, 1970).

Im Kleinkindalter können bereits enge emotionale Bindungen unter Kindern bestehen. Im Kindergartenalter bilden sich oft Spontangruppen, meist nur zum Zweck des gemeinsamen Spiels, die sich anschließend wieder auflösen. In der Grundschulzeit werden solche Gruppen über Tage oder Wochen aufrechterhalten. Generell bevorzugen Kinder gleichgeschlechtliche Freundinnen bzw. Freunde gegenüber gegengeschlechtlichen (Oerter, 1987a).

Die frühe Kindheit wird u.a. von der Bindungsentwicklung zwischen Eltern und Kind bestimmt. Mit zunehmendem Alter werden eigene Fähigkeiten erlernt und dafür eingesetzt, Kontakte bis hin zu Freundschaften zu knüpfen.

3.1.2.2 Jugend

Der Adoleszenz werden vielfältige Entwicklungen zugesprochen: „Sie soll die räumliche Trennung vom Elternhaus möglich machen, aus familiären Machtstrukturen befreien, sexuelle Hemmungen und Konflikte überwinden helfen, Zuwendung und Geborgenheit oder die immer vermißte Bestätigung des eigenen Selbstwertes liefern, aus familiären Über-Ich und Ich-Idealorientierungen befreien, Auftragskonflikte lösen und einen eigenen Lebensstil verwirklichen helfen“ (Nuber, 1994 b, S.39).

In der Jugend erlangen Gleichaltrige eine größere Bedeutung, so daß ein Geborgenheitsmangel im Elternhaus leichter als in der Kindheit ausgeglichen werden kann (Piaget, 1970).

Die jugendliche Subkultur bietet folgende Möglichkeiten:

- Orientierung zur Erprobung neuer Verhaltensweisen,
- Unterstützung bei der Ablösung vom Elternhaus,
- Identifikationsmöglichkeiten mit neuen Lebensstilen (Oerter, 1987 b).

Mit der Hinwendung zur Peergroup kommt das Interesse für das andere Geschlecht, welches sich verstärkt erst während der Pubertät ausbildet. So besteht im ersten Schuljahr eine deutliche Trennung beider Geschlechtsgruppen. Von der vierten bis sechsten Klasse wird der Kontakt zur anderen Geschlechtsgruppe minimiert und steigt erst bei den 12jährigen langsam wieder an (Oerter, 1987 a).

Heterosexuelle Beziehungen bauen sich stufenmäßig auf: erst wird wenig Kontakt zum anderen Geschlecht gesucht, dann verstärkt, es kommt zu leichten Körperberührungen usw. Das sich entwickelnde Sexualverhalten ist eine Grundlage für intime Beziehungen zu einem Partner (Oerter, 1987 b).

Wie sich das Verständnis von Intimität je nach Altersstufe ändert, zeigt eine Studie mit weiblichen Jugendlichen im Alter von 14-15 und 16-17 Jahren. Intimität bedeutet für die 14-15jährigen Mädchen:

1. Intimität mit dem Freund: Vertrauen, Verstehen, gemeinsame Aktivitäten, Zeit widmen, Erotik, Sexualität;
2. Intimität mit der Freundin: Vertrauen, Verstehen, gemeinsame Aktivitäten, Zeit widmen;
3. Intimität mit den Eltern: Zugehörigkeit, Vertrauen, Verstehen, körperliche Nähe, gemeinsame Aktivitäten, Zeit einander widmen.

Für die 16-17jährigen Mädchen der o.g. Stichprobe bedeutet hingegen Intimität im wesentlichen das Beziehungserleben zu ihrem Freund (Kaniak-Urban in Oerter, 1987 b).

Neben dem Erleben von Intimität wird als weitere Voraussetzung für das Eingehen von Partnerbindungen die Identitätsentwicklung gesehen. Für Kreppner (1993) beinhaltet die Ich-Entwicklung Selbsteinschätzung, Verantwortlichkeit, Kontrolle (extern oder intern) und moralisches Bewußtsein.

Die kognitive Entwicklung im Jugendalter ermöglicht, daß die eigene Person von anderen unabhängiger betrachtet werden kann. Mit der eigenen Persönlichkeit und den Verhaltensweisen anderer kann sich auseinandergesetzt werden (Erikson, 1970; Olbrich, 1987).

Marcia (1964) führte unter 18-24jährigen jungen Erwachsenen semistrukturierte Interviews durch, bei denen sich vier Identitätszustände unterscheiden ließen, die Oerter (1987 b) gegenüberstellt (s. Tab. 4):

Tab. 4: Ausgewählte Kennzeichen der vier Identitätszustände nach Marcia (1980)

Untersuchtes Merkmal	**diffuse Identität** (keine Festlegung auf Beruf o. Werte)	**Moratorium** (Auseinandersetzung mit beruflichen o.a. Wertfragen)	**übernommene Identität** (Festlegung auf Beruf o. Werte, die von Eltern ausgewählt wurden)	**erarbeitete Identität** (Festlegung auf Beruf u. Wertpositionen, die selbst gewählt wurden)
Selbstwertgefühl	niedrig	hoch	Jungen: niedrig Mädchen: hoch	hoch
Autonomie	externe Kontrolle	internale Kontrolle	autoritär	internale Kontrolle
Kognitiver Stil	impulsiv, extreme kognitive Komplexität	reflexiv, kognitiv komplex	impulsiv, kognitiv simpel	reflexiv, kognitiv komplex
Intimität	stereotype Beziehungen	fähig zu tiefen Beziehungen	stereotype Beziehungen	fähig zu tiefen Beziehungen
Soziale Interaktion	zurückgezogen, fühlen sich von Eltern nicht verstanden, hören auf Peers u. Autoritäten	frei, streben intensive Beziehungen an, wetteifern	ruhig, wohlerzogen, glücklich	zeigen nichtdefensive Stärke, können sich für andere einsetzen

Quelle: Oerter, 1987 b, S.309

In Tab. 4 wird gezeigt, wie der jeweilige Identitätszustand in Wechselwirkung mit den untersuchten Merkmalen (Selbstwertgefühl, Autonomie, kognitiver Stil, Intimität, soziale Interaktion) steht.

Wird die Untersuchung von Marcia (1980) auf das Eingehen von Partnerschaften bezogen, so sollten Personen im „Moratorium“ oder mit „erarbeiteter Identität“ zu tiefen

Bindungen fähig sein. Damit würden ein hohes Selbstwertgefühl, internale Kontrollmechanismen und reflexiv, kognitiv komplexere Strukturen einhergehen.

Im Unterschied zur o.g. Gruppe verfügen Personen mit stereotypen Beziehungen über eine diffuse oder übernommene Identität. Ihr Selbstwertgefühl ist niedrig (ausgenommen: Mädchen mit übernommener Identität), ihre Autonomie wird extern kontrolliert oder autoritär bestimmt. Sie zeichnen sich durch Impulsivität aus, wobei sich Personen mit diffuser Identität über eine extreme kognitive Komplexität verfügen, und Personen mit übernommener Identität kognitiv simpel sind. Während Personen mit übernommener Identität sozial zufrieden sind, ziehen sich Personen mit diffuser Identität eher aus ihrer sozialen Umwelt zurück.

Die Ergebnisse von Marcia (1980) finden sich teilweise auch bei Olbrich (1987) wieder, der den Identitätsgrad in bezug auf die Partnerschaftsfähigkeit untersuchte:

- Junge Männer, die noch im Stadium der Rollendiffusion sind, waren isolierter und wendeten sich nur selten jemandem intim zu. Im Unterschied dazu gingen Männer mit gefestigter Identität leichter Partnerbeziehungen ein.
- Nach 20 Ehejahren berichteten die Ehepaare über mehr Zufriedenheit, bei denen die Ehepartner in der Jugend oder im frühen Erwachsenenalter eine stabile Identität entwickelt hatten.
- Frauen erreichen im Bereich der sexuellen Beziehungen früher eine gefestigte Identität als Männer. Sie beziehen den späteren Partner eindeutiger mit in die Definition ihrer eigenen Identität ein. Für Frauen ist während ihrer Identitätssuche eine Abgrenzung von der Familie für spätere Beziehungen hilfreich.
- Männer, die sich lange mit Identitätsfragen auseinandersetzten, integrierten in ihr Selbstbild mehr „weibliche Anteile“ und gingen flexibler auf die Bedürfnisse der Partnerin ein (vgl. Erikson, 1970; vgl. Orlofsky in Olbrich, 1987).

Das Jugendalter ist für die aktive Gestaltung von Bindungen besonders wichtig. In dieser Altersphase kann es zu einer größeren Bewußtheit der eigenen Geschlechtlichkeit und der Gegengeschlechtlichkeit kommen. Das Experimentieren mit Partnerschaften sowie das Erleben von Intimität und einer individuellen Identität können in den Vordergrund rücken. Für die Partnerwahl im Erwachsenenalter spielt die Jugend eine entscheidende Rolle, weil in dieser Altersphase Möglichkeiten der Paarbeziehung erprobt werden können (Nuber, 1994 b).

3.1.2.3 Erwachsenenalter

> „Jede Familie stellt eine Herausforderung dar, eine Gegebenheit, die akzeptiert und überschritten werden muß, wenn wir uns zu unabhängigem Selbst-Sein und darüber hinaus entwickeln wollen" (Sam Keen in Nuber, 1994 b, S.43).

Für das Erwachsenenalter charakteristisch ist eine Hinwendung zu einem gegengeschlechtlichen Partner (bei Heterosexualität), bei gleichzeitiger Loslösung von der eigenen Herkunftsfamilie. Da die einzelnen Aspekte der Partneranbahnung bis hin zur Partnerschaft in einem anderen Kontext bereits thematisiert werden (vgl. Kap. 5), soll an dieser Stelle auf die Loslösung von der Herkunftsfamilie eingegangen werden.

Daß der Loslösungsprozeß als eine wesentliche Voraussetzung für eine intensive Partnerschaft angesehen wird, ist kulturabhängig. Gehören Menschen gruppenorientierten Kulturen an, wie z.B. der ostasiatischen Kultur, ist die emotionale Bindung an einen selbst zu wählenden Partner weniger von Bedeutung als die Zugehörigkeit zu bestimmten größeren Gruppenverbänden (Verwandtschaft, Arbeitsgruppen u.a.). In gruppenorientierten Kulturen trägt hauptsächlich die Gruppe zur Reduktion von Unsicherheits- und Unbedeutenheitsgefühlen des einzelnen bei, während dies in individualistischen Ländern vor allem der Beziehungspartner erfüllt (Trommsdorff, 1991).

In der westlichen „Denkwelt" wird mit der Entscheidung des erwachsenen Kindes für einen Partner akzeptiert, daß es nicht mehr mit seinen ganzen Ressourcen der Herkunftsfamilie zur Verfügung steht. Das „Aus-dem-Haus-gehen" der Kinder und die damit zusammenhängende „Abnabelung" sind Kennzeichen unserer Gesellschaft. Der intime Schutzraum und die Privatsphäre des Paares werden gewahrt. Die familiären Bindungen bleiben abgeschwächt bestehen und sollen nicht darin behindern, einem Partner gegenüber Interesse, Bindung sowie Intimität entgegenzubringen.

Die Ablösung von der Familie verläuft aber nicht in allen Fällen reibungslos (vgl. Faltermaier et al., 1992).

> „Wie fast alle Gruppen sind auch Familien von Natur aus konservativ, wenn es darum geht, Veränderungen in der manifesten Identität ihrer Mitglieder zu akzeptieren. Je größer die tatsächliche Veränderung, desto stärker die Abwehr der Angehörigen" (Bank & Kahn, 1994, S.64).

Besonders die Psychoanalyse hat darauf hingewiesen, daß psychische Verstrickungen mit der Herkunftsfamilie das Eingehen und zufriedenstellende Aufrechterhalten von

Partnerschaften erschweren kann. Richter (1963) beschrieb unbewußte Rollenzuschreibungen der Eltern auf die Kinder und verdeutlichte, daß diese sich nicht nur auf das Selbstbild und auf die Beziehung zu den Geschwistern auswirken, sondern auch auf die eigene Rolle als Elternteil und die Vorstellungen bezüglich eines Partners. Bauriedl (1985) befaßte sich insbesondere mit der „Ersatzpartnerschaft“ des Kindes, die ihrer Meinung nach zustande kommt, wenn Eltern ihre Beziehung nicht erfüllt erleben. Das Kind erfährt dadurch eine Aufwertung mit entsprechendem Bündnis zu einem Elternteil und einem Loyalitätskonflikt zu dem anderen.

Riemann (1991) faßt verschiedene „Fehlformen“ elterlicher Liebe und die Auswirkungen auf das Kind zusammen (s. Tab. 5):

Tab. 5: Fehlformen elterlicher Liebe und deren Auswirkungen auf die kindliche Entwicklung

Liebesform	**Elterliche Verhaltensursache**	**Auswirkungen auf das Kind**
verwöhnend	Schuldgefühle dem Kind gegenüber oder Angewiesenheit auf die kindliche Liebe	schwere Ablösung von den Eltern
überbeschützend	eigene Verlustängste / Ängste vor dem Leben	Angst vor dem Erwachsenwerden
an Erwartungen und Wunschvorstellungen geknüpft	eigene Minderwertigkeitsgefühle sollen kompensiert werden	versucht, den Erwartungen nachzukommen, verliert den Zugang zu eigenen Bedürfnissen
ständige Einflußnahme	/	Schwierigkeit, eigene Identität zu bilden
Partnerersatz	die Partnerbeziehung ist unbefriedigend	Erwachsener bleibt zu stark an Eltern gebunden. Die Eifersucht des gegengeschlechtlichen Elternteils gibt das Kind nicht frei. Die Auseinandersetzung mit dem gleichgeschlechtichen Elternteil wird erspart, was zur Verhinderung der eigenen Geschlechtsidentität führt.

Quelle: Riemann, 1991 (in Anlehnung)

In Tab. 5 sind als elterliche Liebesformen solche zusammengestellt, die aus persönlichen Defiziten der Eltern resultieren und eine Behinderung der individuellen Entwicklung des Kindes bewirken. Das Kind wird dahingehend funktionalisiert, daß es entweder die defizitären Erfahrungen der Eltern abmildern soll oder zumindest ihr „Modell von Welt“ nicht infrage stellen, sondern unterstützen soll. Sobald die Eltern signalisieren, wie dringend sie das Kind für sich selbst brauchen, bekommt es laut Riemann (1991) Schuldgefühle, wenn es Entwicklungsschritte vollziehen will, die eine Ablösung von den Eltern bedingen.

Daß die Abhängigkeit von den Eltern auch von den erwachsenen Kindern gewollt sein kann, berichtet Herms-Bohnhoff (1995) unter dem Stichwort der „Nesthocker-Generation". Sie greift den Trend einiger europäischer Länder, wie beispielsweise Italien und Deutschland, auf, nach dem zunehmend mehr erwachsene Kinder bei ihren Eltern wohnen bleiben. Werden solche „Nesthocker" nach ihren Gründen für das Leben bei den Eltern gefragt, nennen sie folgende:

- dauerhafte Geborgenheit, Gemeinschaft
- emotionale Dauerversorgung ohne eigenes Bemühen
- Umsorgtwerden, keinen eigenen Haushalt führen zu müssen
- finanzielle Vorteile, gehobener Lebensstil, Bequemlichkeit
- Erfolgsplanung, Materialismus (Herms-Bohnhoff, 1995).

Von der gemeinsamen Wohn- und Lebensform profitieren auch die Eltern:

- Gefühle des „Gebrauchtwerdens" und noch „Jung-Seins" bleiben erhalten
- Kinder bringen Unterhaltung und Aktivität ins Haus, überdecken die „Leere" der Eltern
- Ausweichmöglichkeit bei Problemen in der Partnerbeziehung
- praktische Erwägungen: dichter Wohnungsmarkt, ausgebaute Keller und Dachböden
- finanzielle Ersparnis, wenn Eltern noch für ihre Kinder aufkommen müssen (Herms-Bohnhoff, 1995).

Nuber (1994 b) vermutet, daß erwachsene Kinder, die weiterhin ein gegenseitiges emotionales Abhängigkeitsverhältnis zu ihren Eltern haben, mit Partnerschaften Schwierigkeiten haben, „...weil es ihnen so schnell kein Partner 'recht' machen kann, weil keiner ihren Ansprüchen, in denen sich die der Familie widerspiegeln, genügt. Diese Männer und Frauen wachsen in einer Art 'Familienghetto' heran, das sie, auch wenn sie erwachsen sind, nicht wirklich verlassen können" (Nuber, 1994 b, S.33).

Eine Untersuchung, die sich mit den Abhängigkeiten erwachsener Kinder von ihren Eltern beschäftigt, führte Weidenbach (1997a) durch. Die Befragten sollten angeben, wie zufrieden sie mit ihrer Ehe sind, und wie sehr sie sich von ihren Eltern abhängig fühlen. Es stellte sich heraus, daß die Ehezufriedenheit hoch mit dem Grad der Unabhängigkeit des Mannes korreliert: im praktischen Bereich gegenüber seinem Vater und im emotionalen gegenüber seiner Mutter. Eine extreme Unabhängigkeit zur Mutter wirkte sich jedoch bei den Befragten negativ auf die Partnerbeziehung aus, vermutlich weil dies ein Zeichen für eine generelle Schwierigkeit des Mannes sein könnte, tiefe Bindungen eingehen zu können. Die Loslösung der Frau spielte eine geringere Rolle - traditionell denkende Männer befürworteten sogar den engen Zusammenhalt der Ehefrau mit der Herkunftsfamilie.

Der Paartherapeut Günter Reich befragte 22 Ehepaare, die sich in einer länger andauernden Krise befanden, in bezug auf die Loslösung von ihren Eltern. Alle Befragten gaben an, noch stark an das Elternhaus gebunden zu sein, mit folgenden Erscheinungsformen:

- häufige Besuche oder Wohnen im elterlichen Haushalt
- materielle Unterstützung
- oft tägliches Telefonieren
- Herkunftsfamilie wird in Lebenspläne mit einbezogen
- Ratgeber und Stütze für andere Familienmitglieder
- auch nach dem Auszug wird versucht, der Familie nachzukommen, indem ein „anständiges“ Leben mit einem für die Familie akzeptablen Partner vorgewiesen wird (Nuber, 1994 b).

In einer anderen Studie wurden Paare nach ihrem Verhältnis zur Herkunftsfamilie befragt, die ungewollt kinderlos waren. Sie schilderten die Kindheit äußerst positiv und hatten auch gegenwärtig eine sehr enge Beziehung zu den Eltern. Weidenbach (1997) sieht eine Erklärung für die Kinderlosigkeit in mangelnder Loslösung vom Elternhaus und geringer Eigenständigkeit der Partner, die wahrscheinlich wüßten, daß sich mit der Geburt des Kindes die Beziehung zu den Eltern verändern würde. Diejenigen, die sich von der Herkunftsfamilie nicht lösen können „...bleiben in gewissem Maße mehr Tochter oder Sohn, als daß sie Ehepartner werden. Die Partner haben dabei meist das Gefühl, zweite Garnitur zu sein...“ (Riemann, 1991, S.109).

Wenn das Muster der emotionalen Beziehungen, die eingegangen werden, davon bestimmt wird, wie das Bindungsverhalten strukturiert ist (Bowlby, 1980), dann müßten sich auch Geschwisterbeziehungen auf das Eingehen von Partnerschaften auswirken. Geschwisterbindungen sind oft die am längsten andauernden Bindungen und können das gesamte Leben mitbestimmen. Das, was Eltern emotional und kognitiv ihren Kindern gegenüber nicht leisten können, wird häufig von den Geschwistern übernommen. Eine solche Rollenverschiebung kommt dann leicht zustande, wenn ein Elternteil stirbt oder aufgrund seiner physischen/psychischen Verfassung den Bedürfnissen der Familie über einen längeren Zeitraum nicht gerecht werden kann (Bank & Kahn, 1994). Bei Geborgenheitsmangel/-verlust können Geschwister miteinander „verschmelzen", das bedeutet, sie geben ihre Identität zugunsten einer intensiveren Geschwister-Beziehung zumindest teilweise auf, wozu besonders Zwillinge prädestiniert sind. In Streßsituationen können sich die ältesten Geschwister verpflichtet fühlen, die Beschützerrolle für die jüngeren Geschwister zu übernehmen, erwarten dafür aber Anerkennung und Dankbarkeit. Die jüngeren Geschwister fühlen sich nicht nur beschützter, sondern auch abhängiger, weniger selbständig, dem anderen zu Dank verpflichtet und haben ein geringeres Selbstbewußtsein (Bank & Kahn, 1994).

Ablösungsschwierigkeiten innerhalb von Geschwisterkonstellationen zeigen sich beispielsweise darin, daß

- starke Rivalitätsgefühle bestehen, aber auch gegenseitige Verantwortlichkeits- oder Schuldgefühle, die noch im Erwachsenenalter empfunden werden;
- ein Geschwisterteil sich vom anderen in seiner Lebensweise bestimmt fühlt;
- auch im Erwachsenenalter noch unter Trennungen von den Geschwistern gelitten wird (Bank & Kahn, 1994).

Enge emotionale Verstrickungen einzelner Geschwister wirken sich störend auf eine Partnerschaft aus. Will sich ein erwachsenes Geschwisterteil verändern, kann es beim anderen zu Verlustgefühlen kommen (Bank & Kahn, 1994).

Geschwisterbeziehungen werden auch durch den Tod oder eine Behinderung bestimmt. Hackenberg (1992) untersuchte die Sozialisationsbedingungen von Jugendlichen mit behinderten Geschwistern. Sie konnte nachweisen, daß die Behinderung die Partnerwahl des nicht-behinderten Jugendlichen beeinflußt. Jüngere Geschwister von Personen mit Behinderung fühlten sich besonders belastet und gaben an, daß es für Geschwister von Behinderten schwerer sei, einen Lebenspartner zu finden. Die Jugendlichen ohne Partnererfahrung hatten Angst davor, von einem potentiellen Partner aufgrund der Behinderung des Geschwisters abgelehnt zu werden. Von vielen Geschwistern behinderter Menschen wurde die Akzeptanz der Behinderung als wichtiges Selektionskriterium für einen möglichen Partner genannt. Je schwerer die Behinderung war, umso positiver wurden die eigenen Beziehungen zum behinderten Geschwisterteil geschildert. Die Zukunft wurde sich entweder im Elternhaus oder aber alleinwohnend vorgestellt. Probanden, die mit leicht behinderten Geschwistern zusammenlebten, wollten später in Wohngemeinschaften oder mit einem Partner zusammenleben. An diesem Ergebnis wird deutlich, daß bei höherer Belastung die Idealisierung des Geschwisterteils und die Bindung an ihm zunimmt.

Abschließend soll in puncto „Ablösung" erwähnt werden, daß natürlich auch die Möglichkeit besteht, sich noch an einem früheren Beziehungspartner gebunden zu fühlen. Auch wenn vielleicht gar keine Partnerschaft gelebt worden ist, oder es zumindest Gründe für die Trennung gegeben hat, kann eine vergangene Beziehung idealisiert werden. Entweder wird dann ein ganz ähnlicher Partner gesucht, oder aber es kann sich aufgrund mangelnder Offenheit an keinen neuen Partner gebunden werden (Watzlawick, 1988).

Bindungen zu Eltern, Geschwistern, früheren Partnern oder anderen Personen können sich störend auf die Entwicklung neuer Beziehungen auswirken. Sobald Bindungen mit „In-Besitznahme" verbunden werden, führen sie zu eingeschränkter Offenheit für neue Bindungen. Eine Partnerlosigkeit könnte somit auch aus mangelnder Ablösung aus früheren Beziehungen motiviert sein.

3.1.3 Stabilisierung von Bindungsmustern

„...es sei anzunehmen, daß jedes Individuum sich Vorstellungsmodelle von der Welt und sich selbst schafft, mit deren Hilfe es Ereignisse wahrnimmt, die Zukunft vorhersieht und seine Pläne macht" (Bowlby, 1985, S.247).

John Bowlby (geb. 1907, gest. 1990), Facharzt für Psychiatrie und Psychoanalytiker, formulierte vor dem Hintergrund seiner Beobachtungen von trennungsbedingten Entwicklungsstörungen bei Kindern die Bindungstheorie (attachment theory; Bowlby, 1976, 1986). Die Bindungstheorie erklärt u.a. neben dem episodisch auftretenden Bindungsstreben auch die Entstehung dauerhafter Bindungen, das Auftreten von Trennungsängsten sowie pathogene Beziehungsstrukturen (z.B. symbiotische Bindungen) (Bowlby, 1995).

Die Bindungstheorie von Bowlby stützt sich auf folgende Grundannahmen:

- Es besteht eine biologische Bereitschaft zur Bindung auf der Grundlage von stammesgeschichtlichen Selektionsbedingungen.
- Vertrautes wird aufgrund von Lernprozessen von Fremdem unterschieden.
- Es wird eine bestimmte Präferenzordnung der Nähe zu spezifischen Personen aufgebaut.
- Zentrale Entwicklungsvorgänge vollziehen sich bei Säuglingen und Kleinkindern über die gefühlsmäßige Bindung an eine oder mehrere Erwachsene.
- Ab Ende des ersten Jahres wird das Bindungsverhalten zunehmend kybernetisch organisiert, wobei bestimmte Bedingungen verstärkt Bindungsverhalten auslösen (z.B. Furcht).
- Frühkindliche Erfahrungen wirken sich bedeutsam auf späteres Erleben und Verhalten aus.
- Frühe Bindungserfahrungen werden in „Arbeitsmodellen" (vgl. Kap. 3.1.3.2) von der Umwelt und der eigenen Person repräsentiert und bestehen auch später weiter fort.
- Frühe Bindungen sind auf Dauer angelegt, weshalb sie nicht leicht aufgegeben werden und im Erwachsenenalter fortbestehen.
- Die Entstehung, Aufrechterhaltung und der Abbruch von Beziehungen gehen mit hohem emotionalen Engagement einher (verlieben, lieben, trauern).
- Die psychologischen Gegebenheiten sorgen für eine individuelle Verwirklichung von Bindung.
- Entwicklungstheorien, die von „Fixierungen" oder „Regressionen" ausgehen, werden durch ein Modell der Entwicklungslinien abgelöst.

(Bowlby, 1980, 1985, 1995; Grossmann et al., 1989).

Bowlby verband traditionell entwicklungspsychologisches und klinisch-psychoanalytisches mit evolutionsbiologischem Denken. Da er abstrakte psychoanalytische Konstrukte durch ethologische ergänzte, ist seine Theorie eher einer empirischen Prüfung zugänglich als die Psychoanalyse (Bretherton, 1985; Grossmann et al., 1989).

3.1.3.1 Ethologische Ausgangsbasis

Die Humanethologie beschäftigt sich damit, welche Verhaltenssysteme des Menschen phylogenetisch determiniert sind. Dafür werden Beobachtungen der Tierwelt mit denen verschiedener menschlicher Kulturen verglichen. Die dabei gefundenen gemeinsamen Verhaltenssysteme dienen der Sicherung des Überlebens (Schiefenhövel, 1988; Freeman et al., 1983; Eibel-Eibesfeldt, 1983).

Viele Ähnlichkeiten zeigen die Verhaltensweisen von Säuglingen bzw. Kleinkindern mit denen anderer Primatenbabies. Dies soll an der klassischen Untersuchung von Harlow verdeutlicht werden:

Harlow ließ neugeborene Rhesusaffen einzeln in Käfigen aufwachsen. Sie wurden in drei Gruppen unterteilt, wobei die erste Gruppe ohne ein Muttermodell, die zweite mit einem Drahtmodell und die dritte mit einem frotteebezogenem Modell als Mutterersatz aufgezogen wurde. Die Nahrungsaufnahme erfolgte über eine Flasche, die bei den letzten Bedingungen an den Mutterersatz-Attrappen befestigt waren.

Bei der Drahtmutter verbrachten die Jungen nur so viel Zeit wie zur Fütterung nötig, an die Stoffmutter wurde sich hingegen auch außerhalb der Nahrungsaufnahme geklammert. In einer Streßsituation (fremdes Objekt wird eingeführt), wurde nur zur Stoffmutter gelaufen, von dort die Situation beobachtet und nach einiger Zeit wieder Neugierverhalten gezeigt. Alle anders aufgewachsenen Affen verkrochen sich angstvoll in eine Ecke.

Wurden die Rhesusäffchen nach sechs Monaten der Isolation mit anderen jungen Affen zusammengebracht, „erholten“ sie sich wieder nach ca. einem halben Jahr.

Nach dem achten Monat nahmen die ganz ohne „Ersatzmutter“ aufgewachsenen Affen keine Stoffmutter mehr an.

Als die mit und ohne Mutterersatz aufgewachsenen Affen geschlechtsreif waren, äußerten sie keinerlei Paarungsverhalten. Zwei Rhesusweibchen konnten trotzdem zum Tragen gebracht werden. Ihren kontaktsuchenden Kleinen gegenüber verhielten sie sich teilnahmslos und abweisend (Harlow, 1958, 1959; Harlow & Harlow, 1965).

Die Affenversuche von Harlow zeigen, daß für die Entwicklung eine Mutterbindung wichtig ist (vgl. Hinde, 1974; vgl. Ainsworth 1967, 1969). Bindung grenzt sich nicht nur vom Nahrungstrieb ab, sondern auch vom Sexualtrieb, da im Erwachsenenalter Bindung sowohl mit als auch ohne Sexualität gelebt werden kann (Bowlby, 1980, 1995). Bindung muß somit ein eigenständiges und überlebensnotwendiges Motivsystem bilden, welches genetisch vorprogrammiert ist (Ainsworth et al., 1978).

Bestimmte kommunikative Fähigkeiten (z.B. Signalverhalten, Orientierungsfähigkeit) scheinen phylogenetisch determiniert zu sein und gewährleisten Sicherheit und Schutz in der Kindheit (Bowlby, 1980; Grossmann & Grossmann, 1979). So begreift Bowlby (1983, 1995) das Bindungsverhalten und dazu komplementäre Pflegeverhalten als biologische Verhaltenssysteme, die durch bestimmte Signale (z.B. Gefahr von außen) aktiviert werden. Bindungssicherheit ist das Ziel, das durch Bindungsverhalten (z.B. Rufen der Mutter) und Fürsorgeverhalten (Herstellen von Nähe) erreicht werden soll (Ulich, 1992; Mayring, 1992). Für diese Verhaltensabläufe wird allerdings nicht ein bestimmmtes Verhaltenssystem vererbt, sondern das Potential, solche Verhaltenssysteme entwickeln zu können. Die Ausprägung der Verhaltenssysteme ist qualitativ unterschiedlich und somit ontogenetisch (Ainsworth et al., 1978; Grossmann & Grossmann, 1979).

Der Begriff des „Verhaltenssystems“ stellt im Unterschied zum behavioristischen „Reiz-Reaktions-Muster“ eine systemische Sichtweise in den Vordergrund: Bindungs- und Fürsorgeverhalten stehen in einem gegenseitigen Bedingungsgefüge.

Ein zentraler Begriff in Bowlby's Theorie ist der des inneren Arbeitsmodells, der nachfolgend erläutert wird.

3.1.3.2 Innere Arbeitsmodelle

> „Ein Schlüsselmerkmal des Arbeitsmodells von der Welt, das sich jeder schafft, ist die Vorstellung von dem, was seine Bindungspersonen sind, wo er sie finden kann, und wie sie reagieren werden. In ähnlicher Weise ist das Schlüsselmerkmal des Arbeitsmodells vom Selbst, das sich jeder schafft, die Vorstellung, wie akzeptabel oder unakzeptabel er in den Augen seiner Bindungspersonen ist“ (Bowlby, 1976, S.247).

Während der ersten Lebensjahre bilden sich durch verbale und nonverbale Verhaltensweisen der Eltern sowohl innere Bilder von den Eltern als auch aus der Interaktion abgeleitete komplementäre Selbstbilder. Diese in Wechselwirkung stehenden Eltern- und Selbstrepräsentanzen sind als individuelle Arbeitsmodelle („inner working models"; Bowlby, 1973) verinnerlicht. In dem Arbeitsmodell ist demzufolge ein Selbstbild (wie sehe ich mich, mag ich mich, was bin ich wert...) und ein Fremdbild (ist der andere vertrauenswürdig...) enthalten. Im Abhängigkeitsverhältnis von Säugling und Eltern bedeutet dies, daß die Beziehungsdefinition der Eltern zur Sichtweise des Säuglings wird (Bowlby, 1976). Durch die Generalisierung von Bindungserfahrungen werden Arbeitsmodelle vom eigenem Selbst und der Welt gebildet, die den Verlauf späterer Beziehungen wesentlich beeinflussen (Grossmann et al., 1989; Feeney & Noller, 1990; Hazan & Shaver, 1987).

Da bei kleinen Kindern die Abstraktionsfähigkeit erst gering ausgebildet ist, wird angenommen, daß ihr Arbeitsmodell relativ undifferenziert ist und lediglich Handlungen und Handlungsergebnisse aufnimmt. Das Arbeitsmodell entwickelt sich demzufolge aus generalisierten Erlebnisrepräsentationen. Diese umfassen auch die Bemühung um Nähe und deren Enttäuschung, so daß sich selbst die Abwesenheit der Bindungsperson auf das Arbeitsmodell auswirken kann (Bretherton, 1985).

Daß in Abwesenheit der Bezugsperson mit gewohnten Verhaltensmustern reagiert wird, läßt sich durch „innere Vorstellungsmodelle" (bzw. geistige Repräsentationen) erklären, die sowohl affektive als auch kognitive Komponenten miteinschließen. Arbeitsmodelle beeinflussen die Verhaltensorganisation, die Verhaltensstrategien, die Kommunikation, schaffen Regeln für die Aufmerksamkeit gegenüber eigenen Gefühlen, sorgen für selektive Gedächtnisprozesse, die Organisation des Denkens, der Sprache und steuern die Beschäftigung mit bindungsrelevanten Themen (Grossmann et al., 1989; Main et al., 1985). Die Beeinflußbarkeit des Gedächtnisses durch das Arbeitsmodell führt dazu, daß die Ereignisse nach der „Passung" wahrgenommen und verarbeitet werden, was zur Stabilisierung der Bindungsrepräsentation beiträgt. Ein zweiter Grund, warum Arbeitsmodelle relativ stabil sind, liegt in ihrer geringen Bewußtseinsfähigkeit (Bowlby, 1973; Main et al., 1985).

Auch wenn jedes Arbeitsmodell individuell verschieden ist, können die Arbeitsmodelle sog. „Bindungsstilen" zugeordnet werden: Entweder werden die Bindungsbedürfnisse des Kindes zur Zufriedenheit erfüllt (sicherer Bindungsstil) oder sie werden zurückgewiesen (unsicher-vermeidender Stil) oder es wird nicht vorhersagbar von Seiten der Eltern reagiert (ängstlich-ambivalenter Stil) (Bowlby, 1975; Main et al., 1985).

3.1.3.3 Bindungsstile

Die inneren Repräsentationen von Bindung (vgl. Kap.3.1.3.2) lassen sich empirisch überprüfen, wenn sie innerhalb der Kategorisierung einzelner Bindungsstile erfaßt werden. Wie eine solche Untersuchung für das Kleinkindalter konzipiert und durchgeführt worden ist, sowie welche Bindungsstile für Kindheit und Erwachsenenalter angenommen werden, wird im folgenden dargestellt.

3.1.3.3.1 Untersuchungsmethode

Mary Ainsworth (1967; 1972) erbrachte den ersten empirischen Nachweis für das Bindungsparadigma von Bowlby. Ainsworth untersuchte, inwieweit das elterliche Pflegeverhalten mit der Bindungsqualität des Kindes zusammenhängt, indem sie Mutter-Kind-Interaktionen in Uganda und in Baltimore beobachtete. Zur Untersuchung des Bindungsverhaltens entwickelte sie den „Fremde-Situation-Test“ („strange situation“; Ainsworth et al., 1978). Er umfaßt eine standardisierte Laborsituation, die in einem Raum mit Einwegscheibe zur Beobachtung stattfindet, in dem sich zwei Stühle und Spielzeug befinden. Der Verlauf besteht aus acht dreiminütigen Episoden:

1. Der Beobachter führt eine Mutter und ihr Kind in den Versuchsraum, wobei die Mutter ihr Kind auf den Boden absetzen soll.
2. Mutter und Kind werden alleingelassen. Die Mutter liest eine Zeitschrift, während das Kind Raum und Spielzeug erforschen kann.
3. Eine fremde Person kommt herein, die sich zur Mutter setzt, mit ihr redet, aber auch zum Kind Kontakt aufnimmt.
4. Die Mutter verläßt den Raum. Die fremde Person bleibt beim Kind, beschäftigt es und tröstet es gegebenenfalls.
5. Indem die Fremde den Raum verläßt, kommt die Mutter zurück, beschäftigt sich mit dem Kind und versucht, die Aufmerksamkeit des Kindes zum Spielzeug hinzulenken.
6. Die Mutter geht aus dem Raum - das Kind wird alleingelassen.
7. Die Fremde betritt den Raum und tröstet, wenn notwendig, das Kind.
8. Nochmals kommt die Mutter und die fremde Person geht hinaus.

(Ainsworth et al., 1978).

In den o.g. Situationen wird das Verhalten des Kindes beobachtet. Der „Fremde-Situation-Test“ eignet sich in dieser Vorgehensweise nur für Kinder im Alter vom 11. - 20. Lebensmonat, weil bei älteren Kindern aufgrund schon ausgeprägter Elternrepräsentanzen eine kurze Trennung weniger Streß auslöst, so daß die Reaktionsweisen keine klare Klassifikation erlauben. Bei älteren Kindern muß daher die Trennungsdauer erhöht werden (Main & Cassidy, 1988).

Der „Fremde-Situation-Test“ hat sich international als Meßinstrument zur Einteilung von Bindungsstilen bei Kleinkindern bewährt.

3.1.3.3.2 Bindungsstile im Kindesalter

Die Verhaltensreaktionen der Kinder im „Fremde-Situation-Test“ lassen sich in drei Bindungsstilgruppen klassifizieren:

A (unsicher-vermeidender)-Bindungsstil

Nach einer Trennung von der Mutter reagieren Kinder dieser Gruppe desinteressiert, d.h. sie wehren sich weder, wenn sie von der Mutter auf den Arm genommen werden, noch beim Absetzen vom Arm. Das Kind meidet die Nähe der Mutter und zeigt bei der Trennung kaum Trauer.

B (sicherer)-Bindungsstil

Die Kinder suchen die Nähe der Mutter und halten interessiert zu ihr Kontakt. Gegenüber der fremden Person wird die Mutter eindeutig bevorzugt. Die Kinder zeigen insgesamt weniger Trauer und wenn, dann auf das Vermissen der Mutter bezogen, wobei sie sich so lange nicht trösten lassen, wie die Mutter abwesend ist. Bei Wiederkehr der Mutter wird sich ihr gleich zugewendet.

C (ängstlich-ambivalenter)-Bindungsstil

Das Verhalten der Kinder ist ambivalent: einerseits suchen und halten sie Kontakt zur Mutter, andererseits wehren sie die Interaktionsangebote der Mutter ab. Werden sie innerhalb der Testsituation alleingelassen, reagieren sie mit Wut oder mit Passivität.

Die Buchstaben „A“, „B“, „C“ beziehen sich auf die von Ainsworth verwendeten Bindungskategorien. Die Bezeichnungen „unsicher-vermeidend“, „sicher“ und „ängstlich-ambivalent“ deuten die Bindungsqualität an. Der sichere Bindungsstil beinhaltet ein vertrauensvolles Bindungsgefühl, wohingegen Bindungen, die ein mangelndes oder ambivalentes Sicherheitsgefühl vermitteln, als unsicher gelten.

Nach den Untersuchungen von Ainsworth (1967; Ainsworth et al., 1978) gehören 50% der Kinder zur sicher-gebundenen Gruppe, 30% zur unsicher-vermeidenden und 10-20% zur ängstlich-ambivalenten. Bei Vergleichsstudien in anderen Ländern wurde die Kulturabhängigkeit in der unterschiedlichen Verteilung auf die einzelnen Bindungsstile deutlich. So betrug in den USA die Verteilung des ängstlich-ambivalenten Bindungsstils 12% und des unsicher-vermeidenden 20%. Daten einer süddeutschen Studie entsprachen dem US-Durchschnitt, wohingegen in Norddeutschland ein etwas höherer Anteil des unsicher-vermeidenden Bindungsstils feststellbar war (Grossmann & Grossmann, 1985). Bei japanischen Kindern kam mit 37% der ängstlich-ambivalente Stil besonders häufig vor (Miyake, 1985).

In der Versuchsanordnung von Lamb (1977) wurde der „Fremde-Situation-Test" dahingehend verändert, daß das Kind abwechselnd vom Vater und von der Mutter begleitet worden ist. Einige Kinder verhielten sich gegenüber der Mutter ängstlich oder vermeidend, schienen jedoch an ihren Vater sicher gebunden zu sein, so daß sie das Weggehen ihres Vaters verhindern wollten. Daraus folgt, daß Kinder ganz unterschiedliche Bindungsstile zu Mutter und Vater aufbauen können. Hat ein Kind zu beiden eine sichere Bindung, so wirkt es optimistisch und selbstbewußt. Kann das Kind jedoch nur zu einem Elternteil eine sichere Bindung entwickeln, tendiert es sowohl zur Ängstlichkeit als auch zur Selbstsicherheit (Main & Weston, 1981).

Einige Kinder fallen aus der o.g. Dreier-Klassifikation heraus, da sie einen „Mischtypus" darstellen. Dieser vierte Bindungsstil wurde erst einige Jahre nach Ainsworths Einteilung von mehreren Forschern bestätigt. Weil der vierte Bindungsstil Verhaltensweisen von Ainsworth deklariertem „A"- und „C"-Typ zusammenfaßt, nennt Crittenden (1988) ihn „A/C-Stil".

Kinder mit dem „A/C-Stil" erleben, daß die eigenen Handlungen in keinem Zusammenhang mit den Reaktionen der Umwelt stehen, was zu einer tiefen Störung in der Vertrauensbildung und im Sicherheitsgefühl führt. Weil solche Kinder bizarre Verhaltenssequenzen zeigen, bezeichnen Main & Solomon (1990) den „A/C-Stil" mit „D" für desorientiert bzw. desorganisiert.

Als desorganisiert klassifizierte Kinder zeigen einerseits viele Verhaltensstereotype - andererseits fehlen zielgerichtete Verhaltensstrategien, z.B. wird die Nähe gesucht, aber sich kurz vor Erreichung distanziert. Bei „desorganisierten" Beziehungen zwischen Eltern und Kind wird dem Kind die Möglichkeit genommen, aus den elterlichen Verhaltensweisen eine Regelhaftigkeit abzuleiten (Main, 1981).

Desorganisierte Eltern zeigen häufig irrationales Verhalten, extreme positiv-negativ Schwankungen des Standpunktes sowie eine starke Neigung, nicht beim Thema zu bleiben. Solche Eltern haben oftmals selbst traumatische Verlusterlebnisse mit Bindungspersonen erfahren (Main, 1985) und übertragen diese möglicherweise wieder auf ihre Kinder. Crittenden (1988) vermutet, daß Eltern von Kindern mit desorganisiertem Bindungsstil früher mißhandelt worden, depressiv oder anders psychisch gestört sind. Diese Annahme bestätigen Main & Solomon (1990), die feststellen konnten, daß tatsächlich häufig Bezugspersonen von Kindern mit dem vierten Bindungsstil mißhandelt oder mißbraucht worden sind (vgl. Ainsworth & Eichberg, 1991). Außerdem konnte in Studien über Kindesmißhandlung ein hoher Anteil von mißhandelten Kindern dem desorganisierten Bindungsstil zugeordnet werden (Main & Solomon, 1990).

Hier deutet sich ein Zusammenhang zwischen elterlichem Verhalten und Bindungsstil des Kindes an, worauf im nächsten Kapitel noch differenzierter eingegangen werden soll.

3.1.3.3.3 Bindungsrelevante Faktoren in der Kindheit

Die Unterschiede im beobachtbaren Bindungsverhalten der Kinder im „Fremde-Situation-Test“ führen Ainsworth und Mitarbeiter (1978) auf die Qualität der Mutter-Kind-Interaktion zurück. Diese wird nicht nur darin ersichtlich, wie das Kind auf eine Trennungssituation reagiert (vgl. Kap. 3.1.3.3.2), sondern auch welches Erkundungsverhalten es zeigt (s. Tab. 6):

Tab. 6: Die Auswirkung des Bindungsstils auf das Erkundungsverhalten von Kleinkindern

A unsicher-vermeidend	B sicher	C ängstlich-ambivalent
Selbständiges Erkunden	Erkundung von Bezugsperson aus	Verarmtes Erkundungsverhalten
1. Trennt sich von Bezugsperson, um zu erkunden.	1. Trennt sich von Bezugsperson, um zu erkunden.	1. Trennt sich nur schwer, braucht Kontakt zur Bezugsperson oft schon vor der belastenden Trennung.
2. Erkundet spontan.	2. Erkundet spontan.	2. Ängstigt sich vor neuen Situationen.
3. Wenig affektive Zuwendung.	3. Affektive Zuwendung im Spiel.	3. Wenig affektive Zuwendung.
4. Nimmt zu Fremden Kontakt auf, ohne Scheu, sogar in Abwesenheit der Bezugsperson.	4. Nimmt in Gegenwart der Bezugsperson zu Fremden Kontakt auf.	4. Ängstigt sich vor Fremden.
5. Läßt sich von Fremden ebenso leicht trösten wie von Bezugsperson.	5. Läßt sich von Bezugsperson leicht trösten, beginnt dann wieder zu spielen.	5. Weder von Bezugsperson noch von Fremden leicht zu trösten.

Quelle: Rutter, 1978, S. 70

Tabelle 6 zeigt, daß das Explorationsverhalten beim unsicher-vermeidenden sowie sicherem Bindungsstil hoch ausgeprägt ist. Beide reagieren mit weniger Furcht als der ängstlich-ambivalente Bindungsstil. Im Unterschied zum unsicher-vermeidenden Bindungsstil beinhaltet der sichere eine affektive Zuwendung sowie eine enge Bezugnahme auf die Mutter. Bei Kindern mit sicherem Bindungsstil fungiert die Mutter somit als „sichere Basis", von der aus exploriert werden kann.

Studien von Ainsworth (et al., 1978) ergaben, daß bei einer stabilen Mutterbindung Kinder ab dem Krabbelalter ihre Umgebung zu erkunden beginnen, wobei sie immer wieder zur Mutter zurückkehren. Die Mutter ist hier demnach eine verläßliche Basis für das Kind, weshalb bei ihrer Abwesenheit das Erkundungsverhalten des Kindes nachläßt. Das in die Eltern gesetzte Vertrauen bildet das Fundament für das Selbstvertrauen des Kindes (Bowlby, 1980, 1995; vgl. Erikson, 1970; vgl. Mitscherlich, 1986; vgl. Maler-Sieber, 1976; vgl. Harlow & Zimmermann, 1959).

Eine Hauptvoraussetzung dafür, daß die Mutter als „sichere Basis" für das Kind fungieren kann, ist ihre Empathiefähigkeit. Die Feinfühligkeit umfaßt nach dem Konzept von Ainsworth das Wahrnehmen kindlicher Signale, die richtige Interpretation und die prompte und angemessene Reaktion (Ainsworth, 1977).

Bowlby (1995) führt Untersuchungen an, in denen sensible Mütter sich schon kurz nach der Geburt auf das Kind „einschwingen", seine Bedürfnisse wahrnehmen und darauf reagieren (vgl. Kap. 3.1.2.1).

Werden die kindlichen Signale von der Bindungsperson wahrgenommen, richtig interpretiert und prompt sowie angemessen beantwortet, wird das Kind wahrscheinlich einen sicheren Bindungsstil ausbilden. Geht die Bindungsperson hingegen entweder nur langsam oder inkonsistent auf das Bindungsbemühen des Kindes ein, so wird das Kind aller Voraussicht nach einen ängstlich-ambivalenten Bindungsstil zeigen. Ein solches Kind weint häufiger als ein sicher-gebundenes, ist generell ängstlicher, schneller wütend und zeigt herabgesetztes Explorationsverhalten. Wenn die Bezugsperson die Kontaktherstellung des Kindes kontinuierlich zurückweist, wird ein unsicher-vermeidendes Bindungsverhalten des Kindes möglich, welches sich im Ignorieren, Abwenden und Wegbewegen von der Mutter äußert (Crittenden & Ainsworth, 1989).

Im Vergleich zu Müttern mit sicher-gebundenen Kindern sind Mütter von unsicheren zurückhaltender, weniger zärtlich sowie schwerer emotional ansprechbar, unsensibler und reagieren seltener auf die kindlichen Signale. Mütter von unsicher-vermeidenden Kindern zeigen eine zurückweisende Interaktion dem Kind gegenüber. Im Unterschied dazu zeichnen sich Mütter ängstlich-ambivalenter Kinder durch eine hohe Inkonsistenz im Verhalten aus: Das Ignorieren kindlicher Bedürfnisse wechselt mit deren Erfüllung ab. Äußert das Kind negative Emotionen, reagieren diese Mütter übermäßig stark (Ainsworth et al., 1978).

Welcher Erziehungsstil dem jeweiligen Verhalten eines Bindungsstils entspricht, konnte innerhalb der Bielefelder Studie von Grossmann et al. (1995) gezeigt werden. Zweijährige wurden einen halben Tag lang in verschiedenen Situationen in ihrer Familie beobachtet. Die Analyse der Videoaufnahmen ergab, daß Mütter von sicher-gebundenen Kindern über eine „autoritative" Erziehungseinstellung verfügen. Diese Mütter zeigen Verhaltensgrenzen in Form von Absprachen und Regeln auf und gewähren gleichzeitig auch Freiräume, in denen das Kind selbst bestimmen kann. Trotz bestehender Regeln hatten situationsspezifisch die Bedürfnisse des Kindes Vorrang. Mütter unsicher-gebundener Kinder verhielten sich im Unterschied dazu entweder „autoritär" (keine Beeinflussungsmöglichkeit des Kindes) oder „laissez-faire" (zu weiter Entscheidungsspielraum des Kindes).

Je nach Erziehungsverhalten der Eltern verfestigen sich unterschiedliche Reaktionsweisen des Kindes (Grossmann, K., 1995). Die Bindungserfahrungen des Kindes führen zu generalisierten Erwartungen in bezug auf die Zugänglichkeit und Empfänglichkeit potentieller Bindungspersonen (Bowlby, 1986). Daß die Auswirkungen elterlichen Verhaltens auf das Kind nicht nur kurzzeitig und begrenzt, sondern nachhaltig und weitreichend sind, kann mit der Organisationsstruktur von Bindung erklärt werden. Das hierarchisch organisierte Bindungsverhalten des Kindes und das reziproke Mutterverhalten sind die Voraussetzung für die Entwicklung von symbolischen Repräsentationen der Bindungspersonen und des eigenen Selbst (Kruse, 1991). Dies ermöglicht, daß sich ein Mensch auch in Abwesenheit der Bindungsperson auf sie beziehen kann.

3.1.3.3.4 Bindungsstile im Erwachsenenalter

In Anlehnung an die drei von Ainsworth (1978) beobachteten Bindungsstile von Kindern übertrugen Hazan & Shaver (1987; 1990) die Bindungsstile „sicher", „unsicher-vermeidend" und „ängstlich-ambivalent" auf das Erwachsenenalter. Bei der Charakterisierung der einzelnen Bindungstile fiel auf, daß der vermeidende Typus, abhängig davon, ob er nach dem 1-Item-Meßverfahren von Hazan & Shaver oder mit dem „Adult Attachment Interview" (AAI) von Main ermittelt worden ist, unterschiedliche Inhalte aufweist (George, Kaplan & Main, 1985). So werden diejenigen Personen bei Hazan & Shaver (1990) als „unsicher-vermeidend" bezeichnet, die sich in der Nähe anderer unwohl fühlen und gleichzeitig unter ihren unbefriedigten sozialen Beziehungen leiden. Nach dem AAI von Main wehren hingegen vermeidende Personen Bindungsbedürfnisse ab, verneinen die Relevanz von sozialen Beziehungen und betonen ihre Unabhängigkeit (George, Kaplan & Main, 1985).

Bartholomew (1989; 1990) führt diese Diskrepanz auf das Bestehen zweier voneinander unabhängiger Klassen zurück. So verweist sie auf frühe Vorschläge von Bowlby (1976, S.247), der aufgrund der unterschiedlichen Möglichkeiten des Selbst- und Fremdbildes ein 4-Feld-Schema angibt (s. Abb. 7):

Tab. 7: Vergleich der Bindungsstiltypen von Hazan & Shaver (1990) mit denen von Bartholomew (1990)

Hazan & Shaver		*Übereinstimmungen*	Bartholomew	
sicher	einfach, an andere gebunden zu sein oder deren Nähe zu erfahren	einfach, anderen näher zu kommen; angenehm, von anderen abhängig zu sein	angenehm, wenn andere abhängig sind; Alleinsein ist unproblematisch	sicher
ängstlich-ambivalent	Wunsch nach sehr enger Verbundenheit vertreibt manchmal andere Sorgen, ob man wirklich geliebt oder bald verlassen wird	andere zögern, so nahe zu sein, wie es erwünscht ist	unangenehm, ohne Partner zu leben; Wunsch, mit anderen vollkommen zu verschmelzen; Sorgen, daß andere einen weniger schätzen, als man andere schätzt	anklammernd
vermeidend	fühlt sich etwas unwohl, anderen näher zu kommen nervös, wenn jemand zu nahe kommt; andere möchten mehr Vertrautheit als erwünscht	schwierig, anderen vollkommen zu vertrauen und von ihnen abhängig zu sein	fühlt sich unwohl, anderen näher zu kommen Angst vor dem Verletztwerden, wenn Nähe eingegangen wird	ängstlich-vermeidend
			Wohlfühlen ohne emotionale Beziehung; wichtig, sich unabhängig zu fühlen, genügt sich selbst; möchte nicht von jemandem abhängig sein, oder daß jemand von ihm abhängig ist	abweisend

Quelle: Brennan, Shaver & Tobey, 1991 (in Anlehnung)

Da der von Batholomew (1990) aufgeführte „abweisende“ Bindungsstil Charakteristika aufweist, die nicht in den anderen Bindungsstilen enthalten sind und somit eine genauere Klassifizierung erlaubt, gehe ich in meiner Untersuchung von vier Bindungsstilen im Erwachsenenalter aus (vgl. Kap. 7.2; Kap. 8.3.2.2).

3.1.4 Auswirkungen der Bindungsqualität

Von Bedeutung ist die Zuordnung zu bestimmten Bindungsstilen nur dann, wenn der Bindungsstil als Persönlichkeitsmerkmal über eine bestimmte Dauer hinweg konstant bleibt. Die Stabilität des Bindungsstils wird im folgenden ebenso erörtert wie die Auswirkungen des Bindungsstils auf soziale Kompetenzen und Liebesbeziehungen.

3.1.4.1 Kindheit und Jugend

Die Kontinuitätsannahme des Arbeitsmodells wurde in vielen Studien bestätigt. Beispielsweise konnte Sroufe (1979) aufzeigen, daß bei einer unveränderten Lebenssituation die Bindungsrepräsentation stabil bleibt. Nur bei einer deutlichen Änderung der elterlichen Lebensverhältnisse oder dem Wechsel der Bezugsperson änderte sich bei einigen Kindern der Bindungsstil. Wird der in der Säuglingszeit klassifizierte Bindungsstil mit dem nach sechs Lebensjahren vorhandenen verglichen, beträgt die Übereinstimmung bis zu 80% (Wartner, 1987).

Die Bindungsmuster des Säuglings sind deshalb so beständig, weil a) die Eltern dem Kind immer wieder ähnlich begegnen und b) sich das jeweilige Muster selbst durch das bei den anderen ausgelöste Verhalten bestätigt. So ist ein Kind bei sicherer Bindung fröhlicher, bekommt deshalb mehr Zuwendung, klammert nicht usw. (Bowlby, 1995). Natürlich spielen auch der frühe Entwicklungszeitpunkt, die Intensität des Kontaktes und die objektiv existentielle Bedeutung der Eltern für das Kind eine Rolle. Zudem bewirkt die lange Präsenz im Elternhaus eine ständige Bekräftigung der Beziehungserfahrungen (Kruse, 1991). Wie diese das kindliche Verhalten bestimmen, wird nachfolgend thematisiert.

3.1.4.1.1 Soziale Kompetenzen

Die in frühester Kindheit erworbenen Arbeitsmodelle sind unbewußt und wirken sich auch auf allgemeine bindungsrelevante Situationen aus. Der Bindungsstil läßt demnach Aussagen über das Sozialverhalten sowie über den Umgang mit sich selbst zu.

Unter sozialer Kompetenz kann nach Ainsworth (Ainsworth et al., 1974) die Fähigkeit verstanden werden, andere Menschen zur eigenen Unterstützung auf Dauer durch positive Beziehungserfahrungen an sich zu binden. Ein sicher-gebundenes Kind soll deshalb eine höhere Kompetenz im Umgang mit der Umwelt erwerben, weil es auf die Erreichbarkeit der Bezugsperson - als „sichere Basis“ - vertraut und somit mehr explorieren kann (Ainsworth, 1985) (vgl. Kap. 3.1.3.3.3).

Inzwischen weisen zahlreiche Untersuchungen nach, daß die soziale Kompetenz im Vorschulalter bei sicher-gebundenen Kindern erhöht ist (Lieberman, 1977; Easterbrock & Lamb, 1979; Waters, Wipman & Sroufe, 1979). In der Gruppe der *sicher-gebundenen* Kinder wurden folgende Verhaltensweisen im Unterschied zu unsicher-gebundenen Kindern beobachtet:

- freundlicher, kooperativer, der Mutter zugewandt
- entwickeln bessere Steuerungs- und Kommunikationsstrategien
- kooperativer, engagierter im Spiel mit Fremden
- zuversichtlicher, geschickter, hilfsbereiter im Umgang mit Gleichaltrigen
- höhere Frustrationstoleranz, Beharrlichkeit, Kooperationsfähigkeit, mehr Leistungsenthusiasmus
- größere Selbstachtung, Empathie und weniger Verhaltensauffälligkeiten (Grossmann, K., 1984; Sroufe, 1983).

Die nachfolgenden Untersuchungen stützen *den Zusammenhang zwischen Bindungsstil und sozialer Kompetenz*:

An der Regensburger Studie nahmen 35 fünfjährige Kindergartenkinder teil. Von den 24 sicher-gebundenen Kindern zeigten 17 kompetentes Verhalten in drei oder vier Bereichen (Spiel, Kontakt zu anderen, soziale Konflikte, Verhaltensprobleme), von den 11 als unsicher-vermeidend klassifizierten Kindern zeigten sich 10 in zwei oder mehr Bereichen als inkompetent (Grossmann & Grossmann, 1991).

Bei den „unsicheren“ Kindergartenkindern lag die Anzahl *der sozialen Schwierigkeiten im Kindergarten* weitaus höher. Auch der Anlaß für Konflikte war je nach Bindungsstil unterschiedlich. Die sicheren Kinder hatten meistens einen Konflikt, wenn es um Selbstbehauptung ging, sie waren aber anschließend selbst wieder um Einigung bemüht. Die unsicheren Kinder stritten hingegen meistens deshalb, weil sie etwas haben wollten. Gelang dies nicht, zogen sie sich entweder zurück oder sagten dies der

Kindergärtnerin. Sie legten weit seltener den Streit von sich aus bei und griffen häufiger schwächere Kinder an (Grossmann & Grossmann, 1991).

Dieser unterschiedliche Umgang mit Kooperation spiegelt sich auch im Ergebnis von Pastor (1981) wider, der bei den unsicher-gebundenen Kindern ein geringeres Maß an *Geselligkeit* nachweisen konnte. Pastor (1981) führte zunächst mit 18-monatigen Kindern den „Fremde-Situation-Test" durch, um sie den Bindungsstilgruppen zuordnen zu können. Mit 20-23 Monaten wurden die Kinder in Abwesenheit der Mutter mit sicheren Kindern zusammengebracht. Dabei waren die sicher-gebundenen mehr an Kontakte mit anderen interessiert und sowohl den Gleichaltrigen als auch der wiederkehrenden Mutter gegenüber positiver eingestellt. Ängstlich-ambivalente Kinder nahmen aktiv am Spiel teil, standen aber der Mutter sowie den Gleichaltrigen negativer gegenüber. Die unsicher-vermeidende Gruppe zeigte sich hoch gestreßt, ignorierte die Spielangebote und nahm bei Wiederkehr der Mutter ihr gegenüber eine ablehnende Haltung ein.

Ein weiterer Unterschied wurde deutlich, als die Kinder *neue Aufgaben* erhielten. Die sicher-gebundenen Einjährigen im Kindergarten konnten sich mehr als doppelt so lange konzentrieren wie die unsicheren (Grossmann & Grossmann, 1991). Das o.g. Ergebnis besagt nicht, daß unsicher-gebundene Kinder weniger intelligente Leistungen zeigen, sondern vielmehr, daß diese seltener mobilisiert werden. Grossmann & Grossmann (1991) vermuten auch hier, daß es von dem Grad des eigenen Sicherheitsgefühls abhängt, inwieweit in belastenden Situationen eigene Fähigkeiten genutzt werden.

Die intelligenten Leistungen können durch mangelnde soziale Kompetenzen verdeckt und somit wenig gefördert werden. Eine Bestätigung dafür liefert Cohn (1990), der den Bindungsstil von 6-jährigen und ihre soziale *Kompetenz in der Schule* untersuchte: unsicher-gebundene Jungen wurden weniger von Gleichaltrigen und den Lehrern gemocht, waren aggressiver gegenüber Klassenkameraden, wurden häufiger vom Lehrer ausgeschimpft, zeigten sich weniger kompetent und hatten mehr Verhaltensprobleme. Bei Mädchen treten diese Ergebnisse nicht auf. Offen bleibt, ob unsicher-gebundene Mädchen eher mit depressiven Verhaltensweisen wie innerem Rückzug oder mit Autoaggressionen reagieren.

Die o.g. unsicher-gebundenen Jungen unterschieden sich von den sicheren im Ausdruck ihrer Emotionalität und in ihren Copingstrategien. Dies wird auch in der Untersuchung von Grossmann & Grossmann (1991) deutlich. Sie befragten Kinder nach ihren *persönlichen Beziehungen* („Zu wem gehst du, wenn du mal traurig bist?"), woraufhin die unsicheren Kinder wortkarg wurden, „kurz angebunden" waren und leise sprachen. Wurde ein unsicheres Kind von einer Freundin/einem Freund abgewiesen, reagierte es eher mit Passivität, Selbstmitleid und Rückzug.

Der unterschiedliche Umgang der einzelnen Bindungstypen mit Gefühlen wird in ihrer Verbalisierung deutlich. Es zeigt sich ein Zusammenhang zwischen dem Bindungsstil und den *Reaktionen auf Trennung* bei Sechsjährigen: bindungssichere Kinder berichteten offen über Gefühle (Angst, Trauer) und zeigten effektivere Verarbeitungsmöglichkeiten - bindungsunsichere Kinder äußerten seltener negative Gefühle (Main & Cassidy, 1988). Sie wiesen eine hohe Erinnerungsschwelle gegenüber negativen Gefühlen auf und idealisierten Erlebtes unrealistisch. Unsicher-ambivalente schienen vielmehr verstrickt, wenig kohärent, konfus, idealisierend. Sie zeichneten sich durch ein gutes Erinnerungsvermögen aus, welches allerdings nicht ins Gesamtbild paßte (Kobak & Sceery, 1988).

Bowlby (1995) erklärt die unterschiedliche Erinnerungsfähigkeit mit der Möglichkeit der *Aktualisierung des Arbeitsmodells*. Kinder mit einem sicheren Bindungsstil ändern ihr Verhalten gegenüber den Eltern allmählich, wodurch sich die inneren Repräsentanzen zeitlich verzögert aktualisieren, so daß sie die Kind-Eltern-Bindung realitätsverbunden abbilden. Bei bindungsunsicheren Kindern wird die Aktualisierung des Arbeitsmodells teilweise verhindert, um die widersprüchlichen und leidvollen Informationen von sich abzuschotten. Die eigenen Gefühle stehen bei den unsicher-gebundenen Personen nicht im Dienste der Auseinandersetzung mit der Umwelt. Negative Gefühle sollen zu einer Änderung motivieren. Wenn an eine Verbesserung der eigenen Situation nicht geglaubt wird, werden die entsprechenden Gefühle scheinbar nicht wahrgenommen (Grossmann & Grossmann, 1991).

> „In dem Moment, wo jemand diesen Bezug zwischen der Wirklichkeit und seinen Gefühlen nicht mehr hat und von seinen Gefühlen überwältigt wird oder sich nur noch auf diese konzentriert, dann ist er mit seinen Gefühlen ziellos, und diese Ziellosigkeit sieht man einigen unsicher gebundenen Kindern an. Sie starren Löcher in die Luft, sie machen bizarre Bewegungen, laufen gegen Türpfosten. Sie zeigen viele Unterbrechungen in ihrem Verhalten, die auf nicht kohärente Orientiertheit hindeuten" (Grossmann & Grossmann, 1991, S.25).

Zusammenfassend läßt sich feststellen, daß sich der Bindungsstil im Kindesalter auf die kognitiv-emotionale Verarbeitung, die selektive Wahrnehmung sowie auf die sozialen Fähigkeiten nachhaltig auswirkt.

3.1.4.2 Erwachsenenalter

> **„...daß Menschen aller Altersstufen am glücklichsten sind und ihre Talente am besten entfalten können, wenn sie wissen, daß eine oder mehrere Personen hinter ihnen stehen, denen sie vertrauen und die ihnen zur Hilfe kommen..." (Bowlby, 1980, S.130).**

Für die Annahme, daß sich frühkindliche Bindungserfahrungen nicht nur bis zum Vorschulalter, sondern auch auf das Erwachsenenalter auswirken, sprechen vor allem retrospektive Untersuchungen von Studenten und Eltern (Main, Kaplan & Cassidy, 1985).

Erklärt wird eine enge kausale Beziehung zwischen frühen und späteren Bindungserfahrungen mit den bereits ausgebildeten Arbeitsmodellen vom Selbst und der sozialen Umwelt. Jede neue Person wird dem bestehenden Modell angepaßt, und es wird erwartet, von ihr nach dem eigenen Selbstbild wahrgenommen zu werden. Durch die selektive Wahrnehmung werden andersartige Erfahrungen derart ausgewertet, daß sie wieder früheren Bindungserfahrungen ähneln und somit das individuelle Arbeitsmodell bestätigen.

Je stärker die in einer Beziehung geweckten Emotionen sind, desto eher werden frühe und wenig bewußte Modelle dominant (Bowlby, 1980). Innerhalb der eigenen Biographie wird somit eine interne Konsistenz aufrechterhalten, welche die sozialen Kompetenzen, einschließlich der Gestaltung von Liebesbeziehungen, beeinflußt (Filipp, 1984).

3.1.4.2.1 Soziale Kompetenzen

Der Bindungsstil wirkt sich im Erwachsenenalter auf die Inhalte und *Erinnerungsweisen von Kindheitserlebnissen* aus und beeinflußt mit den daraus gewonnenen Bildern über das Selbst und die Anderen die Fähigkeiten in sozialen Situationen. Dieser Zusammenhang soll mit Untersuchungen belegt werden:

Die Bedeutung der Herkunftsfamilie zeigt sich in der Studie von Feeny & Noller (1990): sicher-gebundene Studenten berichten positiver über ihre Herkunftsfamilie. Vermeidende berichten am häufigsten über eine Trennung in der Kindheit von der Mutter und über Mißtrauen gegenüber anderen. Ängstlich-ambivalente sahen ihren

Vater weniger als stützend an und äußerten einen Mangel an Verbundenheit in Beziehungen.

Ein ähnliches Ergebnis erhielten Hazan & Shaver (1987): der sichere Bindungstyp erinnert sich an eine warmherzige Beziehung zu den Eltern, an eine vertrauliche, akzeptierende, verantwortungsvolle Mutter und an einen fürsorglichen, liebenden Vater. Entsprechende positive Erinnerungen sind bei den unsicheren Bindungstypen schwächer ausgeprägt.

Kobak & Sceery (1988) bestätigen ebenfalls, daß sich der Umgang der Erwachsenen mit leidvollen Kindheitserlebnissen je nach Bindungsstil signifikant unterscheidet:

- *Sicher-gebundene:* berichten offen, detailliert, äußern auch negative / unangenehme Ereignisse, idealisieren ihre Eltern nicht. Gefühle können lebendig erinnert werden;
- *Unsicher-vermeidende:* haben Schwierigkeiten im Erinnern unangenehmer Kindheitserlebnisse;
- *Ängstlich-ambivalente:* zeigen nur eine leichte Erinnerungsfähigkeit an unangenehme Situationen, erzählen distanzlos, besonders emotional, verwirrt und inkohärent (vgl. Fremmer-Bombik, 1987; vgl. Grossmann et al., 1988).

Eine Erklärung dafür, daß mit der emotionalen *Integrität und Kohärenz* direkt auf die Bindungsrepräsentation geschlossen werden kann, gibt Main (1990) wie folgt:

Die *sicher-gebundenen* Menschen sind sich ihres sozialen Rückhaltes und des Geliebtwerdens bewußt, so daß sie auch widersprüchliche und negative Erlebnisse integrieren können und ein realistisches Bild ohne übersteigerte Idealisierungen von der Umwelt erhalten.

Beim *unsicher-vermeidenden* Bindungsstil sorgen frühe Erfahrungen der Ablehnung für ein unbewußtes Schutzverhalten gegenüber negativen Affekten, die durch eine hohe Erinnerungsschwelle abgeschirmt werden sollen. Idealisierungen, unrealistische Bewertungen und eine veränderte Wahrnehmung weisen daraufhin.

Die Schilderungen über die Kindheit sind bei *ängstlich-ambivalenten* Personen entweder verstrickt, konfus oder idealisierend. Sie sind auch im Erwachsenenalter noch emotional eng mit den Kindheitserlebnissen verknüpft, weil trotz ständigem Bindungsbemühen die Ängste, Unsicherheiten und Anspannungen bezüglich des eigenen Geliebtwerdens nie abgebaut werden konnten. Die konfusen Erzählungen über die

Kindheit können mit der noch nicht abgeschlossenen Verarbeitung der o.g. Affekte erklärt werden.

Das Ausmaß erlebter Sicherheit in der primären Bindungsbeziehung ermöglicht adäquate *Strategien zur Situationsbewältigung.*

Kobak & Sceery (1988) führten eine Untersuchung unter College-Studenten durch, bei der zunächst die Kindheitserinnerungen analysiert wurden. Die Studenten zeigten drei verschiedene Haltungen gegenüber Bindung: entweder werteten sie Bindungserfahrungen ab („dismissing"), wertschätzten sie („secure") oder überbewerteten sie („preoccupied") (s. Abb.8).

Abb. 8: Merkmale der Bindungsstiltypen in Anlehnung an Kobak & Sceery (1988)

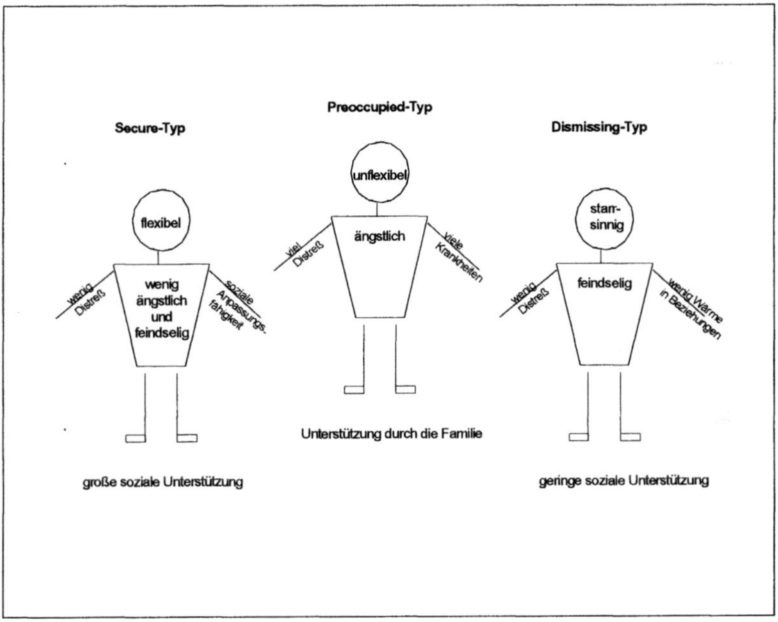

Von ihren Kommilitonen wurden *„secure"*-Studenten (= sicherer Bindungsstil) als geistig flexibel, wenig ängstlich und wenig feindselig eingeschätzt. Ihr Selbstbild verfügte dementsprechend über Ich-Stärke, soziale Anpassungsfähigkeit und Selbsteinsicht. Diese Gruppe berichtete über wenig Disstreß und große soziale Unterstützung - auch von Seiten der Familie. Die *„dismissing"*-Typen (=unsicher-vermeidender Bindungsstil) wurden als starrsinniger, unbeweglicher und feindseliger beurteilt. Sie selbst klagten über wenig Wärme in den Beziehungen und über geringe soziale Unterstützung. Die *„preoccupied“*-Studenten (= ängstlich-ambivalenter Bindungsstil) wurden von ihrer Peergroup als wenig flexibel und als ängstlich eingestuft. Sie äußerten selbst viel Disstreß und Krankheiten, erhielten aber mehr Unterstützung von der eigenen Familie (Kobak & Sceery, 1988).

Die Ergebnisse weisen darauf hin, daß die Bindungsstile mit einer spezifischen Gefühlsregulation und bestimmten Repräsentationen vom Selbst und den Anderen zusammenhängen.

3.1.4.2.2 Liebesbeziehungen

> „Auf die gleiche Weise, in der das Bindungsverhalten eines Individuums innerhalb seiner Persönlichkeit organisiert wird, gestaltet sich das Muster der gefühlsmäßigen Bindungen, die es im Laufe seines Lebens anknüpft“ (Bowlby, 1983, S.60).

Hazan und Shaver (1987) übertrugen die Bindungsstile auf Liebesbeziehungen. Dafür sollten sich Zeitungsleser (N = 620, Alter: 14 - 82 Jahre) einer von drei Aussagen zuordnen, welche die verschiedenen Bindungsstile darstellten.

Die Mehrheit (56%) der Zeitungsleser fand sich im *sicheren Bindungsstil* am besten beschrieben. Dieser beinhaltet, daß es leicht fällt, in einen nahen Kontakt zu kommen, daß gegenseitige Abhängigkeit als angenehm empfunden wird und keine Beunruhigung darin besteht, verlassen zu werden oder zu viel Nähe von anderen ertragen zu müssen. 25% ließen sich aufgrund ihrer Zuordnung als Vertreter des *vermeidenden Bindungsstils* einstufen. Ihnen ist es unbehaglich, anderen ganz nahe zu kommen. Bei großer Nähe werden sie nervös, wobei ihre Partner oft mehr Nähe als sie selbst wünschen. Sie haben Probleme, jemandem völlig zu vertrauen und sich auf ihn zu verlassen.

Der *ängstlich-ambivalenten* Aussage ordneten sich 19% der Befragten zu. Dieser Bindungsstil zeichnet sich dadurch aus, daß mehr Nähe gesucht als gefunden wird und daran gezweifelt wird, ob der Partner die eigene Person wirklich liebt und in der Beziehung verbleiben wird (Shaver, Hazan & Bradshaw, 1988).

Um die Auswirkung des Bindungsstils auf Partnerschaften zu überprüfen, sollten sich die o.g. Probanden bezüglich ihres *Liebeserleben* einschätzen. Es zeigte sich, daß mit den Bindungsstilen signifikant das Erleben der Partnerschaft in Zusammenhang steht:

- *sicherer Bindungstyp:* Liebeserlebnisse werden als glücklich, freundschaftlich, vertrauend und sich gegenseitig unterstützend eingeschätzt. Durchschnittliche Beziehungsdauer: 10,02 Jahre.
- *vermeidender Bindungstyp:* Furcht vor Intimität, Eifersucht, starke emotionale Schwankungen. Durchschnittliche Beziehungsdauer: 5,97 Jahre.
- *ängstlich-ambivalenter Bindungstyp:* erlebt Liebe als quälende Besessenheit mit dem Wunsch nach Reziprozität und Vereinigung; Gefühl extremer sexueller Anziehung und Eifersucht. Durchschnittliche Beziehungsdauer: 4,86 Jahre (Hazan & Shaver, 1987).

Auch *mentale Modelle*, wie z.B. allgemeine Überzeugungen über das Wesen der Liebe, korrelieren mit den Bindungstypen. So fanden folgende Aussagen die höchste Zustimmung beim vermeidenden Typ und die niedrigste beim sicheren (Hazan & Shaver, 1987):

- „Es ist selten, jemanden zu finden, in den man sich wirklich verlieben kann."
- „Intensive romantische Liebe kennzeichnet gewöhnlich den Beginn einer Partnerschaft, hält aber kaum für immer an."

Die Ergebnisse von Hazan & Shaver (1987) wurden inzwischen von anderen Forschern bestätigt. So konnte auch Simpson (1990) die Auswirkungen des Bindungsstils auf das *Erleben der Partnerschaft* aufzeigen. Er untersuchte bei 144 Paaren die Bindungsstile. Bei Männern und Frauen zeigte sich der *sichere Bindungsstil* mit einer größeren Abhängigkeit, gegenseitiger Bindung/Verpflichtung, Vertrauen und Zufriedenheit. Im Gegensatz dazu wurden die beiden anderen Stile mit weniger positiven Gefühlen und mehr negativen in der Beziehung verbunden.

Dies konstatieren ebenfalls Feeny & Noller (1991): die *vermeidenden* Personen ihrer Stichprobe zeigten ein erhöhtes Mißtrauen anderen gegenüber, vermieden Intimität und Nähe, so daß die emotionale Intensität in Partnerschaften niedrig blieb. Die *ängstlich-ambivalenten* Personen waren von ihrem Partner besonders abhängig, idealisierten den Partner auffällig, hatten ein ausgeprägtes Besitzdenken ihm gegenüber, starke Eifersucht und häufige Beziehungskonflikte in der Partnerschaft.

Zu ähnlichen Ergebnissen gelangte auch Walden (1992) in einer Fragebogenstudie: *sichere* Personen erreichten hohe Werte in den Skalen „Nähe suchen“ und „Vertrauen“. *Ängstlich-ambivalente* Personen hatten hohe Werte in den Skalen „Klammern“, „Eifersucht“, „Nähe suchen“ und „Vertrauen“ (vgl. Simpson, 1990).

Ein Resümee der vorgestellten Untersuchungen ist, daß der Bindungsstil Auswirkungen auf das Erleben in der Partnerschaft und damit zusammenhängende mentale Modelle hat.

3.2 Konsequenzen: Individuelle Bindungsgenese

Jede Entwicklungsphase bietet Lernmöglichkeiten für bestimmte Bindungsverhaltensweisen. In der Kindheit werden erste Verhaltensmuster erlernt, die eine Entstehung und Aufrechterhaltung von Bindungen begünstigen. Das Jugendalter ermöglicht eine zunehmende Ablösung vom Elternhaus und erste Erfahrungen mit gegengeschlechtlichen Freundschaften. Im Erwachsenenalter können schließlich intime Partnerbindungen eingegangen werden.

Das Bindungsverhaltensrepertoire ist phylogenetisch determiniert, wird aber individuell ausgestaltet. Es interessiert hier, welche Zusammenhänge es zwischen der Qualität dieser Bindungsgestaltung mit den frühen Bindungserfahrungen gibt. Im „Fremde-Situation-Test“ läßt sich nachweisen, daß die Qualität der Mutter-Kind-Interaktion mit dem Bindungs- und Erkundungsverhalten des Kleinkindes korreliert. Den Reaktionsweisen von einjährigen Kindern auf die o.g. Versuchsbedingung konnten die drei (bzw. vier) verschiedenen Bindungsstile „sicher“, „unsicher-vermeidend“, „unsicher-ambivalent“ (und „desorientiert“) zugeordnet werden. Daß diese Klassifikation auf ca. 80% der Untersuchungspopulation nach fünf Jahren noch genauso zutrifft, wird mit der relativen Stabilität von Arbeitsmodellen erklärt. Sie repräsentieren früheste Bindungserfahrungen, steuern die selektive Aufmerksamkeit und Speicherung von neuen Erlebnissen.

Die zunächst auf die Kindheit bezogenen Bindungsstile finden sich auch im Erwachsenenalter wieder. Sie wirken sich auf das Sozialverhalten ebenso aus, wie auf das Erleben romantischer Beziehungen.

Werden die empirischen Belege der Bindungsforschung auf die Thematik der vorliegenden Untersuchung bezogen, so könnte vermutet werden, daß Singles bestimmte bindungsförderliche Lern- und Entwicklungsprozesse in der Kindheit und Jugend sowie im Erwachsenenalter weniger mitvollzogen haben.

Außerdem könnte eine Partnerlosigkeit aus einer unsicheren Bindungsrepräsentation resultieren. Ein unsicherer Bindungsstil könnte sich wiederum auf solche Persönlichkeitseigenschaften negativ auswirken, die für eine Partneranbahnung förderlich sind (z.B. Intimität leben).

4 Bindungsfalle: Verhindernde Bindungserfahrungen

Negative Bindungserfahrungen können das Eingehen einer Partnerschaft erschweren, indem sie sich auf die Bereitschaft, eine Bindung einzugehen, auswirken.

4.1 Traumatische Erlebnisse

Farmer (1992) vermutet, daß bindungslose Menschen ein Trauma durchlebt haben. Trauma wird dabei definiert als „... schmerzliche Erfahrung, die langwährende psychische Auswirkungen hat“ (Farmer, 1992, S.19). Die Symptome, die für das sogenannte posttraumatische Streßsymptom angenommen werden, gelten laut Farmer (1992) auch für Menschen mit Bindungsstörungen:

- häufiges Wiederdurchleben des Traumas,
- Hyperwachsamkeit verbunden mit Mißtrauen,
- psychische Lähmung.

Werden in traumatischen Situationen die eigenen Emotionen verdrängt, um die persönliche Sicherheit zu erhalten, entsteht eine Spaltung zwischen dem Verhalten und dem Erleben einer Person. Diese Depersonalisation zeigt sich in einer eingeschränkten Empfindungsfähigkeit, in Wahrnehmungs- und Ausdrucksstörungen sowie in dem Gefühl, von anderen Menschen abgetrennt zu sein (Farmer, 1992).

Unter den zahlreichen Erlebnissen, die sich traumatisch auf eine spätere Partnerbeziehung auswirken können, werden hier einige zentrale ausgewählt:

- Trennungs- und Verlusterlebnisse
- Kränkungen des Selbstwertes
- Gewalterfahrungen
- Verletzungen der Intimität.

Die o.g. Themen werden in diesem Rahmen vor allem im Hinblick auf ihre Bedeutung für das Eingehen einer Partnerschaft betrachtet.

4.1.1 Trennungs- und Verlusterlebnisse

Im folgenden werden die Auswirkungen verschiedener Trennungssituationen des Kindes von seinen Eltern dargestellt.

4.1.1.1 Kurzfristige Trennungen

Ob sich Trennungen auf die Gesamtentwicklung eines Menschen auswirken, hängt von verschiedenen Variablen ab:

- Grad der Ich-Entwicklung und der inneren Repräsentation vom anderen
- Qualität der Eltern-Kind-Beziehung vor der Trennung
- Dauer der Trennung
- Qualität der Ersatzbezugsperson sowie der fremden Umgebung (Robertson & Robertson, 1971).

Ob Berufstätigkeit beider Elternteile und die damit zusammenhängende Fremdbetreuung der Bindungsentwicklung schaden, wird uneinheitlich beantwortet (Kruse, 1991; Rutter, 1978).

Kurzfristige Trennungen, die aufgrund eines Krankenhausaufenthaltes stattfanden, zeigen in einer Untersuchung von Quinton & Rutter (1976) allein bei mehrfach hospitalisierten Kindern spätere Verhaltensauffälligkeiten, ansonsten erholten sich die untersuchten Kinder nach der Trennung.

Wenn kurzzeitige Trennungen bei den meisten Kindern als gering bis gar nicht entwicklungshinderlich eingestuft werden, so sollte jedoch beachtet werden, daß bei Kumulierung von Trennungserfahrungen Kummer- und Verlassensheitsgefühle intensiviert werden können. Das Kind kann trennungsempfindlich bleiben und drohende Trennungen befürchten, so daß beispielsweise auch noch im Erwachsenenalter eine Partnerbindung mit Trennungsangst verbunden werden kann (Kruse, 1991).

4.1.1.2 Heimunterbringung

Zwischen 1930 und 1950 untersuchten verschiedene amerikanische und europäische Forscher, wie sich *frühe Trennungen* oder häufiger Wechsel der Bezugsperson auf die

Entwicklung des Kindes auswirken.[5] Filme von Renè Spitz (Grief: april in infancy, 1947) und James Robertson (A two year old goes to hospital, 1952) bewirkten, daß eine größere Öffentlichkeit auf die emotionalen Nöte von Kindern in Heimen und Kliniken aufmerksam wurden (Provence & Lipton, 1962).

Ab Ende 1949 arbeitete Bowlby mit dem Psychiater Ronald Hargreaves an einer Studie der WHO über die Bedürfnisse obdachloser Kinder. Das Hauptergebnis war, daß psychische Störungen der Kinder durch eine fehlende Bindung zu einer Bezugsperson verursacht werden (Grossmann, 1990). Mit James Robertson führte Bowlby daraufhin systematische Untersuchungen über die soziale Entwicklung und das Fehlen einer stabilen Bezugsperson durch. Dabei standen die Auswirkungen frühkindlicher Erfahrungen im Mittelpunkt ihrer Untersuchungen. Bowlby beobachtete 2-3-jährige Kinder, die eine begrenzte Zeit in einer Klinik oder in einem Heim verbrachten. Sie durchliefen folgende Verhaltensabläufe (Bowlby, 1995):

1. Protest: Diese Phase kann einige Stunden bis zu einer Woche andauern; die Mutter wird herbeigesehnt, wohingegen andere Personen abgewiesen werden.

2. Verzweiflung: Das Kind beschäftigt sich weiterhin mit der Mutter, wird aber in seinen Verhaltensweisen hoffnungsloser. Dies wird darin deutlich, daß sich die Anzahl physischer Bewegungen verringert, Schreie monotoner werden, das Kind sich aus der Umwelt zurückzieht und ihr gegenüber passiver wird.

3. Ablösung: Da nicht mehr mit der Rückkehr der Mutter gerechnet wird, wendet sich das Kind anderen Personen zu. Kommt in diesem Stadium die Mutter zurück, zeigt das Kind ein gestörtes Beziehungsverhalten in ihrer Gegenwart. Wenn die Bezugspersonen ständig wechseln, wendet sich das Kind leblosen Dingen, wie z.B. Spielzeug, zu, wobei es nach „außen" zufrieden und angstfrei wirkt. Das Kind sucht jetzt keinen Kontakt mehr zu anderen Menschen.

Die verschiedenen Trennungsphasen im Kindheitsalter konnten auch von Appell & Rudinesco (1951), Illingsworth & Holt (1955) und von Micic (1962) nachgewiesen werden. Die vier von Ainsworth postulierten Entwicklungsphasen des Bindungsverhaltens (vgl. Kap. 3.1.2.1) bestätigten sich auch hier.

Auf diesen Ergebnissen basierend folgten eine Fülle von Untersuchungen, die sich mit *Deprivation* beschäftigten. Unter Deprivation wird eine längere Trennung des Kindes

---

[5] Z.B. Bowlby (1940), Goldfarb (1943), Levy (1937), Spitz & Wolf (1946).

von der Bezugsperson verstanden (vgl. Harlow, 1958). Da es sich meistens um die Trennung von der Mutter handelt, wird auch von materneller Deprivation gesprochen (Bowlby, 1973).

Die Hauptthese der sich auf Deprivation beziehenden Untersuchungen lautet, daß der Entzug von Zuwendung der Bezugsperson in der frühesten Kindheit weitreichende Auswirkungen auf die geistige und psychische Entwicklung hat.

Empirische Belege dafür lassen sich finden in:

a) Direktuntersuchungen, d.h. in direkten Beobachtungen der geistigen Gesundheit und der psychischen Entwicklung von Kindern in Heimen, Krankenhäusern und Pflegestellen;

b) retrospektiven Untersuchungen, bei denen psychisch gestörte Jugendliche und Erwachsene rückblickend erzählen;

c) Entwicklungsuntersuchungen, bei welchen die geistige Entwicklung von Kindern ermittelt wird, die früher unter Deprivation gelitten haben (Bowlby, 1973).

Innerhalb dieser Forschungsrichtungen wurden bisher vor allem drei unterschiedliche Erfahrungen der ersten drei Lebensjahre fokussiert, die zu *Bindungsstörungen* führen:

a) dem Kind fehlt die Möglichkeit einer Bindung an eine verläßliche Bezugsperson,

b) zeitlich begrenzt - wenigstens drei, wahrscheinlich mehr als sechs Monate - fehlt die Mutter/der Vater,

c) die Bindungsfigur wechselt häufig

(Bowlby, 1976; Levy, 1937; Spitz & Wolf, 1946).

Bowlby (1980) faßt die Untersuchungen über Deprivation wie folgt zusammen: Wenn ein Kind zwischen 15 und 30 Monaten alt ist, vorher eine sichere Beziehung zu seiner Mutter hatte und dann getrennt wird, zeigt es diese Verhaltensabfolge: Auflehnung, Verzweiflung und Loslösung. Kommt das Kind nach Hause zurück, liegt es an der Phase, in der es sich gerade befindet, wie es sich wieder einlebt.

Hielt der Loslösungsprozeß noch nicht so lange an, bis daß das Kind nur noch Desinteresse zeigt, wird es sich ambivalent verhalten: einerseits mit einem Gefühlssturm, mit Anklammerung an die Bezugsperson, andererseits mit Wut und Angst. Das Kind leidet derart unter der abgebrochenen Beziehung, daß es erneuten Enttäuschungen entgehen will. Außerdem hat es Angst davor, andere zu enttäuschen, wenn es seine aufgestaute Wut über das Verlassenwordensein an ihnen auslassen würde.

Weiterhin regrediert das Kind nach längerer Trennung, d.h. es fixiert sich auf Denk- und Verhaltensweisen früherer Entwicklungsstufen. Es erkennt die Eltern oft nicht mehr, was entweder auf eine Regression der Abstraktions- und Identifikationsfähigkeit zurückzuführen ist oder aus der Attribuierung der Eltern als Haßobjekt (Bowlby, 1973).

Einige Untersuchungen weisen auf die *Altersabhängigkeit der Auswirkungen* von längeren Trennungen hin. So leiden Kinder, die jünger als drei Jahre sind und noch manche der drei- bis fünfjährigen, am meisten unter einer Deprivation. Die Reaktionen auf eine Trennung werden ab dem dritten bis vierten Lebensjahr weniger destruktiv, allerdings zeigen die Kinder ein übertriebenes Liebesbedürfnis verbunden mit übersteigerten Rachegefühlen, was zu inneren Konflikten und negativen sozialen Haltungen führen kann (Bowlby, 1973). Von den fünf- bis achtjährigen Kindern zeigt nur noch eine Minderheit gestörte Verhaltensweisen, bei ihnen ist vielmehr die Bindungsqualität vor der Trennung ausschlaggebend.

Das Resümee der Deprivationsforschung, das von unterschiedlichen Wissenschaftlern unabhängig voneinander konstatiert wird, ist, daß Kontakt-unfähigkeit aus einer mangelnden Bindungskontinuität und Bindungsstabilität resultiert und die Quelle intellektueller, sozialer und gesundheitlicher Störungen sein kann. Neben einer möglichen geistigen und körperlichen Stagnation und Regression kann es auch zu einer psychischen kommen. Eine längere Trennung von der Bezugsperson bewirkt einen Ambivalenzkonflikt zwischen einem heftigen libidinösen Bedürfnis und den Emotionen Angst wie auch Haß (Bowlby, 1973, 1980; Goldfarb, 1943; Rutter, 1978). Eine weitere Folge von Trennungen ist eine starke Kummer-Reaktion, die zu verdrängen versucht wird. Dies kann zu einer bleibenden Überempfindlichkeit für mögliche Trennungssituationen führen. Um die erhöhte emotionale Verletzlichkeit nicht weiter zu gefährden, können im Erwachsenenalter Partnerbeziehungen eingegangen werden, denen es an Intensität und Intimität fehlt (Kruse, 1991).

Frommer & O'Shea (1973) konnten nachweisen, daß es einen überzufälligen Zusammenhang zwischen Trennungserlebnissen in der Kindheit mit späteren Ehe- und Erziehungsproblemen gibt. Zu vermuten ist, daß die Trennungsempfindlichkeit und die mangelnde Fähigkeit, Intimität und stabile Partnerbindungen herstellen zu können, bereits die Anbahnung einer Partnerschaft beeinträchtigen und Partnerlosigkeit aufrechterhalten können.

4.1.1.3 Scheidung der Eltern

Scheidung ist nicht ein isoliertes traumatisches Ereignis, sondern das Resultat einer meist länger andauernden problematischen Familiengeschichte. Mehr als die eigentliche Trennung der Eltern wirken sich die Copingstrategien der Familie aus, die dafür sorgen sollen, daß aus der desolaten familialen Beziehungssituation herausgefunden wird (Beal & Hochman, 1994).

Hetherington, Cox & Cox (1987) belegen, daß es bis zu zwei Jahre nach einer Scheidung dauert, bis das neue Ein-Eltern-System funktionstüchtig ist. Vorher sind die Eltern mit sich, der neuen Situation und der organisatorischen und finanziellen Umstellung beschäftigt. Den Gefühlen und Bedürfnissen ihrer Kinder können sie aufgrund eigener psychischer Belastungen nicht gerecht werden.

Von Scheidungskindern wird erwartet, daß sie früher selbständig sind. Tatsächlich werden sie schneller erwachsen, übernehmen mehr Verantwortung und sind entscheidungsfähiger (Beal & Hochman, 1994). Kinder von Geschiedenen erhalten weniger Zuneigung, werden stärker diszipliniert und inkonsistenter behandelt als Kinder von Verheirateten. Gegenüber Kindern aus Familien ohne elterliche Scheidung fühlen sich Kinder Geschiedener ängstlicher, deprimierter, abgewiesener und inkompetenter (Kruse, 1991).

Welche Reaktionen auf die elterliche Scheidung bei Scheidungskindern auftreten, untersuchte Röhner (1994) an 150 Scheidungskindern im Alter bis zu 16 Jahren (s. Tab. 8):

Tab. 8: Reaktionen von Kindern auf die elterliche Scheidung

Alter des Kindes	Aggressives Verhalten mit Lügen und Wutanfällen	Depressives Verhalten, Trennungsängste, Abfall der Schulleistungen	Sprachstörungen, Hautausschlag, chronische Magen- und Darmstörungen	noch zu klein / keine sichtbare Reaktion
unter 6 Jahre (N = 75)	16%	29,3%	13,3%	41,3%
6 bis 16 Jahre (N = 75)	10,7%	45,3%	16,6%	17,3%

Quelle: Röhner, 1994, S.20

Von allen Symptomen wurde auf die elterliche Scheidung am häufigsten mit depressiven Verhalten, Trennungsängsten und Leistungsabfall reagiert, wobei in der Gruppe der 6 bis 16jährigen Scheidungskinder diese Reaktionen häufiger gezeigt wurden als in der jüngeren Altersgruppe. Die Kinder in der jüngeren Altersgruppe zeigten etwas häufiger als die Älteren aggressive Verhaltensweisen mit Lügen und Wutanfällen und nur geringfügig weniger Sprachstörungen und psychosomatische Störungen. Problematisch an der Auswertung nach Altersgruppen ist, daß in der Gruppe der unter Sechsjährigen einige Kinder noch zu jung waren, um mit dem Untersuchungsdesign erfaßt zu werden.

Röhner (1994) differenzierte bei dieser Untersuchung auch nach Geschlechtszugehörigkeit. Von langfristigen Verhaltensstörungen waren nach einer elterlichen Scheidung 69% der Jungen und 31% der Mädchen betroffen. Bei Mädchen traten häufiger konfliktreiche, depressive Verhaltensweisen auf, bei Jungen verstärkt folgende Verhaltensweisen:

- aggressives, antisoziales Verhalten, Unsicherheit, geringes Selbstwertgefühl,
- Probleme der Trieb-Kontrolle und Überaktivität,
- labile Beziehung zur Mutter,
- soziale Isolation,
- Unfähigkeit, Gefühle einzugestehen und auszudrücken (Röhner, 1994).

Im Rahmen einer Berliner Jugendlängsschnittstudie wurden 263 Mädchen und 272 Jungen im Alter von 11 - 17 Jahren nach ihrer Familiensituation, ihrem Selbstbild und ihren Vorstellungen bezüglich eigener Partnerschaften befragt. Es zeigte sich, daß

- Jugendliche aus Scheidungsfamilien unter einer stärkeren Beeinträchtigung ihres Selbstwertgefühls litten als andere;
- Jungen aus Scheidungsfamilien ihr Selbstbild nach bis zu zwei Jahren dem Selbstbild von Jugendlichen aus intakten Familien anglichen;
- das Selbstbild der Mädchen aus Scheidungsfamilien noch einige Jahre nach der Scheidung negativer blieb als von Nicht-Scheidungskindern. Sie äußerten einen stärkeren Wunsch als Gleichaltrige nach einem intimen Freund, und sie gingen häufiger, intensiver und dauerhafter Beziehungen ein. Bei einer elterlichen Trennung hatten nach einem Jahr 60%, nach dem Entstehen einer Stieffamilie 77,8%

einen Freund. Die Realisierung ihres Beziehungswunsches korreliert mit einem Anstieg des Selbstwertgefühls (Walper, 1991).

Wallerstein (1987) führte zehn Jahre nach der elterlichen Scheidung eine Untersuchung unter Probanden durch, die sich zum Zeitpunkt der Scheidung im Alter von neun bis achtzehn Jahren befanden. Kinder, die die Scheidung im Vorschulalter erlebten, äußerten, nur noch geringe oder gar keine Erinnerungen an die Scheidung zu haben und nicht mehr davon belastet zu sein, sondern optimistisch in die Zukunft zu blicken.

Interessant ist, daß diejenigen Personen, die bei der Scheidung bereits im Jugendalter waren, am eindrücklichsten von den Folgen der Scheidung sprachen. Unter diesen älteren Scheidungskindern befand sich eine Gruppe von Frauen, die eine feste Partnerbindung ablehnte, aber zur eigenen Bedürfnisbefriedigung einen regelmäßigen Kontakt zu Männern aufrechterhielt. Von allen älteren Scheidungskindern wurde als Grundgefühl ein übermäßiges Besorgtsein gegenüber dem Leben, bei einigen Verzweiflung, verbunden mit der Angst vor Zurückweisung, angegeben. Ihre Verunsicherung in bezug auf Paarbindungen zeigte sich bei zwei Drittel der Frauen und der Hälfte der Männer darin, daß sie Angst davor hatten, von einem Partner betrogen zu werden (Wallerstein, 1984).

Beal & Hochman (1994) bestätigen mit ihrer Befragung von 2500 Collegestudenten aus der Mittelschicht, daß elterliche Scheidungserfahrungen mit bestimmten Partnererfahrungen korrelieren. So trifft auf Scheidungskinder im erhöhten Maße zu:

- frühere und häufigere Sexualkontakte,
- oft kurze Beziehungen, bei Schwierigkeiten droht eine schnelle Beendigung,
- die Wahrscheinlichkeit ist um 53% größer, mit dem Partner unverheiratet zusammenzuleben,
- die eigene Scheidungsrate ist um 80% erhöht (vgl. Rutter, 1979).

Aus der o.g. Auflistung folgt, daß die Qualität der Paarbeziehung bei Scheidungskindern herabgesetzt ist. Der Umgang der Eltern miteinander und mit anderen Personen, ihr Verhältnis zum Allein- und Miteinandersein dienen als Modellverhalten für das Kind (Ainsworth in Rauh, 1987; Bowlby, 1969, 1980; Bierhoff, 1984, 1993; Grossmann, 1989; Kreppner, 1993; Lauth & Viebahn, 1987). Dies bestätigt auch eine Studie von Wolkind & Krug (1985). Sie befragten drei verschiedene Gruppen zu unterschiedlichen Zeitpunkten danach, ob sie ihre Ehe als zufriedenstellend einschätzen (s. Tab. 9):

Tab. 9: Qualität der Partnerbeziehung von Scheidungskindern im Vergleich zu einer Kontrollgruppe und einer Gruppe ehemaliger Fürsorgekinder

Gute Beziehung zum Ehepartner			
Ehedauer	14 Monate	27 Monate	42 Monate
Kontrollgruppe	70%	68%	62%
Scheidungskinder	40%	53%	50%
Fürsorge-Gruppe	10%	25%	20%

Quelle: Wolkind & Krug, 1985 (in Anlehnung)

Wie aus Tabelle 9 zu ersehen, liegt die Zufriedenheit mit dem Ehepartner bei den Probanden am höchsten, die bei ihren (nicht-geschiedenen) Eltern aufgewachsen sind. Bei Scheidungskindern und bei Personen, die während der Kindheit oder Jugend von der Fürsorge betreut worden sind, verbessert sich zunächst die Partnerbeziehung mit der Ehedauer. Dies könnte damit begründet werden, daß Verhaltensmuster, die nicht im Elternhaus erlernt werden konnten, zunächst erworben werden müssen. Der günstigste Zeitpunkt des Experimentierens mit diesen Regeln liegt scheinbar vor dem 42. Monat. Um den 42. Monat läßt die Zufriedenheit mit der Beziehung wieder nach, wobei dies dem Verhalten der Kontrollgruppe entspricht.

Nachfolgeuntersuchungen über spätere Zeitpunkte wären wünschenswert, um die sich andeutenden Tendenzen genauer beurteilen zu können, und auch eine geschlechtsspezifische Unterteilung der Scheidungskinder, da Walper (1991) angibt, daß nichteheliche Beziehungen von weiblichen Scheidungskindern dauerhafter und intensiver als bei gleichaltrigen Nicht-Scheidungskindern sein sollen.

Aus den aufgeführten Untersuchungen wird deutlich, daß Kinder und Jugendliche durch eine elterliche Scheidung eine große psychische Belastung erfahren können, auf die mit unterschiedlichen Symptomen reagiert wird. Die Scheidung wirkt sich aber nicht nur auf das Befinden des Kindes, sondern auch auf seine Einstellung sich selbst, anderen und seinem Leben gegenüber aus. Von daher scheint es für Scheidungskinder schwieriger zu sein, stabile Partnerschaften einzugehen.

4.1.1.4 Tod eines Elternteils

Je jünger ein Kind beim Tod eines Elternteils ist, desto unvorhersagbarer wird sein Verhalten. Je älter das Kind beim Tod eines Elternteils ist, desto mehr gleichen seine Reaktionen auf den Verlust denen von Erwachsenen:

- Trauer,
- Sehnsucht nach dem Verstorbenen,
- Wut, Ärger, Zorn,
- Schuldgefühle,
- Angst vor weiteren Trennungen (Bowlby, 1983).

Zu dem Verlust des Elternteils kommen Folgeprobleme:

- Einseitigkeit der Erziehung,
- Überlastung des Alleinerziehenden, weil die Arbeitsteilung entfällt,
- finanzielle Schwierigkeiten,
- emotionale Probleme des lebenden Elternteils,
- Überforderung des Kindes als Ausgleich für den elterlichen Kummer (Fuhrman in Kruse, 1991).

Wie sich die o.g. Streßfaktoren, die mit dem Tod eines Elternteils in der Kindheit oder Jugend verbunden sind, dauerhaft auf das Erleben und Verhalten des Kindes auswirken können, wird nach Kruse (1991) zusammengestellt:

- *Gefühlsschwankungen:* Distanziertheit, reduzierte Emotionalität, Gefühle der Entwurzelung werden abgelöst von Distanzlosigkeit, Aggressions- und Autoritätskonflikten.
- *Gefühl unerfüllbarer Sehnsucht:* Die Sehnsucht nach dem Verstorbenen wird mit Phantasievorstellungen und Idealisierungen verbunden. Da diese Sehnsucht unerfüllt bleibt, kann sie bei Fortbestehen bis zum Erwachsenenalter auf die Partnerschaft übertragen werden. Der „Traumpartner“ soll alle Sehnsüchte stillen, wodurch es zum Scheitern von Beziehungen und häufigerem Partnerwechsel kommen kann.
- *Ängste und Phobien:* Der Zusammenhang von Bindungs- und Angstentwicklung liegt darin, daß bei einer unsicheren Bindung das Kind auf keine Zuwendung, Un-

terstützung und Geborgenheit vertrauen kann (Bowlby, 1976). Als Folge eines Elternverlustes durch Tod können panikartige Ängste gegenüber Trennungen auftreten und die Furcht, andere Menschen verlieren zu können. Einsamkeit wird gefördert durch die Ängste vor Intimität und erneutem Verlust sowie durch das Selbstbild, ungeliebt oder unerwünscht zu sein, was gleichzeitig mit Selbstwertproblemen einhergeht.

- *Starke Abhängigkeitsgefühle gegenüber anderen Menschen.*
- *Eingeschränkte Fähigkeit zur Intimität mit einem Partner.*
- *Abwehr und Vermeidung positiver Bindungsgefühle:* Wenn die starke Kummerreaktion nicht toleriert wird, können positive Bindungen verhindert werden, um das mögliche Maß erneuter tiefer Verletzungen gering zu halten. Bowlby (1983) vermutet, daß Menschen mit unsicher-vermeidenden Bindungsstil entweder in der Kindheit nach dem Verlust eines Elternteils sich selbst überlassen blieben, oder aber von der Bezugsperson Teilnahmslosigkeit und kritische Zurückweisung der eigenen Bedürfnisse erfahren mußten. Solche Kinder „verstecken ihr Gefühlsleben“, vertrauen stärker „...ihrer eigenen Leistung und Tüchtigkeit als sozialen Bindungen, sind aber eher isoliert, latent depressiv, alkohol- und suizidgefährdet“ (Kruse, 1991, S.202).
- *Risikofaktor für psychische Erkrankungen:* Verlusterfahrungen in der Kindheit kommen überproportional bei Menschen vor, die unter einer Depression, Alkoholerkrankung oder Persönlichkeitsstörung leiden (Kruse, 1991).

Der Tod eines Elternteils kann als Kind und Jugendlicher eine Bedrohung der psychischen Existenz bedeuten. Die durch den Tod ausgelösten Emotionen von Angst, Sehnsucht und Ambivalenz werden zu verdrängen versucht, so daß spätere Situationen, die Trennung oder Verlust bedeuten könnten, möglicherweise vermieden werden, was eine Partneranbahnung nachhaltig behindern kann.

4.1.2 Kränkungen des Selbstwertes

Für das erfolgreiche Verhalten in sozialen Situationen spielt das Selbstwertgefühl eine wichtige Rolle. Menschen mit einer Selbstwertproblematik reagieren oft bereits bei geringer Kritik mit Minderwertigkeitsgefühlen gepaart mit Aggressionen. Die Beschäftigung mit Vergleichen zwischen der eigenen Person und anderen wird zum Lebensthema. Verglichen werden z.B. Körper, Aussehen, Auftreten, Bildung, Intelligenz und Herkunft. An der eigenen Liebenswürdigkeit wird gezweifelt (Kruse, 1991). Wie es zu einer solchen Störung des Selbstwertgefühls kommen kann, soll erörtert werden.

Die Selbstwertentwicklung kann von vielen Faktoren beeinflußt werden, von denen einige exemplarisch genannt werden:

- Verlusterfahrungen (vgl. Kap. 4.1.1),
- Kränkungen und Verletzungen aufgrund von Gebrechen,
- Rivalität mit den Eltern,
- soziale Kränkungen,
- Mißerfolg und Versagen,
- Überbewertung des Kindes von den Eltern (Kruse, 1991).

Einen großen Einfluß auf die Entwicklung des Selbstwertgefühls hat die Qualität der Interaktion mit den Bindungspersonen. Das Selbstwertgefühl des Kindes kann u.a. durch folgende elterliche Verhaltensweisen beschädigt werden:

- Unterdrückung des Explorationsdranges des Kindes,
- Nichtreagieren der Eltern auf kindliche Versuche, Fürsorgeverhalten auszulösen,
- Verantwortlichmachung des Kindes als Sündenbock, wobei Schuldgefühle eingeredet werden,
- Ablehnung des Kindes (z.B. ungewollte Schwangerschaft, falsches Geschlecht),
- Geringschätzung (z.B. Identifizierung des Kindes mit einer Person, zu der eine problematische Beziehung besteht),
- Vernachlässigung,
- Leugnung oder Dementierung existentieller Erlebnisse des Kindes,
- psychische Grausamkeiten (z.B. Drohungen, das Kind nicht zu lieben, die Familie zu verlassen oder einen Suizid zu begehen),
- Mißhandlung oder Mißbrauch des Kindes (Bowlby, 1995).

Die o.g. Verhaltensweisen der Eltern sind natürlich nicht von ihrem eigenen Befinden zu trennen. So wirken sich Persönlichkeitsstörungen der Eltern ebenso auf das Kind aus, wie auch längere Krankheiten eines Elternteils (Bowlby, 1995).

Aus einer gestörten Entwicklung des Selbstwertgefühls können unterschiedliche Verhaltensmuster resultieren. Auf zwei Erscheinungsformen von Minderwertigkeitsgefühlen soll kurz eingegangen werden, da sie zum Scheitern einer Partneranbahnung führen können:

Schüchternheit wird dadurch bestimmt, daß Versagensängste die gewünschte soziale Interaktion verhindern oder in ungewollter Form verändern (Puls, 1989). Asendorff (1985) erklärt Schüchternheit als Annäherungs-Vermeidungskonflikt: es soll gleichzeitig Kontakt hergestellt und vermieden werden. Der Schüchterne sucht nach Anerkennung und nimmt die Ablehnung schon vorweg. Puls (1989) referiert Untersuchungen, nach denen Schüchterne einerseits ein zu hohes Anspruchsniveau haben und andererseits durch eine Wahrnehmungsverzerrung eine negative Selbsteinschätzung erhalten, die zur Furcht vor Ablehnung führt. Es fällt Schüchternen schwer, stabile und flexible Handlungsstile zu zeigen. Da es in neuartigen Situationen, wie z.B. in Kennlernsituationen, oft keine festen Verhaltensvorschriften gibt, reagieren schüchterne Personen mit Unsicherheit und können von daher erfolglos bei der Partneranbahnung sein.

Beim *Narzißmus* sind Ehrgeiz, Größenphantasien, Abhängigkeit von Bewunderung und Beifall gekoppelt mit Unsicherheit, Minderwertigkeitsgefühlen, Unzufriedenheit mit sich selbst und einer Tendenz, andere auszubeuten (Kernberg, 1978). Narzißtische Menschen erleiden früh Kränkungen und Demütigungen, die ihnen ihre eigene Ohnmacht vor Augen führen. Sie leben mit der Diskrepanz, einerseits die Mißachtung ihrer Würde ertragen zu müssen und andererseits von jemandem (z.B. einem Elternteil) bevorzugt zu werden sowie das Gefühl des Auserwählten vermittelt zu bekommen (Lowen, 1986). Mit besonderer Anstrengung werden die entwürdigenden, grausamen Erlebnisse durch selbstüberschätzende Anteile überlagert. Um schmerzhaften Erfahrungen durch die Nichterfüllung bestimmter Bedürfnisse auszuweichen, werden die Sehnsuchtsgefühle nach Anerkennung, Geborgenheit und Liebe unterdrückt, was das Erleben von emotionaler Intimität mit anderen Menschen einschränkt und zur Verhinderung von Partnerbindungen führen kann (Lowen, 1986).

Die o.g. Annahmen darüber, wie sich das Selbstwertgefühl auch auf das Erleben in einer Partnerschaft auswirkt, können Dion & Dion (1975, 1985) mit ihren Untersuchungen bestätigen: Im Unterschied zu Personen mit niedrigem Selbstwertgefühl gingen Personen mit hohem Selbstwertgefühl häufiger intime Beziehungen ein und verliebten sich häufiger in ihrem Leben u.a. auch „einseitig“. Insgesamt schienen sie sozial kompetenter, so daß die Partneranbahnung erfolgreicher war. Entschieden sich Personen mit hohem Selbstwertgefühl für einen Partner, erlebten sie größere Offenheit ihm gegenüber und eine erfülltere Zufriedenheit in der Beziehung.

Bei niedrigem Selbstwertgefühl äußerten die Probanden ein höheres Maß an Wertschätzung und Liebe gegenüber dem Partner und beurteilten seine Eigenschaften positiver. Dies wird von den Autoren damit erklärt, daß unsichere Menschen andere in stärkerem Maße bewundern, um selbst mehr verstärkt zu werden. Außerdem reagieren Menschen mit geringem Selbstwertgefühl verstrickter und abhängiger in der von ihnen idealisierten Partnerbeziehung. Sie „...verlieben sich in ultimativer Form, die einer Besessenheit gleichkommt... Im Gegensatz zu anderen vermeiden sie es, Erfüllung anzustreben. Sie halten sich lieber in empfindlicher Balance zwischen Unsicherheit und Hoffnung“ (Lermer & Meiser, 1991, S.41).

Shaw (1989) konnte nachweisen, daß Personen mit niedrigem Selbstwertgefühl eher zu Eifersucht neigen und über ein geringeres Einfühlungsvermögen verfügen. Je geringer das Selbstwertgefühl, umso eher kann eine soziale Angst entstehen, die mit zunehmender Nähe ansteigt (Lauth & Viebahn, 1987). Da das Zugehen auf einen attraktiven Partner von der Einschätzung der eigenen Attraktivität abhängt, kann ein geringes Selbstwertgefühl bereits die Kennlernsituation scheitern lassen (Doermer-Tramitz, 1990). Intimere Kontakte werden von Personen mit niedrigem Selbstwertgefühl häufiger vermieden (Rubinstein, Shaver & Peplau, 1980; Hinde, 1993).

Ein hohes Selbstwertgefühl steht des weiteren mit sozialen Kompetenzen und mit einem stabilen sozialen Netz in Zusammenhang. So weisen Jungen und Männer mit hohem Selbstwertgefühl folgendes auf:

- Erfolg in menschlichen Beziehungen,
- intakte Familienverhältnisse mit nötiger Unterstützung und Ermutigung,
- Fähigkeit, Hilfe zu suchen und anzunehmen,
- Gleichgewicht zwischen Initiative und Selbstvertrauen,
- keine Persönlichkeitsstörungen,
- Erfolg bei der Arbeit (Bowlby, 1980).

Die Untersuchung von Grinker (1962) an College-Studenten zeichnet ein ähnliches Bild: die Selbstsicheren hatten eine friedvolle Familie, verfügten über ein stabiles soziales Netz und gaben an, sich stark mit ihrem Vater zu identifizieren.

Zusammengefaßt ergeben sich folgende Schlußfolgerungen für die eigene Thematik: Die Entwicklung des Selbstwertgefühls wird von der Qualität der Eltern-Kind-Beziehung bestimmt. Führt diese nicht zu einem Aufbau eines stabilen „Selbst", können u.a. Schüchternheit oder Narzißmus die Folge sein. Personen mit geringem Selbstwertgefühl können sich in Partnerschaften selbst aufgeben, zwanghaft von ihnen abhängig sein oder aber aufgrund ihrer inneren Überzeugung des eigenen geringen Wertes bereits Schwierigkeiten bei der Partneranbahnung haben, die durch mangelnde soziale Kompetenzen noch verstärkt werden können.

4.1.3 Gewalterfahrungen

Gewalterfahrungen können im emotionalen, physischen und sexuellen Bereich geschehen. Gefühle von Erniedrigung, Scham, Angst, Schmerz, Hilflosigkeit, Minderwertigkeit und Aggression gehen mit den Gewalterlebnissen einher (Kruse, 1991). Da emotionale Gewalt bereits im vorigen Unterkapitel anklang (vgl. Kap. 4.1.2) und sexuelle im folgenden thematisiert wird (vgl. Kap. 4.1.4), soll an dieser Stelle die körperliche Gewaltanwendung gegen Kinder im Vordergrund stehen, wobei sich in der Praxis oftmals alle drei Gewaltarten verbinden.

Mißhandlungen von Kindern finden am häufigsten in den ersten drei Lebensjahren statt. Symptome von Mißhandlungen sind:

- Unterernährung,
- körperliche Verletzungen,
- Verwahrlosung,
- Kontaktverweigerung,
- emotionale Apathie,
- Entwicklungsrückstand (Kruse, 1991).

Kindesmißhandlung führt zu schwersten Störungen der emotionalen Entwicklung und kann sogar zum Wachstumsstillstand des Körpers führen. Besonders ausgeprägt sind angsttraumatische Störungen (Kruse, 1991). Bestimmte soziale Situationen, Gefühlslagen, Stimmen, Themen oder Orte werden mit der Mißhandlung assoziiert. Diese Assoziationen können jederzeit - auch in andersartigen Situationen - wieder wachgerufen werden (Kruse, 1991).

> „Individuen, die einer extremen Gefahrensituation ausgesetzt sind, neigen dazu, ihre Wachsamkeit auf Autopilot zu stellen, so daß sie ihre Umgebung ständig nach dem kleinsten Anzeichen einer drohenden Gefahr hin absuchen“ (Timmen Germak in Farmer, 1992, S.21).

Das Dilemma des von einem Elternteil mißhandelten Kindes ist, daß es, aufgrund der großen emotionalen Bedürftigkeit und Abhängigkeit vom Elternteil, meistens um den Kontakt zu ihm bemüht ist und dadurch bereit ist, die Gewalterfahrungen zu verheimlichen. Diese Selbstaufgabe geht mit einer Ignorierung eigener Gefühle und Bedürfnisse sowie mit der völligen Anpassung an das Elternteil einher (Farmer, 1992; Kruse, 1991). Die Verleugnung der eigenen Situation hängt mit der Idealisierung des Täters zusammen. „Die Idealisierung ist eine auf einen anderen Menschen gerichtete Form der positiven Illusion, die dazu dient, die eigene Ambivalenz ... unter Kontrolle zu halten...“ (Petri, 1991, S.63).

Folgen von Mißhandlungen können sein:

- Verhaltensauffälligkeiten: Enuresis, Trotzanfälle, Hyperaktivität, bizarre Verhaltenssequenzen, Aggressionen gegenüber Gleichaltrigen oder deren Vermeidung, zwanghaftes Verhalten, frühreifes, pseudoerwachsenes Verhalten, Beschäftigung mit den emotionalen Bedürfnissen von Erwachsenen, verzögerte Sprachentwicklung, schulische Lernprobleme;
- verminderte Fähigkeit, Freude zu empfinden;
- Retardierung in der Selbstwert- und Identitätsentwicklung;
- niedriges Selbstwertgefühl und Versagensängste;
- Unfähigkeit, eigene Interessen zu entwickeln und durchzusetzen;
- opponierendes Verhalten und Aggressivität;
- Schüchternheit;
- übergenaue, ängstlich-mißtrauische Beobachterrolle;
- Unfähigkeit, vertrauensvolle Bindungen einzugehen (Kruse, 1991).

Gewalterfahrungen erschüttern die Integrität der Persönlichkeit. Wenn die Gewalt innerhalb der Familie erfahren wird, kommt für das Opfer neben der Mißhandlungserfahrung der Wegfall des familialen Schutzraumes hinzu. Die Bindungsentwicklung wird ebenso erschwert wie die Entwicklung eines Selbstwertgefühls.

4.1.4 Verletzungen der Intimität

> **„Man kann Liebe als das Teilen des eigenen Selbst mit einem anderen Menschen ansehen... Intimität bezeichnet das Teilen des Selbst, aber man muß ein Gefühl des Selbst haben, um es teilen zu können" (Lowen, 1986, S.43).**

Intimität umfaßt neben der Möglichkeit mit anderen Menschen Sexualität zu erleben, auch die Offenheit anderen gegenüber, die mit Vertrauen, Nähe, emotionalen und gedanklichen Austausch und Wechselseitigkeit einhergeht (Kruse, 1991).

Viele Intimitätsstörungen schließen Bindungsstörungen mit ein, vor allem, wenn sie in der Familie erlebt werden. Bindungsstörungen gehen mit den Emotionen Kummer, Furcht und Ärger einher, Intimitätsstörungen hingegen mit Scham- und Schuldgefühlen, Ekel und Angst. Es gibt Bindungsstörungen, ohne daß der Bereich der sexuellen Intimität davon betroffen ist. Andererseits kann ein Mensch mit Intimitätsstörungen auch Bindungen eingehen, wird dann jedoch wahrscheinlich zu seinem Vertrauten keine sexuelle Beziehung aufnehmen. Bestehen Störungen im Bereich der Intimität wird das Bindungserleben von der Sexualität gelöst (Kruse, 1991).

Verletzungen der Intimitätsentwicklung haben ihren Ursprung darin, daß andere die Grenzen der eigenen Intimität überschreiten, wie z.B beim distanzlosen Verhalten, sexuell getönten Verhalten oder beim Mißbrauch.

4.1.4.1 Distanzlosigkeit und Sexualisierung

Die Schwierigkeit an distanzlosen oder sexualisierten Verhaltensweisen ist, daß sie einerseits die Atmosphäre weitgehend bestimmen, aber andererseits nicht konkret greifbar sind. Derjenige, der darunter leidet, kann an der „richtigen" Interpretation seiner Wahrnehmung zweifeln oder sich der Übermacht des anderen beugen, weil die Beweisführung aussichtslos erscheint (Herman, 1993; Lutter, 1990).

Kinder und Jugendliche können sich auch durch intime Anspielungen einer Bezugsperson als etwas „Besonders" bestätigt fühlen, das innige Verhältnis zu dem einen Elternteil genießen und somit in Konkurrenzposition zum anderen Elternteil geraten. Distanzlosigkeit und Sexualisierungen innerhalb der Familie lassen größtenteils auf Probleme der Intimität in der Ehebeziehung der Eltern schließen (Kruse, 1991).

Herman (1981) untersuchte 20 - 35jährige Frauen, die in der Kindheit entweder eine „verführerische“ Rolle vom Vater zugewiesen bekamen oder aber eine inzestuöse Beziehung erlebten.

Beide Gruppen stimmten in folgendem überein:

- geringes Selbstwertgefühl,
- Schwierigkeiten, selbst belohnende Intimbeziehungen aufzubauen,
- Tendenz der Verachtung von Frauen und der Orientierung an Männern, die sich damit erklären läßt, daß der Mann als machtvoll erlebt worden ist und die Mutter als unbedeutend, weil sie den erhofften Schutz nicht bereitstellen konnte.

Es deutet sich an, daß bei sexualisierten Beziehungen innerhalb der Familie für das Kind keine Handlungsstrategien zur Lösung des Konflikts vorhanden sind. Da das Verhalten des „Täters“ verdeckt ist, d.h. jederzeit als harmlos erklärt werden kann, kann das Kind einerseits an seiner Wahrnehmung zweifeln, andererseits leichter die Situation verdrängen. Fühlt das Kind sich außerdem noch als „auserwählt“, kann eine mangelnde Loslösung vom Elternteil eine Folge sein (Lutter, 1990). Für eine spätere Partneranbahnung könnte dies bedeuten, daß die Offenheit für eine Partnerbindung fehlt, so lange die Aufgabe als Partnerersatz in der Herkunftsfamilie nicht aufgegeben wird.

4.1.4.2 Sexueller Mißbrauch

In der Bundesrepublik werden schätzungsweise jährlich 300.000 Kinder sexuell mißbraucht. Werden Mädchen mißbraucht, sind in 75% der Fälle die eigenen Väter die Täter. Bei sexuellem Mißbrauch an Jungen kommen die Täter vermehrt aus dem nahen Bekanntenkreis. Außerhalb der Familie mißbrauchte Kinder haben noch die Chance, sich emotionale Unterstützung von der eigenen Familie zu holen. Findet der Mißbrauch in der Familie statt, ist das Bestreben des Opfers, aus Angst vor Repressionen und Scham, den Täter zu schützen am größten (Lutter, 1990).

Familienstrukturen, in denen Inzest wahrscheinlich wird, weisen folgende Merkmale auf:

- starre Struktur, wenig Flexibilität nach außen,
- Ausbrüche von Gewalt,

- häufiger Alkoholkonsum der Eltern,
- Ehe ist sexuell entfremdet,
- Mütter leiden unter Depressionen,
- Mütter sind ökonomisch abhängig und unfähig, selbständig zu leben, so daß sie an der Ehe festhalten,
- Väter sind sozial anerkannt, dominant, aggressiv,
- dominierende patriarchale Strukturen (Herman, 1988).

Indem ein Junge oder Mädchen sexuell mißbraucht wird, endet abrupt die Kindheit. Das Vertrauen in Menschen, der Glaube daran, daß in Sicherheit gelebt wird, ist zerstört. Solche traumatischen „... Ereignisse erschüttern zwischenmenschliche Beziehungen in den Grundfesten. Sie zersetzen die Bindungen an Familie, Freunde, Partner und Nachbarn, sie zerstören das Selbstbild, das im Verhältnis zu anderen entsteht und aufrechterhalten wird. Sie untergraben das Wertesystem, das der menschlichen Erfahrung Sinn verleiht“ (Herman, 1993, S.77) und wirken sich direkt auf die inneren Arbeitsmodelle aus, so daß sich die Vorstellungen von Geborgenheit, Eigenwert und Sicherheit grundlegend ändern. Hinzu treten als Grundstimmungen die Gefühle von Entfremdung und Nichtzugehörigkeit (Herman, 1993).

Weitere *Auswirkungen* von sexuellem Mißbrauch sind:

- *Ängste:* Angstattacken, Alpträume, Schlafstörungen, Nervosität;
- *Schuldgefühle und Minderwertigkeitsgefühle:* Opfer fühlen sich passiver Unterstützung für schuldig, Glaube, das Verhalten des Täters provoziert zu haben, halten sich für schlecht und wertlos, zeigen destruktives Verhalten sich selbst gegenüber, erleben Depressionen und Stimmungsprobleme, die Suizidrate ist erhöht;
- *sexuelle Probleme:* Meiselman (1978) untersuchte sexuell mißbrauchte Frauen, von denen 87% angaben, bereits folgende sexuelle Auffälligkeiten bei sich selbst erlebt zu haben: Anorgasmie, Promiskuität, masochistisches Bestreben, Unsicherheit über die Geschlechtsrolle, geringe Zufriedenheit mit sexuellen Beziehungen, Sexualität und emotionale Zuneigung können nicht mit der gleichen Person erlebt werden, Empfindungslosigkeit;
- *Beziehungsprobleme:* Schuldgefühle und Selbstabwertung erschweren tiefere Bindungen, es kommt zu Nähe-Distanzproblemen, mit familiären Beziehungen werden

Ausbeutung, Mißhandlung und Vertrauensmißbrauch assoziiert, es besteht ein generelles Mißtrauen gegenüber Menschen (Kruse, 1991; Lutter, 1990; Herman, 1993).

Alle aufgeführten Auswirkungen von erlebtem Mißbrauch beeinflussen unmittelbar das Verhalten in sozialen Situationen. Jehu (in Kruse, 1991) befragte mißbrauchte Frauen über ihr Beziehungsverhalten (s. Tab. 10):

Tab. 10: Zustimmung mißbrauchter Frauen zu Items über ihr Beziehungsverhalten

Aussagen	prozentuale Zustimmung
Angst vor Männern, feindseliger, aggressiver oder vermeidender Kontakt zu Männern	50%
Gefühl, vom Partner mißbraucht zu werden	33%
Gefühl, vom Partner unterdrückt zu werden	91%
Einschätzung der Ehe als problematisch	100%
Unsicherheit in Beziehungen	82%
Mißtrauen gegenüber anderen Menschen	78%
Angst vor Nähe, weil mit Verletzung, Ausbeutung und Betrogenwerden gerechnet wird	92%
fehlende kommunikative Fähigkeiten in bezug auf Streßsituationen und Selbstbehauptung	82%

Quelle: Jehu in Kruse, 1991, S.228

Die mißbrauchten Frauen der o.g. Stichprobe weisen ein geringes Vertrauen gegenüber Männern, ihren Partnern und ihren eigenen Fähigkeiten auf. Die Erfahrungen von Erniedrigung, Schuld und Ohnmacht greifen das Selbstwertgefühl an (Herman, 1993), so daß möglicherweise auch im Erwachsenenalter an die Situation in der Kindheit angeknüpft wird.

Ein Beispiel dafür sind die Ergebnisse einer Berliner Studie, die berichtet, daß ca. 90% der befragten drogenabhängigen Prostituierten in ihrer Kindheit oder Jugend mißbraucht worden sind (Lutter, 1990).

Ebenso kann in der eigenen Partnerschaft eine Wiederholung des Traumas erfahren werden. In einer Studie von Lutter (1990) haben aus der Gruppe der von ihren Ehemännern mißbrauchten Frauen in ihrer Kindheit selbst 70-80% einen sexuellen Mißbrauch erfahren. Eine Untersuchung von 75 Tätern ergab, daß 48% selbst Opfer eines Mißbrauchs gewesen sind, und 28% körperliche Mißhandlungen in der Kindheit erlitten haben oder wußten, daß Angehörige sexuell mißbraucht worden sind (Lutter, 1990).

Die Auswirkungen von erlebtem Mißbrauch können durch die gestörte Intimitäts- und Bindungsentwicklung zur Vermeidung von gleichberechtigten Partnerschaften führen. Zu mutmaßen ist außerdem, daß das erhöhte Mißtrauen sowie die Angst vor Intimität bereits das Anfangsstadium einer Partneranbahnung behindern.

4.2 Konsequenzen: Verhindernde Bindungserfahrungen

Erleben Menschen traumatische Situationen, können sie bei fehlender Verarbeitung zeitlebens Gefangene ihrer eingeschränkten negativen Erlebniswelt sein. Je nach Art der Beziehung zur Verlustperson oder zum „Täter", dem eigenen Alter, der Dauer des Streßzustandes und dem Ausmaß sozialer Unterstützung sind die Folgen von traumatischen Erlebnissen unterschiedlich stark ausgeprägt:

- Angst vor Trennung und Verlust,
- Ambivalenz zwischen Sehnsucht, Gleichgültigkeit und Haß gegenüber der Bezugsperson,
- starke Kummer-Reaktionen, Enttäuschungen und Resignation,
- Fehlen bestimmter sozialer Kompetenzen,
- mangelndes Selbstwertgefühl,
- mangelndes Durchsetzungsvermögen,
- Selbstaufgabe,
- Vertrauensverlust,
- Angst vor Demütigungen, Schmerz, Intimitätsüberschreitungen,
- sexuelle Störungen bis zur Empfindungslosigkeit,
- Unfähigkeit, emotionale Nähe einzugehen,
- negative Assoziationen von Partnerschaft, Ehe und Familie,
- fehlende gelungene Modelle vorgelebter Paarbeziehungen.

Die Ambivalenz zwischen sehnsuchtsvoller Annäherung und angstvoller Vermeidung kann ein Ausdruck traumatischer Erlebnisse sein. Einerseits werden enge Bindungen vermieden, da sie wenig kontrollierbar sind und durch ihre Gefühls-Intensität unerwünschte Assoziationen an das Trauma wachrufen könnten. Andererseits besteht das ausgeprägte Bedürfnis nach schützender Zuneigung, so daß der Partner an sich geklammert wird.

Unter den Menschen mit traumatischen Erlebnissen müßte aufgrund erhöhter Vulnerabilität eine größere Schwierigkeit bestehen, Partnerschaften einzugehen. Von daher könnte geschlußfolgert werden, daß Personen, die traumatische Erlebnisse, wie frühe Trennungssituationen, elterliche Scheidung, Todesfälle, Kränkungen des Selbstwertes, Gewalterfahrungen und Verletzungen der Intimität durchlebt haben, häufiger ohne einen Partner leben.

5 Verbindlichkeit: Sich-Einlassen auf eine Partnerschaft

Ob es bei einem Interesse für einen potentiellen Partner zu einer Kontaktanbahnung und schließlich zu einer Partnerschaft kommt, hängt u.a. von den Vorstellungen über einen Partner und den eigenen Verhaltensweisen in der Kennlernsituation sowie Nachfolgezeit ab.

5.1 Vorstellungen und Verhaltensweisen

Welche Vorstellungen über eine Partnerbindung bestehen, wird besonders in der Partnerwahl deutlich. Beruht diese auf Gegenseitigkeit, müssen erst spezifische soziale Kompetenzen eingesetzt werden, damit aus einem ersten Kennenlernen eine Verbindlichkeit entsteht. Nachdem beide Partner „zusammengekommen" sind, spielen weitere Verhaltensweisen für die Intensivierung des Kontaktes eine Rolle. Dieses Handlungswissen vom ersten Kontakt über einen Flirt zur Partnerbindung wird nachfolgend erörtert.

5.1.1 Partnerwahl

> „Sie können mögliche Partner, die sie begehren und mit ihnen leben wollen, nicht lieben. Hingegen beschäftigen sie sich mit Hingebung und großem Kraftaufwand mit Personen, die sie auf Abstand halten, eine gemeinsame Zukunft nur als vages Versprechen, als abgehobene Phantasie anbieten, jedoch im Alltag eindeutig keine feste Gemeinschaft wollen" (Schmidbauer, 1994, S.11).

J. G. Lemaire (in Nuber, 1994 a, S.30) sieht in der Partnerwahl das „...am meisten charakteristische Symptom eines Menschen". In diesem Symptom würde deutlich, welche Sehnsüchte, Erwartungen und Verletzungen der Partnersuchende in sich trage. So beinhalte die Partnerwahl ein Konfliktpotential, welches später ausgetragen werden müsse.

Viele Theorien darüber, wer sich warum nach welchem Partner sehnt, lassen sich evolutionstheoretischen oder psychoanalytischen Erklärungen zuordnen. Außerdem führt die Attraktionsforschung Charakteristika dafür auf, welche Personen als attraktiv empfunden werden.

5.1.1.1 Evolutionstheoretische Erklärungen

Auf einer evolutionsbiologischen Erklärungsebene wird die Partnerwahl von folgenden Faktoren bestimmt:

- Anziehung von Menschen mit ähnlicher genetischer Ausstattung,
- evolutionäres Erbe,
- hormonelle und biochemische Prozesse, die das Gefühl des Verliebtseins vermitteln (Nuber, 1997).

Wenn sich die Gene von zwei Menschen gleichen, besteht die Gefahr, daß sich erbliche Mängel duplizieren, weshalb sich auch in fast allen Gesellschaften das Inzestverbot durchgesetzt haben soll. Wird jedoch ein nicht-verwandter Partner ausgesucht, der genetische Ähnlichkeiten aufweist, so sollen die Vorteile überwiegen: der Nachwuchs ist den Eltern dann ähnlicher als 50%, wodurch eine höhere Stabilität und Zufriedenheit der Familienbeziehungen wahrscheinlicher werden soll. Unklar ist bisher, wie Partnersuchende die genetische Ähnlichkeit herausfinden, und ob dies allein durch die Orientierung am Phänotyp möglich ist (Fisher, 1995; Klein, 1991; Nuber, 1997).

Auf die Bedeutung evolutionsbiologischer Prämissen weist Buss (1994) hin. Buss führte in 37 Ländern mit insgesamt 10.000 Personen eine Befragung zur Partnerwahl durch und fand stets die gleichen Muster: Frauen suchen Männer mit Status, die in der Lage dazu sind, dauerhaft einen Nachwuchs zu versorgen. Männer suchen gesunde Frauen, die ihre Kinder austragen, so daß sie auf körperliche Fitneß und somit auf Attraktivität ihrer Frau setzen. Dieses Tauschmuster - sie bietet Attraktivität, er Status - bestätigt auch Grammer (1995), der die ersten Heiratsannoncen um 1690 mit denen unseres Jahrhunderts verglich.

Borkenau (1993) befragte Studenten nach ihren Partnerpräferenzen. Sie wiesen Persönlichkeitsmerkmalen eine größere und Äußerlichkeiten eine geringere Rolle zu als vom anderen Geschlecht angenommen. Die Forderung von Frauen nach einem höheren Einkommen der Männer konnte Borkenau (1993) in der Studentengruppe nicht feststellen. Offen bleibt allerdings, ob das Ergebnis lediglich eine unter Studenten sozial-anerkannte Meinung widerspiegelt oder tatsächlich bei der Partnerwahl danach gehandelt wird.

Dies wird zumindest von Grammer (1995) bezweifelt: Frauen mit hohem Status suchen sich Männer mit noch höherem Status, weil im Kontrast dazu äußerlich attraktive Männer nicht nur weniger finanzielles Investment, sondern auch weniger emotionales in den Nachwuchs stecken würden (Grammer, 1995). Dieses evolutionäre Partnersuchmuster ändert sich auch nicht mit höherem Alter der Frau, die sich weiterhin einen Mann mit Status wünscht, aber auf eine langfristige Verpflichtung des Mannes weniger Wert legt als jüngere Frauen (Nuber, 1997). Bei jüngeren Frauen gilt auch als bedeutendes Suchkriterium, ob der Mann wirklich eine verbindliche Beziehung eingehen will, und wie verständnisvoll er ist (Grammer, 1995).

Laut Grammer (1995) hat jeder einen „Partnermarktwert", der die Anzahl von möglichen Partnern beinhaltet. Die Partnerwahl soll sich nach dem ökonomischen Prinzip von Angebot und Nachfrage regeln. Ein Mensch mit hohem „Partnermarktwert" kann hohe Ansprüche haben und bestimmte Partner bevorzugen. Diejenigen mit geringem „Partnermarktwert" müssen ihre eigenen Vorstellungen ausweiten und sich auch für solche Partner interessieren, die nicht das Entsprechende bieten. Die eigene Selbstdarstellung und die Erwartungen bestimmen, welche Personen sich interessieren und für welche sich interessiert wird. Schwierigkeiten einen Partner zu finden, können darin begründet sein, daß die Erwartungen an einen potentiellen Partner höher sind als der eigene „Marktwert". Warum immer der gleiche Partnertypus angesprochen wird, auch wenn vorangegangene Beziehungen mit diesem Typus bereits gescheitert sind, wird mit einer unveränderten Selbstdarstellung sowie mit stets ähnlichen Erwartungen an einen Partner erklärt.

Aus evolutionsbiologischer Sicht wird der Partner nach einer ähnlichen genetischen Ausstattung, bei einem Mann nach Status und bei einer Frau nach Attraktivität, ausgesucht. Eine Partnerlosigkeit könnte somit darin begründet liegen, daß das evolutionäre Partnersuchmuster nicht eingehalten wird, der eigene „Partnermarktwert" falsch eingeschätzt wird, oder der „Tauschwert" (Status bzw. Attraktivität) zu niedrig ist.

5.1.1.2 Psychoanalytische Erklärungen

Die tiefenpsychologisch orientierten Theorien gehen davon aus, daß die frühen Erfahrungen des Kindes mit seinen Geschwistern und Eltern die entscheidende Einflußgröße für das innere „Partnersuchbild" sind. Besondere Bedeutung erhält der gegengeschlechtliche Elternteil.

In einer Untersuchung von Erni (1967) konnte ein Zusammenhang zwischen dem Vaterbild und dem Partnerbild gefunden werden. Sie führte mit 1217 Mädchen und jungen Frauen sowie mit 252 Jungen eine Befragung und einen Assoziationstest durch. Bei den Assoziationen zu „Vater" konnten Vernetzungen zur Gattenwahl der Probandinnen aufgezeigt werden. Im Antwortverhalten wurde deutlich, daß bei einem negativen Vaterbild die damit verbundenen Eigenschaften hinsichtlich des Partners abgelehnt wurden. Auffallend war, daß das Verhalten des Vaters trotzdem als entschuldbar galt und darauf hingewiesen wurde, daß sich seine Verhaltensmuster durch das Geliebtwerden positiv verändern ließen.

Eine Erklärung für dieses Anknüpfen an die Kindheit - auch bei negativen Erfahrungen - bietet Sternberg (1994). Nach Sternberg entwickelt jeder Mensch seit seiner Kindheit eine „Story" darüber, wie er sich eine Beziehung vorstellt und sucht danach den Partner aus. Da die „Storys" unbewußt und individuell verschieden sind, können Paarbeziehungen scheitern. Wenn sich nach einer mißglückten Beziehung vorgenommen wird, einen anderen Partnertypus auszusuchen und diesmal „alles anders zu machen", so ist die neue Beziehung aufgrund der inneren „Story" doch ähnlicher als angenommen oder wird ihr zumindest „Story" kann beispielsweise sein, daß jede Beziehung irgendwann endet. Dieses Bewußtsein bewirkt das Bestreben, alle Möglichkeiten „voll auszuschöpfen", was die Beziehung derart belastet, daß sie scheitert, wodurch sich dann die „selbsterfüllende Prophezeiung" erfüllt.

Im Unterschied dazu führt Willi (1991) aus, wie selbst bei schwierigen Kindheitserlebnissen die Partnerwahl in eine produktive Partnerschaft münden kann. Willi (1991) geht davon aus, daß jeder unbewußt mit der eigenen Partnerwahl seine Kindheitsverletzungen zu heilen versucht. Das Verliebtsein erklärt er damit, daß zwei Menschen in einer spezifischen Kennlernsituation aktuelle Sehnsüchte und unerfüllte Hoffnungen in sich tragen. Beide würden spüren, daß mit dem anderen eine bisher verhinderte Entwicklung möglich wird und wünschen sich ein gemeinsames Wachstum, so daß sie sich aneinander binden.

Riemann (1991) ist ebenfalls der Ansicht, daß es keinen „Wiederholungszwang" der negativen Kindheitserlebnisse durch eine entsprechende Partnerwahl geben muß. Vielmehr führen konfliktreiche Kindheitserfahrungen dazu, daß kein genaues inneres Suchbild von einem Partner existiert. Es ist nur klar, daß der/die Betreffende der Bezugsperson nicht ähneln soll. Die Partnersuche gestaltet sich deshalb schwieriger, weil weit mehr experimentiert werden muß, bis sich ein differenzierteres Bild ergibt, nach dem dann gesucht werden kann. Mit dieser „Protestwahl“ sind große Hoffnungen verbunden. Der Partner soll die in der Herkunftsfamilie unerfüllten Bedürfnisse befriedigen, stellvertretend Konflikte mit ihr ausfechten und Kontinuität gewährleisten (vgl. Nuber, 1994 b). Sobald allerdings die Kindheitserfahrungen beinhalten, daß jede Nähe Gefahr in sich birgt, ist es auch möglich, daß sich Erwachsene an keinen Partner binden. Es wird dann entweder eine kameradschaftliche Liebe bevorzugt, die Einsamkeit gewählt oder Gemeinschaften als Zufluchtsorte aufgesucht. Konnte in der Kindheit keine Liebe erfahren werden, wird sich in der späteren Partnerbeziehung auf Lusterlebnisse beschränkt. Bei positiven Erfahrungen in der Kindheit wird ein Mensch gesucht, der demjenigen ähnlich ist, mit dem das „frühe Glück“ erfahrbar war. Die Partnerwahl wird durch das relativ differenzierte Partnersuchbild erleichtert. Konnte die Partnerschaft der Eltern als positives Vorbild miterlebt werden, ist die Chance einer guten Partnerwahl größer. Allerdings wird bei konkreten Erwartungen an einem Partner mehr in ihn hineinprojiziert, und die Enttäuschung ist größer, wenn er nicht genau dem Partner-Vor-Bild entspricht.

Die Projektion eigener Wünsche auf einen Partner beschreibt auch Money (in Fisher, 1995). Er vertritt die Ansicht, daß Kinder ca. bis zum achten Lebensjahr eine „Liebeskarte“ als Reaktion auf Beziehungserfahrungen entwickeln. Bei jedem Zusammentreffen mit Menschen werden neben unangenehmen oder angenehmen Erfahrungen alle damit im Zusammenhang erlebten äußeren Erscheinungen gespeichert, gleichgültig ob dies eine fröhliche Stimme, Streitereien oder eine bestimmte Kleidung ist. Durch die Kategorisierung aller Erlebnisse wird die unbewußte „Karte“ immer genauer und verdichtet sich bis zum Jugendalter derart, daß ab diesem Alter präzise Vorstellungen über einen „idealen Partner“ bestehen. Wird eine Person kennengelernt, die dieser „Liebeskarte“ halbwegs entspricht, wird sich in sie verliebt und das unerfüllte Idealbild auf sie projiziert.

In den vorgestellten psychoanalytischen Theorien spielen für die Partnerwahl vor allem die Herkunftsfamilie und die Kindheit eine entscheidende Rolle. Die „Bilder“ von den Bezugspersonen werden verinnerlicht und prägen danach das Partnersuchmuster aus. Sind diese unbewußten „Bilder“ mit negativen Erlebnissen verbunden, kann eine Partnerwahl scheitern und die Partnersuche erfolglos weitergehen, weil immer der gleiche Partnertypus gesucht wird. Bei bewußter Auseinandersetzung mit den negativen Erfahrungen ist das Partnersuchbild unklar, was die Partnersuche erschwert. Ein ausdifferenziertes Partnersuchbild kann hingegen auf eine Person projiziert werden, so daß eine Enttäuschung wahrscheinlich ist. Eine Partnerlosigkeit könnte somit sowohl aus negativen Kindheitserfahrungen resultieren als auch aus einem anspruchsvollem Idealbild eines Partners.

5.1.1.3 Kriterien bei der Partnerwahl

An dieser Stelle soll nicht auf die verschiedenen Theorien der Attraktionsforschung eingegangen werden, da sie für die eigene Thematik nicht im Vordergrund stehen. Vielmehr werden Kriterien vorgestellt, die für die Entstehung von personaler Anziehung verantwortlich sein sollen.

Die frühere Diskussion, ob ein Partner nach dem Prinzip der Komplementarität („Gegensätze ziehen sich an") oder nach der Ähnlichkeit („gleich und gleich gesellt sich gern") ausgesucht wird, hat die Forschung inzwischen beantwortet. So ähneln sich dauerhafte Beziehungspartner in folgenden Variablen (Klein, 1991; Mikula & Stroebe, 1991):

- *Alter*
- *Ethnizität*
- *Religionszugehörigkeit*
- *soziale Schicht*
- *Bildungsniveau*
- *Intelligenz:* ähnliche kognitive und sprachliche Fähigkeiten, ein ähnliches Erinnerungs- und Vorstellungsvermögen (vgl. Nuber, 1997).
- *Persönlichkeitseigenschaften:* für den Grad der Selbstaufmerksamkeit (Self-Monitoring) konnte dies nachgewiesen werden. Innengeleitete Menschen legen mehr Wert auf gegenseitigen Austausch und Verständnis und suchen sich meistens auch innengeleitete Partner. Außengeleitete Menschen finden ebenfalls eher außengeleitete Partner. Sie legen besonderen Wert auf die Meinung anderer, so daß äußere Attraktivität hohe Präferenz bei der Partnerwahl hat.
- *Einstellungen:* Von Personen mit ähnlichen Einstellungen können sich entweder Sympathie und Bestätigung erhofft werden oder zumindest konfliktfreiere Interaktionen. Von daher läßt sich erklären, daß bei ähnlichen Einstellungen und Werthaltungen ein fremder Mensch sympathischer eingeschätzt wird als bei unähnli-

chen Einstellungen. Bei vertrauten Menschen gilt dieses Erklärungsmuster von Sympathie und Einstellungsähnlichkeit nicht unbedingt.

- *physische Attraktivität:* Paare gleichen sich in ihrer Körperstatur, in der Körpergröße und in ihrer Attraktivität (vgl. Nuber, 1997). In einer neunmonatigen Längsschnittstudie konnte White (1980) bestätigen, daß die Stabilität einer Paarbeziehung mit der Ähnlichkeit des Attraktivitätsniveaus beider Partner korreliert. So befanden sich unter den beendeten Beziehungen besonders viele Personen mit unterschiedlicher Attraktivität. Eine eigene Selbstüberschätzung erschwert bereits eine Kontaktanbahnung.

Der „ähnliche" Partner wird häufig im gleichen *sozialen Umfeld* gefunden, da die Kenntnis der spezifischen Regeln für den sozialen Kontext das gegenseitige Kennenlernen erleichtert (Grammer, 1995; Klein, 1991). So werden überwiegend Partnerschaften im Ausbildungs- und Berufsfeld geschlossen, wobei das vorhandene Geschlechterverhältnis und die „Auswahlgröße" für die Chance einer Partnerschaft relevant sind (Grammer, 1995).

Damit es über die empfundene Attraktivität einer Person zum Verliebtsein kommt, müssen nach Berscheid & Walster (1978) zu einer physiologischen Erregung *situative Gegebenheiten* treten, die es ermöglichen, die eigene Erregung als Verliebtsein zu interpretieren. Ist eine Situation angenehm, so wird eine sich neutral verhaltende Person positiver bewertet als in einer unangenehmen Situation. Wird sich von der anwesenden Person Unterstützung erhofft, wird die aversive Situation weniger bedrohlich und die fremde Person positiver eingeschätzt (Mikula & Stroebe, 1991).

Für jede Kennlernsituation ist außerdem die *aktuelle Stimmung* des Partnersuchenden ausschlaggebend. Eine gutgelaunte Person wird nicht nur als sympathischer eingeschätzt, sie beurteilt wahrscheinlich auch andere Personen positiver (Mikula & Stroebe, 1991).

Festzuhalten ist, daß die Ähnlichkeit zweier Personen in Herkunft, Bildungsstand, Einstellung und Attraktivität die Chance für den Beginn und die Aufrechterhaltung einer Partnerschaft erhöhen. Hinzu kommen für die Situation des Kennenlernens eine angenehme Atmosphäre sowie eine gute Stimmung der Personen. Eine Partnerlosigkeit könnte also entweder durch die Ignorierung der Suche nach Ähnlichkeit zustandekommen, oder aber weil die Anzahl potentieller Partner im sozialen Umfeld zu klein ist.

5.1.2 Verhaltensweisen der Partneranbahnung

Die Gestaltung der Partnerwerbung wandelte sich im Laufe der Zeit vom offiziellen Gesellschaftsanlaß mit festem Regelwerk zur privaten Angelegenheit mit Unsicherheiten über eigene Verhaltensweisen und die des anderen. Auch wenn die damit verbundenen vielfältigeren Möglichkeiten einen größeren „Partnermarkt" eröffnen müßten, erschwert doch gerade die Anonymität eine Kontaktanbahnung (Grammer, 1995). Die freieren Wahlmöglichkeiten führen zu einem größeren Zwang der Selbstdarstellung - der Partnersuchende „... wird zu einer wandelnden Litfaßsäule" (Grammer, 1995, S.509). Außerdem muß er die Signale potentieller Partner aufnehmen, richtig interpretieren und erfolgreich reagieren können, um eine Chance der Kontaktintensivierung zu erhalten.

Voraussetzungen zur Aktivierung vom Flirtverhalten sind die

- subjektiv empfundene Attraktivität des Partners,
- Risikobereitschaft der initiierenden Person,
- räumlichen Möglichkeiten der Wahrnehmung von Blicksignalen (Bossi, 1995).

In der Anfangsphase der Werbung ist das Gespräch zunächst sekundär, primär gilt die Beachtung der Körpersprache und dabei vor allem dem Blickverhalten. Der Flirt ist abhängig von:

- Häufigkeit, Dauer und Qualität des Hin- und Wegsehens
- Dauer bis zum ersten längeren Blick
- Verteilung der Zuhör- und Redeposition
- räumlichen Faktoren
- Sozialstatus
- Dominanz und Submission (Bossi, 1995).

Bossi (1995) wertete zum Blickverhalten umfangreiches Filmmaterial aus und beobachtete dabei folgende Verhaltensweisen:

- Im Vergleich zu anderen Gruppierungen ist das Blickverhalten von Flirtenden variantenreicher und dynamischer. Annäherung, Vermeidung, Submission und Ängste kommen darin zum Ausdruck.

- Das Blickverhalten von Flirtpaaren ist überwiegend asynchron und asymmetrisch, so daß eine Spannung entsteht.
- Frauen sind generell aktiver und steuern somit stärker die Interaktion.
- Frauen zeigen weit mehr Blickkontakt und halten die Blicke länger auf die Zielperson gerichtet als Männer. Auch wenn Männer interessiert sind, schauen sie weniger die Frau an.
- Frauen zeigen durch ihren Blickkontakt eindeutig, daß sie interessiert sind, gleichgültig wie das Verhalten des Gegenübers einzuschätzen ist. Der Mann schaut hingegen nur dann häufiger und intensiver, wenn er sich des Interesses der Frau sicher scheint, ansonsten wird er auch bei einer sehr attraktiven Frau zurückhaltender mit seinen Blicken werden. Das Risiko vor Zurückweisung gehen nur Männer mit hohem Selbstbewußtsein ein (Doermer-Tramitz, 1990).

Mit dem Blickverhalten wird versucht, ein Gleichgewicht zwischen Nähe und Distanz herzustellen. Werden die verschiedenen geschlechtsspezifischen Regeln nicht eingehalten, kann der Flirt spontan abgebrochen werden (Fisher, 1995). Aufgrund von Beobachtungsstudien lassen sich verschiedene Flirtphasen feststellen:

1. Kennenlernen

- Übliche Höflichkeitsrituale, z.B. grüßen, Fragen stellen.
- Gegenseitiges Mustern.
- Einer von beiden zeigt Interesse, wodurch der andere sich geschmeichelt fühlt.
- Der Mann will sich interessant darstellen, nimmt z.B. ein bestimmtes Buch zum Lesen. Er nimmt Blickkontakt auf, der aber sofort wieder abgebrochen wird.
- Die Frau wird mit dem Blickkontakt aufgefordert, kurz zu lächeln, zieht schnell und ruckartig die Brauen hoch, neigt den Kopf seitlich nach unten und wendet den Blick ab. Ein langes Lächeln (bis zu drei Sekunden) signalisiert höchstes Interesse.
- Das Ziel ist, Aufmerksamkeit zu erregen: Männer schmücken einfache Gesten aus und übertreiben sie, Frauen spielen oft mit ihrem Haar, beide lachen lauter. Je nach sozialem Kontext kann mit unterschiedlichen Mitteln Aufmerksamkeit hervorgerufen werden. Der Vergleich von im Rendezvous erfolgreichen und erfolglosen Männern zeigt, daß die Erfolgreichen größere Spontaneität und Schlagfertigkeit besitzen, der Frau häufiger zunicken und mehr lächeln.

2. Konversation

Die Stimmen werden höher und weicher, die Tonlage erhält einen typischen „Singsang“, es wird viel gelacht. Durch die verbale Sprache werden Absichten, soziale Herkunft, Bildungsstand und bestimmte Eigenschaften deutlicher.

3. Berührung

Zunächst werden die eigenen Körperpartien berührt. Dann wird der Abstand zum Gegenüber verringert, und der andere wird - meistens zuerst von der Frau - wie beiläufig zur Unterstützung des Gesagten an der Schulter, dem Arm oder Handgelenk berührt. Wenn der andere nicht zurückschreckt, sondern vorgibt nichts zu merken, folgen weitere Berührungen, Blicke und Flirtgespräche.

4. Körperlicher Gleichklang

Fühlen sich beide Flirtpartner wohl, wenden sie Schultern und Gesicht einander zu. Bei Bewegungen kommt es jetzt zum Gleichklang, d.h. er nimmt eine Körperhaltung ein, die sie ebenfalls nachvollzieht und umgekehrt (Argyle & Henderson, 1986; Doermer-Tramitz, 1990; Fisher, 1995).

Cohen (1995) geht davon aus, daß ohne ein Verstehen der Körpersprache des anderen und das Setzen der nonverbal passenden Signale keine Verständigung und somit keine gegenseitige Anziehung möglich ist. Die Fähigkeit, die Körpersprache des „Umworbenen“ richtig zu interpretieren, soll laut Doermer-Tramitz (1990) bei Männern geringer ausgeprägt sein. Unabhängig von der Geschlechtszugehörigkeit können mangelndes Selbstbewußtsein oder Bindungsambivalenz zu uneindeutigen oder zu falsch interpretierbaren Verhaltensweisen führen (Cohen, 1995). Wenn z.B. die Partnersuche mit der Angst verbunden wird, daß ein Erfolg dauerhaft ausbleibt, kommt es physiologisch zu einer Steigerung der Milchsäureproduktion und damit zu einer Muskelverkrampfung, so daß der Körper auch keine Offenheit mehr signalisieren kann (Morike, Betz & Mergentaler, 1981).

Körpersprachliche Äußerungen sind in sozialen Beziehungen und speziell in der Paarbeziehung vom ersten Kennenlernen über die erste Verabredung, den ersten Körperkontakt bis zum Aufrechterhalten einer intimen Beziehung bestimmend. Ohne dieses Wissen und deren Anwendung, was meistens unbewußt geschieht, kann eine Partneranbahnung aussichtslos werden.

5.1.3 Kompetenzen für eine Partnerbindung

Gelingt eine Kontaktaufnahme zu einem potentiellen Partner, und kommt es zu einem ersten Kennenlernen, so stellt sich die Frage, ob sich dieser Kontakt zu einer Partnerschaft entwickeln kann. Welche Verhaltensweisen und Beziehungsprozesse dafür notwendig sind, wird im folgenden angesprochen.

In einer Studie von Argyle & Henderson (1986) sollten junge Frauen und Männer *Regeln* für eine sich anbahnende Liebesbeziehung aufstellen:

1. Den anderen mit Vornamen anreden.
2. Die Privatsphäre des anderen respektieren.
3. Gegenseitiges Vertrauen zeigen.
4. Pünktlich sein.
5. Während der Unterhaltung dem anderen in die Augen sehen.
6. Einander nicht in der Öffentlichkeit kritisieren.
7. Sich für den anderen in dessen Abwesenheit einsetzen.
8. Geheimnisse wahren.
9. Interesse an den Alltagsaktivitäten des anderen zeigen.
10. Einander treu sein.
11. Erfolgsnachrichten mitteilen.
12. Geburtstagskarten und Geschenke austauschen.
13. Den Freunden des anderen gegenüber tolerant sein.
14. Schulden zurückzahlen, sich für Gefälligkeiten und Komplimente erkenntlich zeigen.
15. Den anderen absichtlich berühren.
16. Einander mit Geschenken überraschen.

(Argyle & Henderson, 1986, S.138)

Nach der o.g. Zusammenstellung wurden 45 junge Frauen danach gefragt, ob sie die selbst geäußerten Regeln auch praktizierten. Ausgenommen der Regel 6 - 8 fand sich für alle anderen Regeln ein Zusammenhang zwischen der beigemessenen Bedeutung und dem eigenen Befolgen. Bei den interviewten Frauen mit seltenen Rendezvous wurde die geringste Konsequenz bei der Umsetzung der als wichtig angesehenen Regeln nachgewiesen (Argyle & Henderson, 1986). Somit bildet die Umsetzung des Wissens über Partnerbeziehungen eine Grundvoraussetzung für eine erfolgreiche Interaktion bzw. das Entstehen einer Partnerschaft (Lauth & Viebahn, 1987). Wenn eine Partnerschaft angestrebt wird, werden verschiedene *Phasen der Annäherung* durchlaufen:

- Ähnlichkeiten werden wahrgenommen (soziokultureller Hintergrund, Werte, Interessen, Persönlichkeitsmerkmale).

- Eine leichte Kommunikation wird geführt, so daß beide bestätigt werden.
- Die Mitteilungen werden zunehmend intimer, das gemeinsame Wissen übereinander wird größer.
- Es entsteht ein paarspezifisches Interaktionsverhalten.
- Dem Partner wird sich aktiv zugewendet, er wird unterstützt.
- Rollen werden übernommen, die von den Partnern definiert worden sind.
- Das Rollenrepertoire wird durch größere Anpassung und Abstimmung ergänzt.
- Ähnlichkeiten und Unterschiedlichkeiten der beiden Partner werden stärker beobachtet.
- Eine Arbeitsteilung entsteht und gleichzeitig wird die Paarleistung hervorgehoben.
- Das Engagement füreinander wird stabilisiert. Die Bindung wird auf Dauer angelegt, indem z.B. eine „Paar-Identität" geschaffen wird, wobei die Identität des Einzelnen erhalten bleiben sollte (Bierhoff, 1991; Lewis, 1973; Levinger & Snoek, 1972).

Das Gefühl des Zueinanderpassens, die gegenseitige Attraktion und Erfahrungen von Gemeinsamkeit schaffen eine sichere Basis der Beziehung (Faltermaier et al., 1992). Nach Wolf (1987) ist eine Partnerschaft dann gefestigt, wenn eine hohe affektive Bindung über eine längere zeitliche Dauer hinweg besteht, wobei sich durch viele gemeinsame Erlebnisse ein „Wir-Gefühl" entwickelt (Argyle & Henderson, 1990).

Ob es nach dem erfolgversprechenden Kennenlernen von zwei Personen zu einer Partnerschaft kommt, hängt u.a. vom Einhalten bestimmter Verhaltensregeln ab. Bestimmte Phasen der Annäherung beider Partner führen zu einer zunehmenden Intimität und einer Paar-Identität. Partnerlosigkeit könnte somit aus der Nicht-Einhaltung partnerschaftsspezifischer Regeln und zeitgebundener Verhaltensabläufe resultieren.

5.2 Konsequenzen: Sich-Einlassen auf eine Partnerschaft

Bereits die Partnerwahl kann ein „Handicap" auf dem Weg zu einer Partnerschaft sein. Wer „die/der Richtige" ist, und wo sie/er gefunden werden kann, wird je nach theoretischer Ausrichtung unterschiedlich beurteilt.

Eine Partnerwahl wird jedoch erschwert, wenn

- gar keine Vorstellungen über das Partnersuchbild bestehen,
- äußerst präzise Vorstellungen über einen Partner existieren,
- überhöhte oder zu geringe Ansprüche an einen Partner gestellt werden, so daß sich der eigene „Marktwert“ nicht damit deckt,
- kaum Ähnlichkeiten (Alter, Aussehen, Einstellungen usw.) zwischen den beiden Partnern bestehen,
- Partner gewählt werden, mit denen keine Entwicklung möglich ist,
- die Anzahl potentieller Partner klein ist, z.B. durch das soziale Umfeld bedingt,
- die situativen Bedingungen und die persönliche Verfassung keine romantischen Gefühle aufkommen lassen.

Durch Unwissenheit oder mangelnde Fertigkeiten und Fähigkeiten kann eine Kontaktintensivierung gegenüber einer attraktiven Person bereits im frühen Anfangsstadium scheitern. Da bei Kontakten stets mit Nähe und Distanz balanciert wird, ist bei dem ersten Aufeinandertreffen Sensitivität und Empathie Voraussetzung für eine Kontaktanbahnung. Die Körpersprache des anderen muß interpretiert und entsprechend darauf reagiert werden. Einzelne Phasen der Kontaktanbahnung erleichtern das gegenseitige Kennenlernen. Bei einem Interesse beider Partner führen bestimmte Verhaltensweisen, nach dem ersten Kennenlernen, zu einem Bindungsgefühl dem anderen gegenüber und zu wachsender Intimität.

Das erfolgreiche Eingehen einer Partnerschaft kann als ein Ergebnis einer individuell passenden Partnerwahl und der Beachtung von partnerspezifischen Verhaltensweisen in einem bestimmten sozialen Kontext angesehen werden. Als Umkehrung könnte vermutet werden, daß Singles unrealistische Vorstellungen über eine „feste Beziehung“ und einen Partner haben, daß ihre Verhaltensweisen im Stadium der Partneranbahnung ineffektiv und die Kompetenzen für eine Partnerbindung zu gering ausgeprägt sind.

6 Hypothesenbildung

Im folgenden werden Hypothesen getrennt danach besprochen, ob sie sich aus bisherigen Veröffentlichungen zum Thema oder aus der Voruntersuchung ergeben.

6.1 Literaturrecherche

In den vorausgegangenen Kapiteln (vgl. Kap. 2-5) wurde Literatur danach ausgewertet, inwieweit sie mögliche Antworten auf die Frage nach den Ursachen für Partnerlosigkeit im mittleren Erwachsenenalter bietet. Aus dieser Recherche (vgl. „Konsequenzen“: Kap. 2.2; 3.2; 4.2; 5.2) lassen sich nachfolgende Hypothesen ableiten:

Hypothese 1:

Menschen ohne einen festen Partner unterscheiden sich von Menschen mit einem festen Partner in ihrem gesellschaftlichen Leben (vgl. Kap. 2), d.h. in

- ihren soziodemographischen Daten betreffend einer qualifizierteren Schul- und Berufsausbildung, wobei dies nur für Single-Frauen gilt;
- ihren situativen Bedingungen, die eine Kontaktherstellung erschweren;
- ich-orientierten Wertprioritäten im Unterschied zu gemeinschaftsorientierten.

Hypothese 2:

Menschen ohne einen festen Partner unterscheiden sich von Menschen mit einem festen Partner in ihrer Bindungsgenese (vgl. Kap. 3).

Es wird vermutet, daß bei Singles in den folgenden Entwicklungsphasen Störungen auftreten:

- Geburt: geringe Erwünschtheit
- Kindheit: schwierige Freundschaftsanbahnung
- Jugend: schwaches Interesse am anderen Geschlecht, kaum Experimente mit Verhaltensweisen der Partneranbahnung
- Erwachsenenalter: mangelnde Loslösung von der Herkunftsfamilie

Die Bindungsentwicklung der Singles sollte

- zu einem unsicheren Bindungsstil und

- durch den Bindungsstil beeinflußtes Verhalten führen.

Hypothese 3:

Menschen ohne einen festen Partner unterscheiden sich von Menschen mit einem festen Partner darin, daß traumatisierende Bindungserfahrungen erlebt worden sind (vgl. Kap. 4) durch

- frühe Trennungen von den Bezugspersonen
- elterliche Trennungen/Scheidungen
- das Erleben von Tod naher Bezugspersonen
- Kränkungen des Selbstwertes
- das Erleben von Gewalt
- Verletzungen der Intimität.

Hypothese 4:

Menschen ohne einen festen Partner unterscheiden sich von Menschen mit einem festen Partner in partnerschaftsspezifischen Persönlichkeitsmerkmalen (vgl. Kap. 5), wie in

- überhöhten Vorstellungen von einem Partner
- unrealistischen Einstellungen zu einer „festen Beziehung“
- ineffektiven Verhaltensweisen der Partneranbahnung
- mangelnden Kompetenzen für eine Partnerbindung.

6.2 Voruntersuchung: Narrative Interviews

Um weitere Hypothesen aufzustellen, wurden narrative Interviews durchgeführt. Aufgrund des explorativen Charakters des narrativen Interviews werden Einblicke in subjektive Sinn- und Bedeutungszusammenhänge möglich (Girtler, 1988). Die Erzählungen beinhalten eine retrospektive Interpretation von seiten der Interviewten (Schütze, 1977) mit einer selbst geschaffenen Kontinuität im Lebensverlauf (Boyesen & Huber, 1991; Jäger et al., 1981). Da die eigene Sicht der Welt Einfluß auf die selektive Wahrnehmung und auf die eigenen Erwartungen ausübt, wird das Verhalten von den eigenen Konstruktionen bestimmt (Bannister & Fransella, 1981). Durch Vermeidung und

Betonung bestimmter, in der gegenwärtigen Lebenssituation wichtiger Themen, wird dem eigenen Leben Struktur und Kontinuität verliehen (Sternberg, 1994).

Im folgenden werden die Durchführung und Analyseschritte der narrativen Interviews beschrieben.

6.2.1 Stichprobenauswahl

Voraussetzung für die Teilnahme am Interview war, daß die Probanden die deutsche Staatsangehörigkeit haben, zwischen 25 und 45 Jahre alt waren, seit mindestens drei Jahren keine feste Beziehung hatten und sich als heterosexuell und partnersuchend beschrieben.

Zehn den o.g. Kriterien entsprechende Probanden konnten über Zeitungsannoncen gewonnen werden.

Die erste Kontaktaufnahme, mit einer groben Skizzierung der zu untersuchenden Thematik und der damit verbundenen Methodik sowie die Terminabsprache des Interviews, geschah telefonisch.

6.2.2 Interviewsituation

Vor jedem Interview wurde ein Personalbogen mit den wichtigsten soziodemographischen Angaben ausgefüllt, der bei der Auswertung des Interviews mitherangezogen werden sollte.

Die Durchführung der Interviews richtete sich nach den Kriterien von Lamnek (1993):

- Auswahl „typischer" Personen (Partnerlosigkeit seit mindestens drei Jahren)
- Interview in gewohnter Umgebung
- Aufzeichnung der Daten (per Kassettenrecorder)
- offene Atmosphäre
- Aufklärung über Sinn und Verwendung des Interviews
- Zusicherung von Vertraulichkeit und Anonymität
- Steuerung des Gesprächs vom Interviewten.

Bis auf zwei fanden alle Interviews im häuslichen Umfeld der Probanden statt, wodurch Hintergrundinformationen gewonnen werden konnten. In einer kurzen „Kennlernphase“, die dem Interviewpartner Gelegenheit geben sollte, Vertrauen und Interesse an der Mitarbeit zu entwickeln, wurden nochmals Thematik und Methodik der Untersuchung vorgestellt sowie Anonymität zugesichert.

Bei allen Interviews entstand trotz des Aufnahmegerätes eine offene, freundliche und persönliche Atmosphäre, die eine hohe Gesprächsbereitschaft der Probanden gewährleistete.

Die *Einstiegsfrage* lautete:

> **„Wenn Sie in Gedanken Ihr Leben durchwandern, welche für Sie wichtigen Situationen/Geschichten/Szenen fallen Ihnen spontan ein (von der Kindheit bis heute)?“**

Die allgemein formulierte Einstiegsfrage eröffnete die Möglichkeit, daß der Proband vielfältige Erlebnisse anführen konnte und keine explizite Antwort auf die eigene Partnerlosigkeit geben mußte.

Weitere Fragen ergaben sich im Gesprächsverlauf, um Unklarheiten zu beseitigen und den Gesprächsfluß aufrechtzuerhalten. Stellenweise wurde bereits Gehörtes dem Interviewten widergespiegelt. Auf Kontrollfragen konnte weitgehend verzichtet werden, da kaum Widersprüche in den einzelnen Erzählungen auftauchten (vgl. Girtler, 1988).

6.2.3 Analyseschritte

Nach Transkription der Tonbandprotokolle wurden Einzelanalysen zu jedem Interview erstellt, die dann als Basis für die generalisierende Analyse dienten (vgl. Lamnek, 1993).

Bei den einzelnen Interviews wurde zunächst der inhaltliche Themenverlauf herausgearbeitet. Nach Oberbegriffen gegliedert, sollte er den chronologischen Verlauf des Gespräches wiedergeben.

Danach wurden jene Gesprächsabschnitte herausgearbeitet, die durch ihre Länge, durch plötzliche inhaltliche Brüche oder emotionale Betroffenheit des Interviewten auffielen, und kommentiert. Im Anschluß daran wurde die Interpretation vorgenommen und somit die Einzelfallanalyse erstellt.[6]

Als Vorbereitung für die generalisierende Analyse wurden mittels einer Themenmatrix die sich häufig wiederholenden Themen der Interviews aufgezeigt. Um Übereinstim-

---

[6] Interpretationsregeln finden sich u.a. bei Heckmann, 1992.

mungen der verschiedenen Interviewpartner erkennen zu können, wurde versucht, für jeden Probanden eine These für sein Beziehungsverhalten zu entwickeln (vgl. Merten, 1983).

Nach dieser Vorarbeit wurden weitere Gemeinsamkeiten und Differenzen der Interviews gesichtet. Schließlich führten typische Grundtendenzen, die für alle oder nur einige gelten, zu einer Gesamtanalyse (vgl. Bock, 1992).

Den Abschluß bildete die Kontrollphase. Da die Interviewprotokolle reduktiv ausgewertet wurden, wurde mehrmals die vollständige Transkription, in Einzelfällen auch die Originalaufnahme, herangezogen (vgl. Lamnek, 1993). Um bei den eigenen Interpretationen die subjektive Beliebigkeit einzuschränken, wurden zwei „Kontrolleser" gebeten, sie nach der o.g. Methode zu interpretieren. Bei den Kontrollesern handelte es sich um eine Soziologiestudentin und einen Sachbearbeiter, denen die Hypothesen nicht bekannt waren.

6.2.3.1 Themenmatrix

Nachfolgend wird die Themenmatrix der 10 Interviews aufgelistet, welche die von den Probanden angesprochenen Inhalte in Stichworten aufführt und die Summe der Nennungen wiedergibt. Die aufgeführten Themen wurden entweder wörtlich den Interviews entnommen oder sind interpretative Zusammenfassungen (s. Tab. 11).

Tab. 11: Themenübersicht der narrativen Interviews

	Frauen					Männer					Σ
Nummer des Interviews	1	2	3	4	5	6	7	8	9	10	
Alter	26	43	32	44	27	29	38	30	35	27	
Familienstand* (s.u.)	1	3	1	1	1	1	3	1	2	1	
Berufsposition ** (s.u.)	1	2	6	4	4	1	4	1	1	4	
Alter bei der ersten „festen Beziehung“	23	19	29	30		18	16	19	16	15	
noch keine „feste Beziehung“					X						1
Dauer der längsten Partner-Beziehung, ca: in Jahre	1	14	2	5	/	3	12	3	4	2	
Wissens- u. Handlungsdefizit in bezug auf eine Partneranbahnung	X				X	X			X		4
Partneranbahnung wird durch negative Vorerfahrungen beeinflußt		X		X			X		X		4
ausdifferenziertes Partnerbild	X	X	X	X			X		X	X	7
Freundschaften (Kindheit / Jugend)	X	X	X	X	X	X	X	X	X	X	10
Gegenwart: gesellig	X	X	X	X		X	X	X			7
Gegenwart: eher Einzelgänger					X				X	X	3
gute Leistungen in Schule o. Beruf		X		X	X		X	X		X	6
geringe eigene Duchsetzungskraft		X		X				X			3
selbst psychische Probleme	X	X							X		3
eigene Suizidgedanken, -versuche	X						X				2
Eltern zeigen kaum pos. Gefühle		X		X			X	X	X		5
Proband äußert erschwerten Zugang zu Emotionen	X					X		X	X	X	5
schöne Kindheit, heile Familie	X				X					X	3
schlechtes Verhältnis zur Mutter								X	X		2
schlechtes Verhältnis zum Vater						X	X				2
wenig Geborgenheit und Empathie im Elternhaus				X		X	X	X	X		5
Mutter hat wenig Selbstbewußtsein						X		X			2
Vater sensibel, Mutter dominierend			X	X							2
Vater gewalttätig		X				X	X				3
Eheleben der Eltern positiv	X				X					X	3
Ehekrise der Eltern		X	X	X			X	X	X		6
Scheidung der Eltern						X	X				2
Armut der Eltern		X		X			X				3
Krankheit/Behinderung e. Elternteils	X	X				X	X	X	X		6
ein Elternteil suchtkrank		X						X			2
Tod eines Elternteils	X	X	X				X	X	X		6
als Kind oft ganz auf sich alleingestellt	X	X				X	X			X	5
als Kind überfordert bei der Verantwortungsübernahme für Familie	X					X	X	X			4

Fortsetzung

	Frauen					Männer					Σ
Thematisierung: Loslösung von der Herkunftsfamilie	X				X					X	3
viel Arbeit in der Jugend				X			X				2
Jugendphase „übersprungen“	X		X	X							3
Hemmungen vor Sexualität aufgrund strenger Moralerziehung		X	X								2
sexualisierte Beziehung zum Vater			X								1

*1= ledig, ohne Kinder
2= geschieden, ohne Kinder
3= geschieden, mit Kindern

** 1= Student
2= Hilfsarbeiter
3= Arbeiter
4= Angestellter mit Mittlere Reife
5= Angestellter mit Hochschulabschluß
6= Beamter mit Hochschulabschluß

Die Bedeutsamkeit der einzelnen Inhalte wird in der Gesamtanalyse besprochen.

6.2.3.2 Gesamtanalyse

Es werden die von den Probanden der Interviews erzählten Inhalte aufgeführt und interpretiert. Dazu muß angemerkt werden, daß sowohl die Erinnerung des Probanden und sein mündlicher Bericht, als auch die Erwartungshaltung der Versuchsleiterin interpretationsbehaftet sind (vgl. Kriz et al., 1990).

Wie aus der Themenmatrix (vgl. Tab. 11) ersichtlich, berühren die meisten der von den Probanden genannten Inhalte ihre Sozialisationsbedingungen. Da alle Befragten sich sowohl früher als auch gegenwärtig an gute Freundschaftsbeziehungen erinnerten, kann gefragt werden, ob Besonderheiten der kindlichen Erfahrungswelt zu Partnerlosigkeit, nicht aber zu einer generellen Vermeidung enger Sozialkontakte führen.

In der Einschätzung der Herkunftsfamilie lassen sich zwei Gruppen unterscheiden.

In der kleineren Gruppe von drei Interviewpartnern (von N = 10) wurde eine besonders schöne Kindheit, eine „heile Familie“ sowie das vorbildliche Eheleben der Eltern beschrieben. Aus unterschiedlichen Gründen schienen sich diese Probanden allerdings bis heute nicht von den Eltern gelöst zu haben. Ein Proband führte an, daß er sich „kämpferisch“ in der Jugend mit seinen Eltern auseinandergesetzt habe, aber aufgrund der Schärfe der Streitigkeiten und der dabei erlebten Verletzungen noch am Elternhaus verhaftet sei. Er gab an, bisher längere Partnerschaften geführt zu haben. Eine andere Befragte berichtete, daß ihre „gemäßigten“ Abgrenzungsversuche von den Eltern erst mit Ende ihres 20. Lebensjahres eingesetzt hätten. Sie verfügte über die Erfahrung von wenigen und sehr kurzen Beziehungen. Sie fühlte sich gedanklich und bei konkreten Entscheidungen *noch auf die Familie bezogen.* Eine weitere Interviewteilnehmerin ist bisher noch keine intime Beziehung eingegangen. Sie beurteilte ihr Verhältnis zu den Eltern als besonders harmonisch, wobei es weder in der Jugend noch in der Gegenwart eigene Bestrebungen einer Ablösung gegeben hätte, so daß sie auch weiterhin bei ihren Eltern wohnen möchte. Die Aussagen dieser Probanden könnten andeuten, daß *mangelnde Ablösung* von den Eltern das Eingehen einer Partnerschaft erschwert.

In der zweiten Probanden-Gruppe wurde die „Ablösung vom Elternhaus" nicht explizit als Thema aufgegriffen. Allerdings gaben einige Probanden an, mit der *Verantwortungsübernahme für Familienangehörige* überfordert worden zu sein, woraus ebenfalls eine schwierige Ablösung resultieren könnte. Die Mehrzahl der Probanden äußerte sich *negativer über ihre Herkunftsfamilie* und stellte die *Ehe der Eltern als gestört* dar. Es wurde von äußerst belastenden elterlichen Eheszenen berichtet. Eine Partnerbeziehung wurde als schwierig und als nicht erstrebenswert geschildert, was die Vermutung nahe legen könnte, daß ein Single-Sein u.a. eine Folge eines negativen Vor-Bildes von Partnerschaft ist. Weiterhin berichteten einige dieser Probanden von *der mangelnden Fähigkeit der Eltern*, Emotionen zu zeigen und ihren Kindern Zuwendung und Empathie entgegenzubringen. Außerdem wurde häufige *Abwesenheit und Unzuverlässigkeit* eines Elternteils beklagt. In diesem Zusammenhang berichteten zwei Probanden von eigenen *Suizidgedanken.* Solche Bindungserfahrungen könnten zu einer unsicheren Bindungsrepräsentation geführt haben. Als weitere *„Belastungen"* wurden von Probanden *Armut der Eltern*, viel *Arbeit* in der Jugend, *Krankheit/Behinderungen* und *Tod eines Elternteils* angegeben. Daraus könnte geschlossen werden, daß aufgrund einer Überforderung in Kindheit und Jugend keine altersentsprechende Entwicklung stattfinden konnte. Explizit geben auch einige Probanden an, ihre *Jugend „übersprungen"* zu haben, d.h. sie erlebten sich selbst als Außenseiter ihrer Peergroup.

Auffallend ist bei den weiblichen Probanden das *„Eintrittsalter" in eine Beziehung*: von den neun Probanden, die schon in einer Beziehung gelebt haben, liegt das durchschnittliche Alter der ersten „festen Beziehung" bei den Frauen mit 25 Jahren acht Jahre über dem der Männer (17 Jahre).

Einige Probanden thematisierten ihre *Schwierigkeiten bei der Partneranbahnung, Partnerwahl und der Aufrechterhaltung einer Partnerschaft.* Bezogen auf die Partneranbahnung meinten sie, potentielle Partner oftmals nicht wahrzunehmen. Würden solche erkannt, so fehlten bestimmte Lernerfahrungen aus der Herkunftsfamilie (z.B. gelungene Ehe der Eltern) oder der Jugend (z.B. Experimente mit Beziehungen), um die Verhaltensbotschaften des Gegenübers zu entschlüsseln und darauf erfolgreich reagieren zu können.

Das Eingehen einer Partnerschaft wurde nach den Aussagen zwei weiblicher Probanden oft deshalb verhindert, weil große Hemmungen vor der Sexualität bestehen würden.

Vier der Probanden hoben hervor, daß ihre Offenheit bezüglich des Eingehens einer Partnerschaft auch von vergangenen Partnererfahrungen abhängen würde. Sie hätten in stets ähnlich erfolglosen Strukturen mit ihren Partnern gelebt (Annäherungs-Vermeidungsverhalten). Ihre Äußerungen bezogen sich auf eine gescheiterte Ehe oder das Zusammenleben mit einem ehemaligen Partner.

Die Verletzungen in der Partnerschaft, anschließende schuldbewußte Selbstanklagen, versagt zu haben und die Angst, beim nächsten Partner das gleiche nochmals durchleben zu müssen, würden eine neue Beziehung behindern. Um ähnlichen Enttäuschungen vorzubeugen, würden sie an ihren Partnerwunsch *genau definierte Erwartungen* knüpfen und selbst zurückhaltender einer erneuten Beziehung gegenüberstehen.

Die Mehrzahl der Probanden schien weit optimistischer, daß der oder die „Richtige“ noch kommen werde. Gemeinsam ist den meisten Probanden ein *hohes Anspruchsniveau* dem gewünschten Partner und der damit zusammenhängenden Partnerschaft gegenüber.

Neben *Wissens- und Handlungsdefiziten bezogen auf Partnerkontakte* (s.o.) können sich auch allgemeine *Persönlichkeitsmerkmale* erschwerend auf eine Partnerschaft auswirken. So gaben die Probanden u.a. „geringe eigene Durchsetzungskraft“ an, „eigene psychische Probleme“ und einen „erschwerten Zugang zu Emotionen“.

Nicht aus der Themenmatrix (s. Tab. 11) zu ersehen ist, wie die Probanden sprachlich auf das Thema „Partnersuche“ reagierten. Interessant ist hierbei, daß einerseits jeder Proband angab, auf Partnersuche und mindestens drei Jahre ohne „feste Beziehung“ zu sein. Andererseits wurde sich sprachlich kaum auf vergangene oder zukünftige potentielle Partner bezogen. Dem Themenkomplex „Partnerschaft“ wurde von den Probanden eine geringe Relevanz zugewiesen. Weit bedeutungsvoller erschienen die Erinnerungen an die eigenen Sozialisationsbedingungen zu sein. So könnte gefolgert werden, daß die *Wissensstrukturen* der Interviewten weniger auf ein Leben in einer engen Partnerschaft ausgerichtet sind, sondern auf ein Single-Leben, in dem eine Partnerschaft „vorkommen“ kann. Dies würde bedeuten, daß das eigene Leben nicht nur gegenwärtig als Single gelebt, sondern sich das Leben in Gegenwart wie Zukunft als Single vorgestellt wird. Die geäußerte Hoffnung auf einen Partner wird von den meisten Probanden ohne Begründungen oder Erläuterungen und vom sprachlichem Kontext her isoliert aufgestellt.

Übereinstimmend bei allen Interviews ist, daß von den Probanden frühe Bindungserfahrungen zu den Eltern und deren Vorbildfunktion für eine Partnerschaft als entscheidend für den Aufbau von späteren Partnerbeziehungen angesehen worden sind.

Weiterhin verweisen die durch die Interviews gewonnenen Informationen darauf, daß auf die gegenwärtige Partnerlosigkeit eine psychische Überforderung in der Vergangenheit ebenso einen Einfluß ausübt wie fehlende bindungsrelevante Entwicklungen in der Jugend.

Zudem spielen für das Eingehen einer Partnerschaft und das Leben in einer Partnerschaft partnerschaftsspezifische Kompetenzen eine Rolle. Darauf beeinflussend wirken auch „unspezifische“ Persönlichkeitsmerkmale und Wissensstrukturen.

Offen bleibt, inwieweit ein Interview über das Single-Sein im Zusammenhang mit der biographischen Methode die Probanden dazu initiiert, Kausalitäten zwischen ihren Sozialisationsbedingungen und ihrer gegenwärtigen Lebenssituation zu konstruieren.

6.3 Hypothesenzusammenstellung

Um zu einer abschließenden Hypothesenaufstellung zu gelangen, sollen die aus der Literatur gewonnenen Hypothesen (vgl. Kap. 6.1) den Inhalten der Voruntersuchung (vgl. Kap. 6.2) gegenübergestellt werden.

6.3.1 Hypothesen aus der Literatur und Inhalte der Voruntersuchung

Hypothese 1:

Menschen ohne einen festen Partner unterscheiden sich von Menschen mit einem festen Partner in ihrem gesellschaftlichen Leben (vgl. Kap.2).

Singles haben...	
Unterhypothesen aus der Literatur	**Inhalte der Interviews**
• qualifizierte Schul- und Berufsausbildung (nur weibliche Singles)	- Erfolg in Schule und Beruf (Frauen und Männer)
• verhindernde situative Bedingungen zur Kontaktherstellung	/
• ich-orientierte Wertprioritäten im Unterschied zu gemeinschafts-orientierten	/

Während zur ersten Unterhypothese einige Probanden der Interviews Stellung beziehen, finden sich zu den zwei weiteren Unterhypothesen keine entsprechenden Aussagen in den Interviews.

Im Unterschied zur Literatur, die die höheren schulischen und beruflichen Qualifikationen der Single-Frauen den geringer qualifizierten Single-Männern gegenüberstellt (vgl. Kap. 2.1.1), sprachen in den Interviews ebensoviele Männer wie Frauen unaufgefordert über ihren schulischen und beruflichen Erfolg. In der eigenen Untersuchung soll davon ausgegangen werden, daß Single-Männer genauso hoch wie Single-Frauen qualifiziert sind, da sich der Bildungsabschluß auf die Wertprioritäten (3. Unterhypothese) auswirken sollte. D.h., wenn die Vermutung aufgestellt wird, daß sich die Wertvorstellungen aller Singles von denen anderer Gruppen unterscheiden und Wertpräferenzen vom Schul- und Berufsabschluß beeinflußt werden, so sollten auch Single-Männer über qualifizierte Abschlüsse verfügen.

Hypothese 2:

Menschen ohne einen festen Partner unterscheiden sich von Menschen mit einem festen Partner in ihrer Bindungsgenese (vgl. Kap. 3).

Singles haben...	
Unterhypothesen aus der Literatur	Inhalte der Interviews
• geringe Erwünschtheit der eigenen Geburt	/
• schwierige Freundschaftsanbahnung in der Kindheit	- Freundschaften in der Kindheit und Gegenwart
• geringe Kenntnisse der Partneranbahnung aus der Jugend	- in der Jugend: viel Arbeit - die Jugend „übersprungen" - strenge Moralerziehung
• mangelnde Loslösung von der Herkunftsfamilie im Erwachsenenalter	- Probleme der Loslösung vom Elternhaus - Bezogenheit auf die Eltern (Gegenwart) - große Verantwortlichkeit für Familie
/	- erhöhtes Alter bei der ersten festen Beziehung (Frauen)
• unsichere Bindungsrepräsentation	- unsichere Bindungserfahrungen
• durch den Bindungsstil beeinflußtes Verhalten	/

Das Thema der „Erwünschtheit der Geburt" wurde von den Probanden der Interviews nicht angesprochen. Die zweite Unterhypothese über die schwierigere Freundschaftsanbahnung von Singles in der Kindheit widerspricht den Aussagen der Interviewteilnehmer. Die beiden folgenden Unterhypothesen werden von den Interviews bestätigt und ergänzt. Als neuer Aspekt aus den Interviews kann für das Erwachsenenalter geschlossen werden, daß die gegenwärtig Partnerlosen erst spät ihre erste feste Beziehung erlebten, Gleichaltrigen gegenüber also eventuell ein Erfahrungsdefizit aufweisen. Dies gilt bei der o.g. Stichprobe der narrativen Interviews allerdings nur für die Single-Frauen. Die letzten beiden Unterhypothesen über den Bindungsstil finden sich vermutlich in den unsicheren Bindungserfahrungen der Interviewten bestätigt, sie wurden aber nicht explizit erhoben.

Hypothese 3:

Menschen ohne einen festen Partner unterscheiden sich von Menschen mit einem festen Partner darin, daß traumatisierende Bindungserfahrungen erlebt worden sind (vgl. Kap. 4).

Singles erlebten...	
Unterhypothesen aus der Literatur	Inhalte der Interviews
• Trennungen von den Eltern in der Kindheit	- Kindheit: alleingelassen
• elterliche Trennungen/Scheidungen	- negative Ehebeziehung der Eltern - Scheidung/Ehekrise der Eltern
• Tod von Bezugspersonen	- Krankheit/Behinderung - Sucht eines Elternteils - Tod eines Elternteils
/	- Suizidalität weitere „Schicksalsschläge“: - Armut der Eltern - negative Partnererfahrungen
• Kränkungen des Selbstwertes	- schwierige Sozialisationsbedingungen - wenig empathische und emotional bestärkende Familienatmosphäre
• Gewalt (körperliche u./o. sexuelle)[7]	- Vater gewalttätig - sexualisierte Beziehung zum Vater

Die ‘Inhalte der Interviews’ sind inhaltlich den Unterhypothesen ähnlich und erweitern sie teilweise. So berichteten die Interviewten auch davon, in der Kindheit von ihren Eltern alleingelassen worden zu sein. Die Befragten thematisierten ebenso eine problematische Ehebeziehung der Eltern sowie Krankheiten/Behinderungen und den Tod eines Angehörigen. Einige der von den Probanden genannten traumatisierenden Erlebnisse (Suizidalität, „Schicksalsschläge“) konnten nicht den Unterhypothesen zugeordnet werden.

Hypothese 4:

Menschen ohne einen festen Partner unterscheiden sich von Menschen mit einem festen Partner in partnerschaftsspezifischen Kompetenzen (vgl. Kap. 5).

---

[7] Die Unterhypothesen aus der Literatur über das 'Erleben von Gewalt' und über 'Verletzungen der Intimität' werden zusammengefaßt, um später nicht mit zu kleinen Fallzahlen operieren zu müssen.

Singles haben...	
Unterhypothesen aus der Literatur	**Inhalte der Interviews**
• überhöhte Vorstellungen über einen Partner	- ausdifferenzierte Partnerbilder - hohe Ansprüche gegenüber einem (potentiellen) Partner - einen Glauben an den „richtigen“ Partner
• unrealistische Einstellungen zu einer „festen Beziehung“	- hohe Ansprüche gegenüber einer Partnerschaft
• ineffektive Verhaltensweisen der Partneranbahnung	- Wissens- und Handlungsdefizite bezogen auf Partnerschaften - Unsicherheiten in Partner-Situationen
• ineffektive Persönlichkeitsmerkmale für eine Partnerbindung	- Schwierigkeiten, Emotionen zu zeigen und zu äußern - psychische Probleme - Angst vor Verletzungen
/	- nicht auf eine Partnerschaft ausgerichtete Wissensstrukturen

Die ‘Inhalte der Interviews’ konkretisieren meistens die Unterhypothesen. Durch die ‘Inhalte der Interviews’ wird außerdem der neue Aspekt aufgeführt, daß die Wissensstrukturen von Singles stärker auf ein Leben ohne einen Partner ausgerichtet sind.

Die meisten Aussagen der narrativen Interviews können den aufgestellten Haupthypothesen aus der Literatur zugeordnet werden. Nicht alle Unterhypothesen der Literatur finden sich bei den narrativen Interviews wieder, was allerdings wenig aussagekräftig ist, da dies allein ein Effekt der geringen Probandenanzahl sein könnte.

Durch die narrativen Interviews konnten einige Unterhypothesen erweitert und konkretisiert werden. Die Unterhypothese „Kränkungen des Selbstwertes“ soll nach einer Konkretisierung durch die Interviews in ein *„schwieriges Familienklima“* der Herkunftsfamilie umformuliert werden.

Als neue Unterhypothesen können aus den narrativen Interviews aufgestellt werden, daß Singles im Vergleich zu Personen mit Partner *älter bei ihrer ersten „festen“ Beziehung* sind, als belastende *Lebensereignisse häufiger Krankheiten/Behinderungen, Schicksalsschläge und Suizidgedanken* erlebten sowie über *Wissensstrukturen* verfügen, die einer Partneranbahnung entgegenstehen.

Der Unterhypothese aus der Literatur über eine erschwerende Freundschaftsanbahnung in der Kindheit widersprachen die Interviews. Da offen bleibt, ob dies lediglich ein

Effekt der Interviewsituation oder der Stichprobenauswahl ist, soll diese Unterhypothese trotzdem überprüft werden.

6.3.2 Abschließende Hypothesenaufstellung

Die Gegenüberstellung der Hypothesen aus der Literatur mit den 'Inhalten der Interviews' führt zu folgender Hypothesenaufstellung, die für die sich anschließende empirische Untersuchung maßgeblich sein soll:

Hypothese 1:

Menschen ohne einen festen Partner unterscheiden sich von Menschen mit einem festen Partner in ihrem *gesellschaftlichen Leben,*

d.h. in

- ihren soziodemographischen Daten betreffend einer höher qualifizierteren Schul- und Berufsausbildung;
- ihren situativen Bedingungen, die eine Kontaktherstellung erschweren;
- ich-orientierten Wertprioritäten im Unterschied zu gemeinschaftsorientierten.

Hypothese 2:

Menschen ohne einen festen Partner unterscheiden sich von Menschen mit einem festen Partner in ihrer *Bindungsgenese,*

d.h. in

- einer geringeren Erwünschtheit der eigenen Geburt;
- einer schwierigeren Freundschaftsanbahnung in der Kindheit;
- geringen jugendspezifischen Erfahrungen;
- einem höheren Alter der ersten „festen Beziehung";
- einer mangelnden Loslösung von der Herkunftsfamilie im Erwachsenenalter;
- einem unsicheren Bindungsstil, der sich auf das Verhalten kontakterschwerend auswirkt.

Hypothese 3:

Menschen ohne einen festen Partner unterscheiden sich von Menschen mit einem festen Partner darin, daß häufiger *traumatisierende Bindungserfahrungen* erlebt worden sind.

Diese werden deutlich in

- einem konfliktreichen Familienklima der Herkunftsfamilie;
- der Anzahl belastender Lebensereignisse wie
- - frühe Trennungen von den Eltern;
- - elterliche Trennungen/Scheidungen;
- - Krankheit/Behinderung;
- - Tod naher Bezugspersonen;
- - Gewalterlebnisse;
- - sonstige Schicksalsschläge;
- Suizidgedanken.

Hypothese 4:

Menschen ohne einen festen Partner unterscheiden sich von Menschen mit einem festen Partner in ihren *partnerschaftsspezifischen Kompetenzen*

betreffend ihrer

- ausdifferenzierten Vorstellungen über einen Partner;
- negativeren Einstellung zu einer „festen Beziehung";
- ineffektiveren Verhaltensweisen der Partneranbahnung;
- gering ausgeprägten Persönlichkeitsmerkmale bezüglich einer Partnerbindung;
- Wissensstrukturen, die das Single-Leben unterstützen.

7 Methodisches Design der Hauptuntersuchung

Die Hypothesen sollen in der Hauptuntersuchung an einer größeren Stichpobe überprüft werden. Nach der Operationalisierung der Hypothesen erfolgt die Erstellung eines Fragebogens, für den dann die Stichprobenauswahl und Durchführungsweise bestimmt werden. Schließlich werden die Analyseverfahren erläutert.

7.1 Operationalisierung

Die Untersuchung soll Aufschlüsse über Bedingungsfaktoren für Partnerlosigkeit bieten. Partnerlosigkeit wird dadurch definiert, daß keine auf Dauer angelegte intime Beziehung zu einem Partner besteht.

Wie die einzelnen Hypothesen (vgl. Kap. 6.3.2) operationalisiert werden können, wird nachfolgend erläutert.

Hypothese 1:

Menschen ohne einen festen Partner unterscheiden sich von Menschen mit einem festen Partner in ihrem **gesellschaftlichen Leben**,

d.h. in

- ihren soziodemographischen Daten betreffend einer höher qualifizierten Schul- und Berufsausbildung;
- ihren situativen Bedingungen, die eine Kontaktherstellung erschweren;
- ich-orientierten Wertprioritäten im Unterschied zu gemeinschaftsorientierten.

Der *Bildungs- und Berufsstatus* kann mit diesbezüglichen Fragen ermittelt werden.

„Situative Lebensumstände" sind hier aktuelle Ereignisse, die das Empfinden auslösen, daß intensive Kontakte durch sie unmöglich werden. Was unter einem „intensiven" Kontakt verstanden werden kann, liegt im Ermessensspielraum des Probanden. Da die Spannweite der Situationen, die subjektiv als „hinderlich" eingeschätzt werden können, groß sein kann, wird keine Kategorisierung vorgegeben, sondern mit einer offenen Frage nach kontaktbehindernden Lebensumständen gefragt.

Wertprioritäten können in einem Fragebogen erfaßt werden, in dem auf einer mehrstufigen Ratingskala die subjektive Relevanz eines vorgegebenen Wert-Items eingeschätzt wird.

Hypothese 2:

Menschen ohne einen festen Partner unterscheiden sich von Menschen mit einem festen Partner in ihrer *Bindungsgenese*,

d.h. in

- einer geringeren Erwünschtheit der eigenen Geburt;
- einer schwierigeren Freundschaftsanbahnung in der Kindheit;
- geringen jugendspezifischen Erfahrungen;
- einem höheren Alter der ersten „festen Beziehung";
- einer mangelnden Loslösung von der Herkunftsfamilie im Erwachsenenalter;
- einem unsicheren Bindungsstil, der sich auf das Verhalten kontakterschwerend auswirkt.

Die entwicklungsspezifischen Erfahrungen wie Erwünschtheit der Geburt, Freundschaften in der Kindheit, Jugenderfahrungen und Loslösung von der Herkunftsfamilie lassen sich mit Items erfassen, deren Zustimmungsgrad auf einer Ratingskala angegeben werden soll. So kann der Grad der *eigenen Erwünschtheit* eingeschätzt und dem Vorhandensein mehrerer *Spielgefährten in der Kindheit* eher zugestimmt oder abgelehnt werden. Die *jugendspezifischen Erfahrungen* sollen mit dem Item „In meiner Jugend beschäftigte ich mich mit anderen Themen als Gleichaltrige" auf einer Ratingskala erfaßt werden. Die *Loslösung von der Herkunftsfamilie* soll mit zwei Items konkretisiert werden, die die Unabhängigkeit von den Eltern für die eigene Lebensweise sowie die Verantwortlichkeit für einzelne Familienmitglieder in der Gegenwart beinhalten.

Das *Alter der ersten „festen Beziehung"* wird mit einer entsprechenden Frage danach erhoben.

Eine Möglichkeit zur Beurteilung der Bindungsqualität bietet die Ein-Item-Abfrage des *Bindungsstils* (in der Fassung von Bierhoff, Grau, Ludwig, 1993). Die *Auswirkungen des Bindungsstils* werden nicht explizit erfragt. Vielmehr soll nach der Datenerhebung der Bindungsstil mit bindungsrelevanten Faktoren der anderen Einzelfragebögen korreliert werden.

Hypothese 3:

Menschen ohne einen festen Partner unterscheiden sich von Menschen mit einem festen Partner darin, daß häufiger *traumatisierende Bindungserfahrungen* erlebt worden sind.

Diese werden deutlich in

- einem konfliktreichen Familienklima der Herkunftsfamilie;
- der Anzahl belastender Lebensereignisse wie
  - frühe Trennungen von den Eltern;
  - elterliche Trennungen/Scheidungen;
  - Krankheit/Behinderung;
  - Tod naher Bezugspersonen;
  - Gewalterlebnisse;
  - sonstige Schicksalsschläge;
- Suizidgedanken.

Die *Qualität der Sozialisationsbedingungen* kann mittels unterschiedlicher Datenerhebungsinstrumente gemessen werden. Ein bereits erprobter standardisierter Fragebogen von Walden & Gleissner (Walden, 1992) erfaßt mit einer mehrstufigen Ratingskala, inwieweit bestimmte Kindheitserlebnisse zutreffen. Er erfragt auch die Qualität der Beziehung zur Mutter, zum Vater und der elterlichen Paarbeziehung.

Konkrete Traumata (z.B. Tod einer Bezugsperson, Gewalterfahrungen, s.o.) sowie *Suizidgedanken* als Reaktion darauf können in direkten Fragen danach erfaßt werden. Um sicherzustellen, daß von den Probanden alle traumatischen Erlebnisse aufgeführt werden können, wird des weiteren in einer offenen Frage nach *Schicksalsschlägen* gefragt.

Hypothese 4:

Menschen ohne einen festen Partner unterscheiden sich von Menschen mit einem festen Partner in ihren ***partnerschaftsspezifischen Kompetenzen***

betreffend ihrer

- ausdifferenzierten Vorstellungen über einen Partner;
- negativeren Einstellung zu einer „festen Beziehung";
- ineffektiveren Verhaltensweisen der Partneranbahnung;
- gering ausgeprägten Persönlichkeitsmerkmale bezüglich einer Partnerbindung;
- Wissensstrukturen, die das Single-Leben unterstützen.

Weil die vom Einzelnen formulierten Ausführungen über einen *„idealen Partner"* und einer *„festen Beziehung"* inhaltliche Rückschlüsse auf das Verhalten und somit vielfältigere und bisher unberücksichtigte Erklärungsmöglichkeiten bieten, wird in einer offenen Frage darüber um Antwort gebeten.

Wie kompetent die *Phase der Partneranbahnung* bewältigt wird, kann mit entsprechenden Items erfragt werden, wie z.B. „Ich flirte gern" oder „Wenn mich andere Leute attraktiv finden, merke ich es oft gar nicht". Hierzu wird ein eigener Fragebogenteil entwickelt (vgl. Anhang 1, Teil E, s. S.150).

Die Ausprägung von *Persönlichkeitsmerkmalen*, die für eine Partnerschaft relevant sind, können mit dem Trierer Persönlichkeitsfragebogen (TPF) (Becker, 1989) erfaßt werden. Der TPF betrachtet Indikatoren der seelischen Gesundheit, welche die Bindungsfähigkeit und somit eine Partnerschaft in hohem Maße beeinflussen (s. Abb. 9):

Abb. 9: Zusammenstellung der Skalen des TPF's (Becker, 1989)

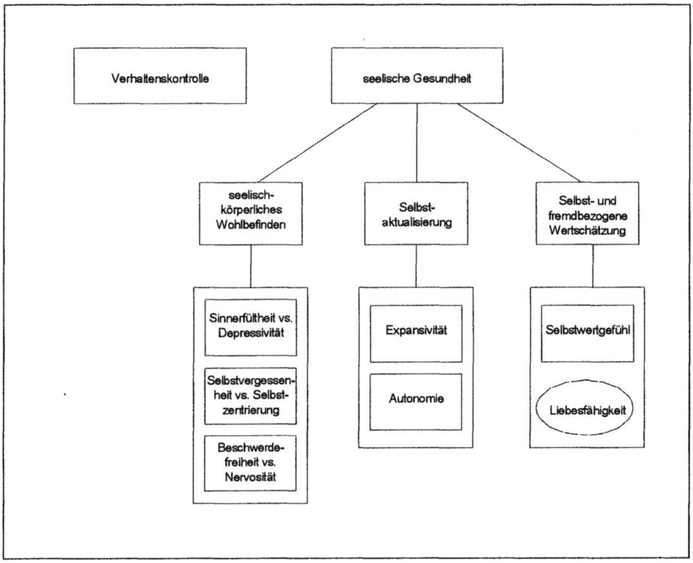

Das hierarchische Modell des TPF's führt in der ersten Ebene die beiden Superkonstrukte „Verhaltenskontrolle" und „seelische Gesundheit" auf. Befunde aus Faktorenanalysen und Validierungsstudien zeigen, daß mit dem Pool von 120 Items seelische Gesundheit gemessen werden kann. Sie unterteilt sich in sieben Indikatorenbereiche - wiederum mit hierarchischer Struktur. Unter „seelischer Gesundheit" wird in diesem Kontext „...die Fähigkeit zur Bewältigung externer und interner Anforderungen verstanden..." (Becker, 1989, S.11).

Wissensstrukturen können mit vorgegebenen Bindungs-Stimuli, zu denen assoziiert werden soll, ermittelt werden. Bei einem solchen Assoziationstest sollte weniger zensiert und weniger nach sozialer Erwünschtheit geantwortet werden. Assoziationen sind für die Organisation von Gedanken bedeutend, weil die Wahrnehmung verbaler Reize vom Selbstkonzept beeinflußt wird (Lazarus-Mainka & Siebeneick, 1997).

7.2 Fragebogenkonstruktion

Der Fragebogen wird als Testpaket konstruiert, dessen Einzel-Fragebögen teils standardisiert vorliegen, teils aus der Voruntersuchung entwickelt werden (s. Anhang 1).

Da der Fragebogen sowohl an Singles als auch an Verheiratete als Kontrollgruppe verteilt werden soll, liegen zwei sprachlich unterschiedliche, inhaltlich aber fast identische, Fassungen vor.[8]

Der Aufbau des Gesamtfragebogens wird hier näher erläutert.

Teil A

Zu Anfang werden *soziodemographische Daten* abgefragt wie Geschlecht, Alter, Familienstand, eigene Kinderzahl, Religionszugehörigkeit, Schulabschluß, Ausbildungsstand, derzeitige Berufsbezeichnung/Tätigkeitsbeschreibung und Beruf der Eltern.

Des weiteren werden *biographische Daten* erhoben wie Geschwisterposition, Bezugspersonen während der Kindheit, eine eventuelle Trennung von ihnen und der Familienstand der Eltern. Es folgen Fragen nach „Weglaufversuchen" vom Elternhaus, nach Krankheit, Behinderung, Todesfällen, Schicksalsschlägen, eigenen Suizidgedanken und miterlebten Gewaltszenen.

Die *gegenwärtige Beziehungssituation* wird in insgesamt vier Fragen nach Partner- und Freundschaften berücksichtigt. So interessiert, ob die Lebenssituation das Eingehen einer Partnerschaft (bzw. das Fortbestehen) erschwert, wieviele Partnerschaften erlebt worden sind, die Höchstdauer, das Eintrittsalter, seit wann der Proband Single bzw. verheiratet ist. Außerdem soll die Anzahl der „guten" Freunde und ihre Verläßlichkeit eingetragen werden.

Teil B und C

Der *Kindheitsfragebogen* von Walden & Gleissner umfaßt im ersten Teil 11 offene Fragen zu den *Bezugspersonen* während der Kindheit (Walden, 1992). Da diese Fragen inhaltlich bereits im Teil A des eigenen Fragebogens mitenthalten sind, wird lediglich der zweite Teil ihres Fragebogens verwendet. In ihm *soll die Beziehung zur Mutter, zum Vater und die Beziehung beider Elternteile* zueinander eingeschätzt werden. Inwieweit die vorgegebenen Adjektive zutreffen, kann durch Ankreuzen auf einer 5-stufigen Skala entschieden werden, z.B.:

---

[8] Die beiden Fragebogenversionen für Singles und Verheiratete unterscheiden sich in der Formulierung bei folgenden Fragen: **Teil A**: Nr. 4 (S. 1), Nr. 10 (S. 2), Nr. 11 (S.2); **Teil E**: Nr. 4 (S. 9), Nr. 7 (S. 9). Siehe Fragebogen im Anhang, Teil 1.

Meine **Mutter** war mir gegenüber:

	trifft zu	trifft eher zu	trifft beides zu	trifft eher zu	trifft zu	
	1	**2**	**3**	**4**	**5**	
unfair	|-------------	|-------------	|-------------	|-------------	|	**fair**

Bei der Übernahme des Fragebogens von Walden & Gleissner (Walden, 1992) werden einige Änderungen und Ergänzungen der Wortpaare unternommen, um Mißverständnisse zu vermeiden und eine bessere Lesbarkeit und Ansprechbarkeit zu erzielen:

Originalfassung	**Änderung**
Meine Mutter war *Mein Vater war*	*Meine Mutter war mir gegenüber* *Mein Vater war mir gegenüber*
nicht - jederzeit verfügbar unbeständige - beständige Zuneigung häufige - seltene Gefühlsäußerungen	nicht - jederzeit ansprechbar unbeständig - beständig in der Zuneigung offen - verschlossen in Gefühlsäußerungen
Das Verhältnis meiner Eltern zueinander war	
häufiger - seltener Streit	häufig - selten verbunden mit Streit

Die Frage der Originalfassung „Warum haben sich Ihre Eltern so verhalten, wie sie es getan haben?" wird weggelassen. Dieses Item soll laut Fremmer-Bombik (1987) besonders die Unterschiede der einzelnen Bindungsstile verdeutlichen. Im Gegensatz zur mündlichen Befragung konnte Walden (1992) allerdings bei der schriftlichen keine Korrelationen nachweisen, so daß bei dieser Untersuchung auf die o.g. Frage verzichtet wird.

Eingefügt wird hingegen an dieser Stelle die Frage „Zu welchen Personen haben Ihre Eltern gegenwärtig regelmäßigen Kontakt?" Mehrfachantworten sind möglich. Dabei kann geprüft werden, ob die Soziabilität der Eltern mit dem Beziehungsverhalten des erwachsenen Kindes in Zusammenhang steht.

Teil D

Während sich die vorangegangenen Teile B und C mit den Eigenschaften der Eltern und der elterlichen Beziehung befassen, werden in diesem *Teil einzelne Kindheitserlebnisse* abgefragt (Walden, 1992). Hierfür wird die Fortsetzung des o.g. standardisierten *Kindheitsfragebogens* verwendet, dessen Aussagen über die Kindheit inhaltlich dem „Adult Attachment Interview" von Fremmer-Bombik (1987) entstammen, z.B.:

	trifft zu 1	2	3	4	trifft nicht zu 5
1. Durch Körperkontakt wurde in unserer Familie Zuneigung signalisiert.	|-----|------|-----|-----|				

Bestand dieser Fragebogenteil bei Fremmer-Bombik (1987) aus 34 Items, so wird er um 5 eigene ergänzt, die aus der Literaturrecherche und der Analyse der narrativen Interviews (vgl. Kap. 6) resultieren. Sie erfragen in komprimierter Form *Entwicklungsphasen* von Geburt bis zur Gegenwart:

	trifft zu 1	2	3	4	trifft nicht zu 5
35. Meine Geburt war von den Eltern erwünscht.	|-----|------|-----|-----|				
36. Als Kind hatte ich meistens mehrere Spielgefährten.	|-----|------|-----|-----|				
37. In meiner Jugend beschäftigte ich mich mit anderen Themen als Gleichaltrige.	|-----|------|-----|-----|				
38. Ich fühle mich heute in meiner Lebensweise von meinen Eltern unabhängig.	|-----|------|-----|-----|				
39. Für einzelne Familienangehörige fühle ich mich heute noch verantwortlich.	|-----|------|-----|-----|				

Teil E

Aus der Voruntersuchung ist ein *„Partnerschaftsfragebogen"* über die Gedanken zu einer Partnerschaft abgeleitet. In 15 Items wird das Selbstkonzept in bezug auf eine Partnerschaft und das eigene Verhalten während der Partneranbahnung erfragt. Als Antwortmodus wird eine 5-stufige Skala verwendet (s.o.). Eines der Items lautet z.B.:

1. Ich habe mir mein Leben meistens in einer dauerhaften Partnerschaft vorgestellt.

Teil F

Weiterhin soll das Verständnis von einem „idealen Partner" und von einer „festen Beziehung" mittels offener Fragen geklärt werden.

Teil G und H

Anschließend wird um eine Einschätzung der eigenen Bindungsqualität gebeten. Dafür liegt den Probanden der „Standardfragebogen zur Erfassung des Bindungsstils" nach Hazan & Shaver (1987) vor. Er wurde um den von Bartholomew (1990) postulierten vierten Bindungsstil (vgl. S. 64) erweitert und von Bierhoff, Grau, Ludwig (1993) ins Deutsche übersetzt. Aufgrund der Beschreibungen der vier Bindungsstile soll eine Selbsteinschätzung vorgenommen werden, welche Bindungsstilbeschreibung am besten zutrifft. In einem zweiten Schritt soll dann für jede der vier Bindungsstilbeschreibungen der Grad des Zutreffens angekreuzt und eine eventuelle Veränderung des hauptsächlichen Bindungsstils angegeben werden. Die Selbstbeschreibungen lauten:

A. Es ist relativ leicht für mich, anderen Menschen emotional nahe zu kommen. Ich fühle mich wohl, wenn ich andere brauche und selbst auch gebraucht werde. Ich mache mir keine Sorgen darüber, allein zu sein oder nicht akzeptiert zu werden.

B. Ich fühle mich ein bißchen unwohl, wenn ich anderen nahe komme. Ich wünsche mir gefühlsmäßig nahe Beziehungen, aber ich finde es schwierig, anderen vollkommen zu vertrauen oder abhängig zu sein. Manchmal befürchte ich, verletzt zu werden, wenn ich mir erlaube, zu große Nähe zu anderen zuzulassen.

C. Ich möchte gern sehr große emotionale Nähe zu anderen haben, aber ich habe oft festgestellt, daß die anderen keine so große Nähe haben wollen wie ich. Ich fühle mich unwohl ohne enge Beziehungen. Ich befürchte, daß andere mich nicht so hoch schätzen wie ich sie.

D. Ich fühle mich wohl ohne gefühlsmäßig enge Beziehungen. Es ist mir wichtig, mich unabhängig zu fühlen und mir selbst zu genügen. Ich ziehe vor, niemanden zu brauchen und von niemandem gebraucht zu werden.

Im weiteren Verlauf werden folgende Bezeichnungen für die o.g. Statements verwendet (vgl. Bierhoff, Grau, Ludwig, 1993):

A repräsentiert den sicheren Bindungsstil, **B** den ängstlich-vermeidenden, **C** den ängstlich-ambivalenten und **D** den gleichgültig-vermeidenden.

Teil I

Der Trierer Persönlichkeitsfragebogen (TPF) (Becker, 1989) wird komplett übernommen. Die Items beschreiben allgemeine Verhaltensweisen, Gefühle und Gedanken, wobei der Proband wieder die Häufigkeit des Auftretens einschätzen soll, z.B.:

1. Ich gehe großem Trubel und	meistens	oft	manchmal	selten
Aufregungen ...aus dem Weg	I-----------I-------------I------------I			

Im Originalfragebogen lautet die Antwortkategorie „immer“, „oft“, „meistens“ und „nie“, wobei für diese Arbeit „meistens“, „oft“, „manchmal“ und „selten“ verwendet wird, weil Ausschließlichkeitsbegriffe wie „immer“ oder „nie“ von Extremreaktionen ausgehen, wodurch die Probanden eher zu ihrer Verneinung neigen könnten.

Teil J

Beschäftigen sich die vorangegangenen Abschnitte mit persönlichen Erlebnissen, Erfahrungen und Befindlichkeiten, so wird im Teil J die Relevanz bestimmter Werte hinterfragt.

In der Fragebogen-Konzeption, die auf Überlegungen der Literaturrecherche basiert (vgl. Kap. 2), werden einzelne Wertbereiche aufgeführt, zu denen die persönliche Einstellung auf einem 7-stufigen Rating markiert werden soll, z.B.:

	überhaupt nicht wichtig						sehr wichtig
Beruflich erfolgreich sein	1	2	3	4	5	6	7
	I---------I---------I---------I---------I---------I--------I						

Teil K und L

Den Abschluß des Gesamtfragebogens bildet ein Assoziationstest, bei dem zu bestimmten Reizworten spontan und offen Gedanken aufgeschrieben werden sollen. Die Assoziationen werden dann von den Befragten selbst danach beurteilt, ob sie als angenehm, neutral, unangenehm oder ambivalent zu bewerten sind. Die Einschätzung der Probanden soll Fehlinterpretationen bei der Auswertung der Assoziationen vorbeugen.

Der aus den narrativen Interviews erstellte Assoziationstest ist im Vorfeld bereits an 30 Probanden durchgeführt worden, wobei die Reizworte eine inhaltliche Plausibilität aufwiesen.

7.3 Stichprobenauswahl

Fragebögen der *Untersuchungsgruppe* erhalten Personen, die seit mindestens 1,5 Jahren ohne feste Beziehung leben. Der Zeitraum einer dreijährigen Partnerlosigkeit aus der Voruntersuchung (vgl. Kap. 6.2) wird hier auf 18 Monate verkürzt, da anzunehmen ist, daß sich bereits nach dieser Zeitspanne Unterschiede zwischen Untersuchungs- und Kontrollgruppe abzeichnen werden.

Unter einer festen Beziehung wird dabei ein Kontakt zu einer gegengeschlechtlichen Person verstanden, der durch innere Verbundenheit (Liebesgefühle, Verbindlichkeit usw.), Sexualität und der Vorstellung von Kontinuität charakterisiert ist.

Als *Kontrollgruppe* werden Verheiratete gesucht, die mit ihrem Ehepartner zusammenleben. Wie lange das Paar bereits verheiratet ist, ist unbedeutend, da lediglich der gegenseitige Entschluß für eine dauerhafte Partnerschaft als Unterscheidungsmerkmal genügen soll. Die Fragebögen werden nicht an Paare, sondern an verheiratete Einzelpersonen verschickt.

Die *Untersuchungs- sowie die Kontrollgruppe* sollen zwecks besserer Vergleichbarkeit drei Kriterien erfüllen:

- Heterosexualität[9]
- deutsche Staatsangehörigkeit
- Alter von 25 - 45 Jahren.

Die o.g. Bedingungen sollen die Homogenität der Gruppe erhöhen. So werden die ersten beiden Kriterien deshalb gewählt, weil davon ausgegangen wird, daß Menschen mit einer heterosexuellen Geschlechtsidentität ebenso wie Bürger eines gemeinsamen Landes eine ähnliche Sozialisation durchlaufen.

Die Altersspanne wird auf 25 - 45 Jahre festgelegt, da in diesem Lebensalter die „Normalbiographie“ der Bevölkerungsmehrheit eine feste Partnerbeziehung beinhaltet (Bachmann, 1991).

Außerdem begrenzt die Alterseinschränkung die Untersuchungsrichtung, so daß die Lebensbedingungen älterer Menschen (z.B. Berentung, Verwitwung) hier nicht berücksichtigt werden.

7.4 Durchführung

Der Verteilung aller Fragebögen ist ein Pretest mit einer Stichprobengröße von 35 Probanden vorausgegangen, der einige Umstellungen und Formulierungsänderungen

---

[9] Da unsere Gesellschaft heterosexuell orientiert ist, kann z.B. eine Auseinandersetzung mit der eigenen Geschlechtsidentität und dementsprechender Partnersuche bei Bi- oder Homosexualität erschwert sein (Hoffmann, Lautmann & Pagenstecher, 1993).

bewirkte. Mißverständnisse wurden ausgeräumt und die Übersichtlichkeit zur schnelleren Bearbeitung verbessert.

Die Endfassung des Fragebogens wurde schließlich von August 1995 bis Juni 1996 persönlich verteilt oder zugeschickt, wobei die Probanden, denen ausdrücklich die Anonymität ihrer Daten zugesichert worden ist, einen frankierten Rückumschlag erhielten.

Da Zeitungsannoncen und Aushänge an öffentlichen Stellen eine sehr geringe Teilnahmebereitschaft auslösten, wurden die unterschiedlichsten Verteilungswege innerhalb Deutschlands über Verwandte, Freunde, Bekannte, Institutionen und Arbeitsstätten gewählt. Verwandte und Freunde füllten nicht selbst Fragebögen aus, sondern fungierten als Verteiler in ihrem Umfeld.

Insgesamt lag die Rücklaufquote bei 67% und ist somit als befriedigend zu bezeichnen. Verheiratete schickten zuverlässiger den Fragebogen zurück als Singles, und in beiden Gruppen beantworteten anteilmäßig mehr Frauen als Männer den Fragebogen.

Das Ausfüllen des Fragebogens dauerte 1,5 - 2 Stunden, war freiwillig, unentgeltlich und erfolgte in meiner Abwesenheit.

7.5 Analyseverfahren

An dieser Stelle werden die Analyseverfahren erörtert, die bei den einzelnen Fragebogenteilen Anwendung fanden.

7.5.1 Offene Fragen

Einige über offene Fragen gewonnene Informationen (z.B. nach eigener Berufsbezeichnung) konnten im nachhinein für die quantitative Auswertung kategorisiert und kodiert werden. Dies betraf allerdings ausschließlich Fakten in Form von Ein-Wort-Angaben. Sobald interpretative Angaben von den Probanden erwünscht waren (z.B. warum Suizidgedanken?) wurde die Auswertung wie folgt vorgenommen:

- Transkription aller Antworten - gesondert nach den vier Bindungsstilen (vgl. S.151) und den vier Untergruppen (Single-Frauen, Single-Männer, Ehefrauen, Ehemänner)

- Sprachanalyse: nach inhaltlichen und formalen Kriterien (Anzahl verwendeter Wörter, Wortarten, Syntax, Schreibstil)
- Kategorisierung nach inhaltlicher Ähnlichkeit
- Häufigkeitsauszählung der Kategorien in den vier Untergruppen.

Bei den Antworten darauf, was sich die Befragten unter einer „festen Beziehung" und einem „idealen Partner/einer idealen Partnerin" vorstellen, wurde in drei Schritten vorgegangen:

1. Vergleiche nach Untergruppenzugehörigkeit (Trennung nach Geschlecht und Lebensform, s.o.)
2. Vergleiche nach Bindungsstil und Untergruppenzugehörigkeit (s.o.)
3. Häufigkeitsauszählungen einzelner Wörter für die vier Untergruppen (s.o.).

Die ersten beiden Vergleiche wurden sowohl hinsichtlich der Wortwahl, Worthäufigkeit sowie der Syntaxbildung und Satzlänge durchgeführt. Im Anschluß wurden die Wörter, die durch ihren häufigen Gebrauch auffielen, für die einzelnen Gruppen ausgezählt.

7.5.2 Assoziationstest

Nach der Transkription aller Assoziationen sollte sich zunächst ein Überblick über die Häufigkeitsverteilung der genannten Begriffe verschafft werden. Dieses Sortieren der Assoziationen nach Gruppenzugehörigkeit (Singles - Verheiratete) und nach Untergruppen (verh. Frauen, verh. Männer, Single-Frauen, Single-Männer) über alle Reizworte hinweg konnte mit dem Wortauszählungsprogramm WASS durchgeführt werden. Im weiteren Vorgehen wurde die für das Wass-Programm erstellte Ausgabedatei im UEK-Programm weiterverwendet.

Die UEK-Software, Version 1.5, entwickelte Reinhold Rauh (1987). Sie dient neben verschiedenen Möglichkeiten der Assoziationsauflistung vor allem dazu, den Überlappungskoeffizienten zu berechnen. Er zeigt den Grad der Übereinstimmung von zwei oder mehreren Reizwörtern in ihrer assoziativen Bedeutung an (Marx, 1976). Aus den Überlappungskoeffizienten, bei denen Intervallskalenniveau anzunehmen ist, wurden Distanzmatrizen erstellt. Diese dienten als Basis für zwei reduzierende Verfahren: die Clusteranalyse und die metrische Multidimensionale Skalierung (MDS).

In der Clusteranalyse werden die Begriffe aufgrund ihrer Ähnlichkeit schrittweise zusammengefaßt. Die dazu verwendete Methode „complete linkage“ faßt jeweils die Begriffe/Begriffsgruppen zusammen, bei denen der Abstand der unähnlichsten Begriffe minimal ist. Durch das schrittweise Vorgehen entsteht aus den ursprünglichen Einzelvariablen letzlich ein Cluster, das alle Variablen umfaßt. Es liegt nun im Ermessen des Betrachters zu entscheiden, an welcher Stelle die Zusammenfassung unterbrochen wird. Hilfreich erweist sich dabei die graphische Darstellung in Form eines Dendogramms. Im Dendogramm wird nicht nur dargestellt, welche Variablen in welchem Schritt zusammengefaßt werden, sondern zusätzlich werden die normierten Distanzkoeffizienten ($\delta^* \in [0,25]$) visualisiert. Für die vorliegenden Daten erschien es angemessen, bei $\delta^*=18$ das Abbruchkriterium zu setzen (s. Kap. 8.3.4.5.3). Die so gewonnenen Cluster wurden mit den Ergebnissen der MDS verglichen, um eine aussagekräftige Interpretation der Gesamtresultate zu gewährleisten.

Die euklidische Metrik der MDS ist sinnvoll aufgrund der Annahme, daß die menschliche Wahrnehmung ebenfalls auf euklidische Interpretationen beruht (Strube, 1984). Die MDS ermöglicht, die Stimuluswörter in ihrer relativen Lage im kognitiven Wahrnehmungsraum darzustellen. Mit der MDS werden die Ähnlichkeiten zwischen Objekten durch ihre relativen Positionen zueinander in einem möglichst gering dimensionierten Raum festgehalten (Borg & Staufenbiel, 1993). Als Kriterium für die Anpassungsgüte wird der sog. Streßwert nach Kruskal (1986) genutzt. Ein minimaler Streßwert steht für gute Anpassung. Es können folgende Richtwerte angenommen werden: 0,4=geringe, 0,2=ausreichende, 0,1=gute, 0,05=ausgezeichnete und 0,0=perfekte Anpassung.

7.5.3 Fragebogendaten

Die Analyse der Fragebogendaten geschah mit Hilfe des Programms SPSS in der Version 6.01 unter Windows 3.11.

Neben den soziodemographischen Fragen (Teil A) und den Fragen zur Einschätzung des eigenen Bindungsstils (Teil G) wurden den Versuchspersonen fünf verschiedene Fragebogenteile zur Beantwortung vorgelegt:

- Beziehung zur Mutter/zum Vater; Beziehung der Eltern untereinander (bipolare Adjektivskalen mit 5-stufiger Antwortmöglichkeit)

- Kindheitsfragebogen (Zustimmung/Ablehnung bezüglich verschiedener Statements auf 5-stufiger Skala)
- Gedanken zur Partnerschaft (Zustimmung/Ablehnung bezüglich verschiedener Statements auf 5-stufiger Skala)
- Trierer Persönlichkeitsfragebogen (TPF) (Häufigkeit bestimmter Verhaltensweisen/Gefühle/Gedanken auf 4-stufiger Skala)
- Wertigkeitsfragebogen (Wichtigkeit bestimmter Werthaltungen auf 7-stufiger Skala).

Die Fragebogendaten sind ohne vorherige Zusammenfassungen kaum überschaubar. Um mehr Übersicht zu gewinnen, wurden die Einzelitems der Fragebögen zu Skalen zusammengefaßt. Dies hat den Vorteil, daß die Datenqualität besser wird. Durch die Aggregierung nähert sich die Verteilung einer Normalverteilung an (vgl. Backhaus et al., 1987).

Die Zusammenfassung der Items geschah beim Kindheits- und beim Wertigkeitsfragebogen auf der Basis von Faktorenanalysen. Diese wurden nach der Hauptkomponenten-Methode mit Varimax-Rotation durchgeführt. Die Anzahl extrahierter Faktoren richtete sich nach dem Eigenwertkriterium. Die Skalen wurden durch Mittelwertbildung über die pro Faktor hoch ladenden Items berechnet.

Die Verwendung der faktorenanalytisch gewonnenen Skalen ist jedoch nur dann sinnvoll, wenn die hoch ladenden Variablen einerseits auch inhaltlich als zusammengehörig interpretiert werden können und andererseits eine hinreichend hohe Reliabilität besitzen. Daher wurden die resultierenden Skalen mittels Cronbach's Alpha auf ihre interne Konsistenz hin überprüft. Ein Wert von $\alpha = .55$ wird als Untergrenze angenommen. Wird dieser Wert unterschritten, so gilt die Skala als nicht konsistent, so daß auf eine Zusammenfassung der Einzelitems verzichtet wurde. In diesem Fall wurde bei der Analyse doch auf diejenigen Einzelitems zurückgegriffen, die inhaltlich besonders wichtig erschienen.

Bei hinreichender interner Konsistenz wurde über die jeweiligen Itemgruppen gemittelt. Die im weiteren genutzten Skalenwerte sind also arithmetische Mittelwerte.

Beim Partnerschaftsfragebogen (Teil E) ergab die Faktorenanalyse eine nicht sinnvoll interpretierbare Itemgruppierung. Um nicht nur auf Basis von Einzelitems arbeiten zu müssen, wurden zunächst alle 15 Items zusammengefaßt und auf interne Konsistenz überprüft. Durch sukzessive Eliminierung „unpassender“ Items wurde Cronbach's Alpha maximiert. Die Items, die zu einem maximalen Konsistenzkoeffizienten führten, wurden per Mittelwertbildung zusammengefaßt und dienen als Datenbasis für weitere Analysen.

Für den umfangreichen TPF (120 Items) wurde keine Faktorenanalyse gerechnet, da das Verhältnis von Itemzahl zur Stichprobengröße zu gering für ein stabiles und aussagekräftiges Ergebnis ist. Statt dessen wurden die von den Autoren des TPF's (vgl. Becker, 1989) vorgeschlagenen Itemgruppen auf Reliabilität überprüft und bei hinreichender interner Konsistenz wieder zu Mittelwerten zusammengefaßt.

Hauptfragestellung der Arbeit ist der Vergleich von Singles und Verheirateten, deren Geschlechtszugehörigkeit ebenfalls beachtet wird. Es kann außerdem vermutet werden, daß sich einige Variablen in ihrer Ausprägung in Abhängigkeit vom Alter der Befragten unterscheiden. Somit ist die zweifaktorielle Kovarianzanalyse Methode der Wahl. Als unabhängige Variablen wurden die beiden zweistufigen Faktoren „Geschlecht“ und „Status“ (Gruppenzugehörigkeit: Single/Verheiratete) im Design berücksichtigt. Da das Alter nicht experimentell kontrolliert wurde, ging es als Kovariate in die Analysen ein. Erwies sich der Einfluß der Kovariate als signifikant, so wurden Korrelationskoeffizienten (nach Pearson) bestimmt, um die Richtung des Zusammenhangs zu klären.

Andere Hypothesen beziehen sich auf Gruppenunterschiede in Abhängigkeit vom Bindungsstil oder vom Schulabschluß. Diese kategorialen Variablen wurden nicht experimentell kontrolliert, so daß die verschiedenen Kategorien unterschiedlich besetzt sind. Um Probleme mit unbalancierten Designs zu vermeiden, wurden diese Variablen nicht als weitere Faktoren in die Kovarianzanalysen integriert, sondern es wurden jeweils einfaktorielle Varianzanalysen gerechnet. Bei signifikanten Ergebnissen wurden die Unterschiede durch multiple Vergleiche nach Newman-Keuls genauer lokalisiert. Bei zweistufigen Faktoren (z.B. Kinderlosigkeit ja/nein) wurden einfache t-Tests für unabhängige Gruppen berechnet.

Für die ordinal skalierten Daten wurde hier eine nicht-parametrische Vorgehensweise gewählt, die inhaltlich zu vergleichbaren Aussagen kommt wie die zweifaktorielle Varianzanalyse. Mittels des Mann-Whitney-U-Tests wurden Geschlechts- und Statusunterschiede überprüft. Falls sich in den Mittelwerten eine Wechselwirkung andeutete, wurden die Statusunterschiede für die beiden Teilstichproben (Frauen bzw. Männer) getrennt überprüft. Um Zusammenhänge zwischen ordinalen Variablen abzusichern, wurden Rangkorrelationen nach Spearman gerechnet.

Für nominale Daten wurden Kreuztabellen erstellt. Zusammenhänge zwischen zwei nominal skalierten Variablen (z.B. Status und Bindungsverhalten) werden über das sog. Assoziationsmaß Cramer's V quantifiziert. Cramer's V basiert auf dem Phi-Koeffizienten ($\Phi = \sqrt{\chi^2 / n}$). Φ hat jedoch den Nachteil, daß er unter Umständen außerhalb des für Zusammenhangsmaße üblichen Wertebereichs von 0 bis 1 liegt. Der Maximalwert von Φ hängt von der minimalen Anzahl an Zeilen bzw. Spalten der zugrundeliegenden Kreuztabelle ab (Φ_{max} = min (Zeilen, Spalten) – 1). Cramer's V ist hingegen so normiert, daß die möglichen Werte immer zwischen 0 und 1 liegen.

8 Ergebnisse der Hauptuntersuchung

Nachfolgend werden die Ergebnisse der Datenanalysen vorgestellt: Faktorenanalysen über die Teilfragebögen (Kap. 8.1), soziodemographische Daten der Stichprobe (Kap. 8.2) und die Daten bezüglich der einzelnen Hypothesen (Kap. 8.3).

8.1 Skalenaggregierung

Die Faktorenanalysen führten für die einzelnen Teilfragebögen zu folgenden Skalen.[10] Für den *Kindheitsfragebogen* von Walden & Gleissner (Walden, 1992) konnten vier reliable Skalen zusammengestellt werden. Sie wurden benannt als 'Heile Familie' (α= .93), 'Unglückliche Kindheit' (α= .84), 'Reflexivität' (α= .61) und 'Lebendige Erinnerung' (α= .65). Die zugehörigen Items mit ihren Ladungen sind in Tabelle 12 zusammengefaßt.

---

[10] Die Items werden an dieser Stelle nur für den Faktor mit der jeweils höchsten Ladung angegeben. Die vollständige Darstellung der Faktorenanalysen befindet sich im Anhang, Teil 3. Die Stichprobengröße beträgt N = 300 (s. Kap. 8.2).

Tab. 12: Faktorenzusammenstellung für den Kindheitsfragebogen

Teil D: Kindheitsfragebogen		
Faktoren	**Items**	**Faktor-ladungen**
I. heile Familie Alpha = .93	28. Ich hatte eine sehr glückliche Kindheit. 18. Wir waren eine tolle Familie. 4. Rückblickend muß ich sagen, meine Eltern waren perfekt. 33. Ich hatte zu meinen Eltern ein sehr gutes Verhältnis. 13. Wenn ich Hilfe oder Trost brauchte, war immer jemand aus der Familie da. 7. Meine Eltern zeigten viel Verständnis für meine Belange. 16. Meine Eltern gaben mir häufig das Gefühl, stolz auf mich oder zufrieden mit mir zu sein. 19. (-) Mein Wunsch nach Nähe und Geborgenheit blieb oft unerfüllt. 5. Meine Eltern gingen häufig auf meine Wünsche zur gemeinsamen Freizeitgestaltung ein. 20. Wenn es mal schlechte Stimmung gab, hielt diese nicht lange an. 1. Durch Körperkontakt wurde in unserer Familie Zuneigung signalisiert. 15. (-) Meine Eltern hatten so viele eigene Probleme, daß sie mir bei meinen nicht mehr helfen konnten. 9. Wenn ich mit meinen Eltern nicht einer Meinung war, konnten wir darüber reden.	,79765 ,79612 ,75583 ,70843 ,69809 ,68694 ,64171 -,64022 ,61779 ,57180 ,56752 -,53042 ,47952
II. unglückliche Kindheit Alpha = .84	25. Wenn ich ein schlechtes Zeugnis hatte, traute ich mich aus Angst vor Strafe kaum nach Hause. 24. Meine Eltern nörgelten fast immer an mir herum. 34. Meine Eltern hatten nicht viel Verständnis für mich. 32. Meine Eltern erwarteten oft Höchstleistungen von mir. 31. Ich hatte vor meiner Mutter und/oder vor meinem Vater Angst. 27. Verbote und Vorschriften meiner Eltern habe ich häufig nicht verstanden. 22. Meine Eltern gaben mir oft das Gefühl, ihnen zur Last zu fallen. 12. Ich wußte oft nicht im voraus, wie meine Eltern reagieren würden. 29. Oft fühlte ich mich während meiner Kindheit durch Aufgaben, die meine Eltern mir übertrugen, überfordert.	,68784 ,60703 ,59492 ,58645 ,58357 ,56922 ,55829 ,53425 ,43198
III. Reflexivität Alpha = .61	2. Ich hatte häufig das Gefühl, daß meine Eltern mich zu stark an sich binden wollten. 6. Fehler, die meine Eltern in Ihrer Erziehung bei mir gemacht haben, regen mich heute noch stark auf. 10. Damals habe ich mir geschworen, meine Kinder anders zu erziehen. 17. Es gab in unserer Familie Dinge, über die nicht geredet wurde.	,69360 ,62818 ,51603 ,48797
IV. lebendige Erinnerung Alpha = .65	11. (-) Ich kann mich an meine Kindheit so gut wie gar nicht erinnern. 30. An die Gefühle, die ich in meiner Kindheit hatte, kann ich mich noch sehr lebendig erinnern.	-,81971 ,80132

Die vier Skalen weisen eine hohe bis ausreichende interne Konsistenz auf. Diese liegt bei Walden (1992) noch höher (α=.92) - sie faßt alle 34 Items zu einer Skala zusammen. Hier soll allerdings die Vier-Faktoren-Lösung vorgezogen werden, weil sie differenziertere Aussagen zuläßt.

Die zusätzlich zu dem o.g. Kindheitsfragebogen aufgenommenen eigenen Items zu verschiedenen *Lebensphasen* (35-39) (Kap. 7.2) luden auf keinem Faktor hoch. In den nachfolgenden Analysen werden sie daher als Einzelitems berücksichtigt.

Die Adjektivskalen zur Beschreibung des *Verhältnisses zu Mutter, Vater* und der *elterlichen Paarbeziehung* wurden nach inhaltlicher Plausibilitätsprüfung zu jeweils einer Skala zusammengefaßt. Die Reliabilität ist für alle drei Skalen sehr gut (α (Mutter)= .93; α (Vater)= .93; α (Eltern)= .91).

Die Faktorenanalyse für den *Wertigkeitsfragebogen* resultierte in sieben Faktoren, auf denen je zwei bis vier Items substantielle Ladungen aufweisen. Die interne Konsistenz der Skalen ist relativ niedrig (.56 < α < .70), was zum Teil durch die geringe Itemanzahl zu erklären ist. Die Items der Skalen mit ihren Faktorladungen sind in Tabelle 13 zusammengefaßt.

Tab. 13: Faktorenzusammenstellung für den Wertigkeitsfragebogen

Teil J: Wertskalen		
Faktoren	**Items**	**Faktor-ladungen**
I. sinnvolle Lebensge-staltung Alpha= .68	8. Beruflich erfolgreich sein 7. Meine Arbeit mitgestalten können 14. Persönliche Entwicklung 16. Mein Leben als sinnvoll erleben	,73629 ,70861 ,56961 ,53862
II. finanzielle Absicherung Alpha = .66	4. Ein guter Lebensstandard 2. Wirtschaftliche Sicherheit	,85266 ,84610
III. soziales Mit-einander Alpha = .63	3. Stabile Beziehungen zu anderen Menschen 5. Mich für andere Menschen einsetzen 10. Geliebt werden	,75716 ,66460 ,63464
IV. traditionelle Werte Alpha = .56	21. Religiosität 20. Erhaltung von Tradition 12. Ein gutes Zusammenleben in der Herkunftsfamilie	,75629 ,70866 ,54874
V. alternative Werte Alpha = .56	19. Schutz der Umwelt 18. Gleiche Chancen für Frauen und Männer 9. Freude an der Freizeit	,73133 ,61526 ,56074
VI. generatives Verhalten Alpha = .57	15. In einer dauerhaften Partnerschaft leben 11. Sexuelle Befriedigung 13. Eigene Kinder bekommen	,74984 ,69867 ,55378
VII. politisches Interesse Alpha = .70	6. Mich für meine politischen Ziele einsetzen 17. Eine befriedigende politische Situation	,82825 ,78979

Die aufgeführten sieben Wert-Skalen sind inhaltlich plausibel und grenzen sich gut voneinander ab.

Für den *TPF* wurden die Skalen von Becker (1989) übernommen. Sie wurden auf ihre interne Konsistenz überprüft. Die Ergebnisse für alle neun Skalen waren zufriedenstellend ($.65 < \alpha < .90$). Da der TPF mit seinen 120 Items sehr umfangreich ist, wird er im Anhang (Teil 2) aufgeführt. An dieser Stelle wird die Benennung der einzelnen Faktoren mit den Werten für Cronbach's Alpha bei Becker (1989) und der eigenen Stichprobe angegeben (s. Tab. 14):

Tab. 14: Faktorenzusammenstellung des TPF's (Becker, 1989)

Faktor	Cronbach's Alpha Becker (1989)	Cronbach's Alpha eig. Stichprobe
I. Verhaltenskontrolle	.83	.73
II. seelische Gesundheit	.92	.90
III. Sinnerfülltheit vs. Depressivität	.86	.86
VI. Selbstvergessenheit vs. Selbst-zentrierung	.77	.65
V. Beschwerdefreiheit vs. Nervosität	.85	.77
VI. Expansivität	.84	.83
VII. Autonomie	.82	.77
VIII. Selbstwertgefühl	.80	.78
IX. Liebesfähigkeit	.73	.70

Wie aus der Tabelle ersichtlich, liegen bei Becker (1989) die Alpha-Werte etwas höher als bei der eigenen Stichprobe, deren Skalen aber noch eine zufriedenstellende interne Konsistenz aufweisen.

Die nach der Faktorenanalyse extrahierten Faktoren des *Partnerschaftsfragebogens* zeigten eine mangelnde interne Konsistenz. Um nicht auf Basis von Einzelitems weiter verfahren zu müssen, wurde ein alternatives Verfahren der Skalenbildung angewendet: die sukzessive Maximierung der Reliabilität. Da der Fragebogen nur aus 15 Items bestand, war dies noch problemlos möglich. Durch dieses Vorgehen ergab sich eine Skala, die aus 10 der 15 Items besteht. Cronbach's Alpha beträgt α=.73, was für eine angemessene interne Konsistenz spricht (s. Tab. 15).

Tab. 15: Itemzusammenstellung für den Faktor 'beziehungsverhinderndes Verhalten'

Teil E: Partnerschaftsfragebogen	
Faktoren	**Items**
I. beziehungs-verhindern-des Ver-halten Alpha = .73	3. Jemanden attraktiv zu finden, hemmt mich, so daß ich mich zurückziehe. 4. Weil ich ganz genaue Vorstellungen von einem Partner / einer Partnerin habe, ist es schwierig jemanden zu finden, der sie erfüllt. 5. Wenn mich andere Leute attraktiv finden, merke ich es oft gar nicht. 6. Die Suche nach einem Partner/einer Partnerin bestimmt mein Leben. 7. In Gedanken bin ich auf der Suche nach meiner Traumfrau / meinem Traummann. 8. Oft kann ich Verhaltensweisen von anderen nicht richtig erkennen oder deuten. 9. Einerseits habe ich die Sehnsucht nach einer festen Beziehung, andererseits besteht die Angst, tief verletzt zu werden. 10. Wenn ich mir eine Partnerschaft vorstelle, fallen mir zuerst nur Nachteile ein. 11. Ich habe Schwierigkeiten, mit jemandem intim zu werden. 13. Ich verliebe mich oft in Menschen, die attraktiver sind als ich.

Der Faktor 'beziehungsverhinderndes Verhalten' beinhaltet Denk- und Verhaltensgewohnheiten, die das Eingehen einer Partnerschaft erschweren.

Die aggregierten Daten der verschiedenen Teilfragebögen (s.o.) dienten zusammen mit den Einzelitems zu den „situativen Lebensbedingungen" und der „Einschätzung des Bindungstils" als Basis für die statistischen Tests von Unterschieds- und Zusammenhangshypothesen (vgl. Kap. 7.5.3).

8.2 Stichprobenbeschreibung

Die Stichprobe der Hauptuntersuchung umfaßt N = 300 Personen, von denen 150 der Untersuchungsgruppe (Singles) sowie 150 der Kontrollgruppe (Verheiratete) angehören.[11] In beiden Gruppen befinden sich jeweils 75 Männer und 75 Frauen. Datenmäßig wurde der Wohnort nicht erfaßt, durch die Verteilung der Bögen ist jedoch ersichtlich,

---

[11] Wenn im folgenden von "Singles" und "Verheirateten" gesprochen wird, so bezieht sich die Darstellung der Ergebnisse stets auf diese Stichprobe.

daß die Probanden aus ländlichen und städtischen Regionen verschiedener Bundesländer kommen.

Die *Altersverteilung* der Stichprobe ist in Abb. 10 dargestellt.

Abb. 10: Altersverteilung in den Teilstichproben

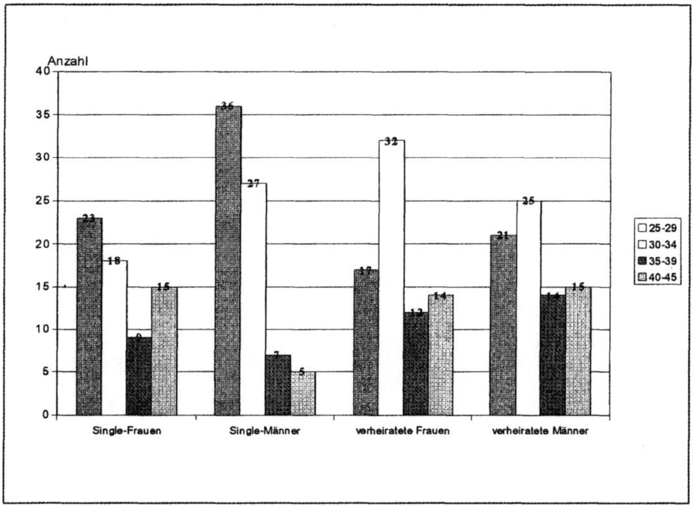

Während sich die Mittelwerte des Alters allein nach Statusgruppen: Singles/Verheiratete nur gering voneinander unterscheiden, ergibt die Betrachtung nach Status und Geschlecht ein anderes Bild. Die Single-Frauen sind durchschnittlich ca. ein Jahr älter als die Verheirateten und ca. vier Jahre älter als die Single-Männer. Der Altersunterschied zwischen Single-Frauen und Single-Männern dieser Stichprobe sollte bei Interpretationen der nachfolgenden Daten berücksichtigt werden.

Die durchschnittliche *Geschwisteranzahl* von drei Geschwistern unterscheidet sich nicht in den beiden Status-Gruppen. Auch der Vergleich der Geschwisterkonstellationen (die Position: Ältestes, Mittleres, Jüngstes, Einzelkind) erbringt keine signifikanten Unterschiede (Cramer's V= .108; p= .32).

Wie zu erwarten, liegt im Mittel die eigene *Kinderzahl* bei Singles im Vergleich zu Verheirateten niedriger, wobei die Frauen, gleichgültig welcher Gruppenzugehörigkeit, eine signifikant größere Kinderanzahl aufweisen als die befragten Männer (Cramer's V= .141; p= .015) (s. Tab. 16).

*Tab. 16: Kinderanzahl von Singles und Verheirateten im Geschlechtervergleich**

Anzahl der eigenen Kinder	Single-Frauen	Single-Männer	verheiratete Frauen	verheiratete Männer
keine	52	68	22	27
1 - 4 Kinder	23	7	53	48

* absolute Zahlen

Mehr als dreimal so viele Single-Frauen wie Single-Männer haben eigene Kinder. Dies ist insofern relevant, als sich der Erfahrungshintergrund von Singles mit Kindern wahrscheinlich wenig mit dem von kinderlosen Singles deckt, so daß für spätere Auswertungen die eigene Kinderanzahl als Erklärung für erschwerte Partner-Suchbedingungen mitgeprüft werden sollte.

Wird der *Familienstand* betrachtet, so sind von den 150 Personen der Kontrollgruppe 140 (70 Frauen/70 Männer) zum ersten Mal verheiratet, die anderen waren zuvor geschieden oder verwitwet.

Unter den Singles befinden sich 69 ledige Männer und 53 ledige Frauen. Die übrigen Singles sind geschieden, verwitwet oder leben von ihrem ehelichen Partner getrennt. In der Gruppe der Single-Frauen gibt es mehr Verwitwungen und auffallend mehr Geschiedene (20%) als unter den Single-Männern (2,7%), so daß auch hier die Gruppe der Single-Frauen heterogener als ihre männliche Vergleichsgruppe ist.

Die meisten Befragten gehören einer der beiden christlichen *Konfessionen* an (s. Abb. 11).

Abb. 11: Religionszugehörigkeit in den Teilstichproben

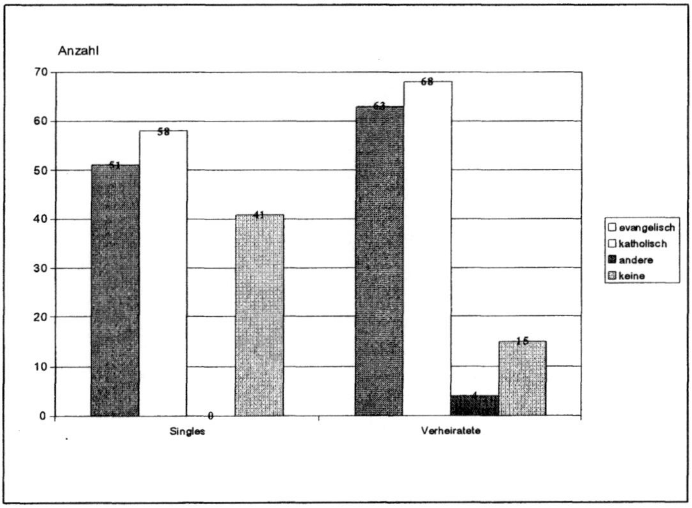

Verheiratete sind etwas häufiger als Singles Mitglieder in den traditionellen Kirchen (Cramer's V=.246; p<.001). Ein Geschlechtseffekt liegt nicht vor (Cramer's V=.078; p=.610).

Bemerkenswert ist, daß 27,3% der Singles im Unterschied zu 10% der Verheirateten keiner Religion angehören (Cramer's V= .183; p= 002). Aus den vier Untergruppen fallen die Single-Frauen, von denen 32% religionslos sind, und die verheirateten Frauen, bei denen nur 5,3% ohne Religionsangehörigkeit sind, heraus (Single Männer: 22,7%; Ehemänner:

14,7%). Der Zusammenhang zwischen Geschlechtszugehörigkeit und Religionslosigkeit ist wiederum nicht signifikant (Cramer's V=.017; p=.773). Die Frage, inwieweit die Bindung an eine Religion mit dem Eingehen einer Partnerbindung zusammenhängt, soll bei der weiteren Datenauswertung mitberücksichtigt werden.

8.2.1 Zusammenfassung: Stichprobenbeschreibung

- *Alter:* Das durchschnittliche Alter der Single-Frauen dieser Stichprobe ist um 1 Jahr höher als das der Verheirateten und um 4 Jahre höher als das der Single-Männer.

- *Anzahl eigener Kinder:* 67% der Verheirateten haben Kinder. Die Elternschaft unter Single-Frauen liegt mit 30,7% dreimal höher als unter Single-Männern.
- *Familienstand:* Die meisten Verheirateten sind zum ersten Mal verheiratet, die Singles sind mehrheitlich ledig. Der Anteil der bereits Geschiedenen ist unter den Single-Frauen mit 20% am höchsten.
- *Religionszugehörigkeit:* Als religionslos bezeichnen sich 27,3% der Singles und 10% der Verheirateten. Die Single-Frauen sind zu 32% ohne Religion.

Als Fazit ist festzuhalten, daß sich die Single-Frauen in ihrem Erfahrungshintergrund betreffend Alter, eigener Kinder, Familienstand und Religionszugehörigkeit nicht nur von den Verheirateten unterscheiden, sondern auch von den Single-Männern, so daß es für die weitere Auswertung als notwendig erscheint, bei möglichen Geschlechtsunterschieden die o.g. Variablen zu beachten.

8.3 Hypothesenüberprüfung

In den folgenden Kapiteln (s. Kap. 8.3.1 - 8.3.4) werden die Ergebnisse im Hinblick auf die Hypothesen (vgl. Kap. 6.3.2) dargestellt.

Für die Kovarianz- und Varianzanalysen sowie Clusteranalysen befinden sich die vollständigen Ergebnistabellen im Anhang (Teil 3).

8.3.1 Partnerlosigkeit: Gesellschaftliches Leben

Hypothese 1 beinhaltet, daß sich Singles von Verheirateten in ihrem gesellschaftlichen Leben bezüglich einer höher qualifizierten Schul- und Berufsausbildung (s. Kap. 8.3.1.1) unterscheiden sowie darin, daß Singles häufiger in kontakt-verhindernden situativen Bedingungen leben (s. Kap. 8.3.1.2) und ich-orientierte Werte präferieren (s. Kap. 8.3.1.3).

8.3.1.1 Schul- und Berufsabschluß

Die vier Untergruppen unterscheiden sich in dem Qualifizierungsgrad ihrer Schulabschlüsse (Cramer's V=.173; p=.008). Nachfolgend wird die prozentuale Verteilung der verschiedenen Qualifikationen für die Teilstichproben angegeben (s. Tab. 17).

Tab. 17: Schulabschluß von Singles und Verheirateten im Geschlechtervergleich

Schulab-schluß	Single-Frauen	Single-Männer	verheiratete Frauen	verheiratete Männer
kein Ab-schluß	/	1,3%	/	2,7%
Volks-/ Hauptschule	14,7%	14,7%	29,3%	16,0%
Realschule	25,3%	14,7%	32,0%	29,3%
(Fach-) Abitur	60,0%	66,7%	38,7%	52,0%
sonstiges	/	2,7%	/	/

Insgesamt verfügen die Singles über eine qualifiziertere Schulausbildung als die Verheirateten (Cramer's V=.206; p=.013). Werden Frauen mit Männern verglichen, so sind die Abschlüsse der Männer höher als die der Frauen (Cramer's V=.178; p=.050). Die Tabelle legt nahe, daß der Geschlechtsunterschied vor allem den verheirateten Frauen zuzuschreiben ist, deren Abschlüsse am wenigsten qualifizieren.

Daß der Schulabschluß, wie vielleicht zu erwarten, nicht direkt auf die berufliche Qualifikation verweisen muß, zeigt die nächste Tabelle (s. Tab. 18):

Tab. 18: Ausbildungsabschluß von Singles und Verheirateten im Geschlechtervergleich

Ausbildungsabschluß	Single-Frauen	Single-Männer	verheiratete Frauen	verheiratete Männer
kein Abschluß	2,7%	2,7%	4,0%	4,0%
in Ausbildung	5,3%	20,0%	1,3%	2,7%
abgeschlossene Lehre	32,0%	29,3%	56,0%	29,3%
Berufsfachschulabschluß	12,0%	9,3%	5,3%	/
Meister/ Techniker	/	5,3%	2,7%	20,0%
Fachschulabschluß	9,3%	1,3%	6,7%	5,3%
Fachhochschul-/ Uniabschluß	38,7%	32,0%	24,0%	38,7%

Aus der Gruppe der verheirateten Männer absolvierten ebensoviele die Universität bzw. Fachhochschule wie aus der Vergleichspopulation der Single-Frauen. Der Anteil der studierten Single-Männer ist etwas niedriger, obwohl sich in dieser Gruppe die meisten Abiturienten befinden. Hier deutet sich ein Alterseffekt an, da ein Drittel der befragten Single-Männer unter 30 Jahre alt ist, und sich ein Fünftel noch in Ausbildung befindet. Verheiratete Frauen studierten entsprechend ihrer niedrigeren schulischen Qualifikation seltener.

Zu der offenen Frage nach der gegenwärtigen Hauptbeschäftigung nennen 32% der verheirateten Frauen sowie jeweils 2 verheiratete und 2 Single-Männer mit Kindern „Hausarbeit“. Trotz des beträchtlichen Anteils alleinerziehender Mütter äußert keine Single-Frau momentan „Hausfrau“ zu sein, obwohl Mehrfachantworten möglich waren.

Des weiteren sollten die Probanden ihre gegenwärtige Berufsbezeichnung angeben, wodurch ersichtlich wird, daß die Gesamtstichprobe ein breites Spektrum an beruflichen Möglichkeiten abdeckt, z.B.:

- *in-Ausbildung:* Studentin; Tischler-Geselle
- *ungelernte* Tätigkeit: Putzfrau; Fließbandarbeiter
- *Handwerksberufe:* Bäckerin; Maler/Lackierer
- *Angestelltenberufe:* Sekretärin; Molkereifachmann
- *Beamte:* Veterinärrätin; Kriminalkommissaranwärter
- *Selbständige:* Zahnärztin; Regisseur.

Von den 300 Befragten waren sieben Probanden zur Zeit arbeitslos.

Die qualitative Auswertung der Berufe zeigt keine deutlichen Unterschiede zwischen Singles und Verheirateten.

Der eigene Schul- und Ausbildungsabschluß sowie die momentane Tätigkeit stehen weder mit dem mütterlichen Beruf noch mit dem Beruf des Vaters in Verbindung. Die Schichtzugehörigkeit der Herkunftsfamilie unterscheidet sich nicht signifikant zwischen Singles und Verheirateten.

8.3.1.2 Situative Lebensumstände

Momentane Lebensumstände können sich auf die Partnersuche oder Ehebeziehung erschwerend auswirken. Dies bejahen am häufigsten verheiratete Männer und Single-Frauen (s. Tab. 19):

Tab. 19: Bejahung der Frage, ob sich situative Bedingungen auf die Partnersuche bzw. Ehebeziehung erschwerend auswirken

Antwort	Single-Frauen	Single-Männer	verheiratete Frauen	verheiratete Männer
sit. Bedingungen sind erschwerend	32,0%	21,3%	16,0%	34,7%

Warum sich hier kein Gruppen- oder Geschlechtseffekt ergibt, soll erst nach Betrachtung der von den Probanden genannten Gründe interpretiert werden. Die Antworten auf die offene Frage nach den gegenwärtig erschwerenden Bedingungen lassen sich drei Kategorien zuordnen, die sich in der folgenden Tabelle (s. Tab 20) wiederfinden. Mehrfachantworten waren möglich.

*Tab. 20: Art der erschwerenden situativen Bedingungen**

Gründe	Single-Frauen	Single-Männer	verheiratete Frauen	verheiratete Männer
Arbeit o. Ausbildung: Zeitmangel, ungünstige Arbeitszeiten	15	14	6	19
Doppelbelastung: Beruf/Kinder	6	1	1	2
Lebensform	3	3	3	3
Anzahl der Nennungen	24	18	10	24

* absolute Zahlen

Unter „Lebensform“ wurden Aussagen wie z.B. Arbeitslosigkeit, die Situation als Hausfrau usw. subsummiert. Alle vier Gruppen nennen diese Kategorie in bezug auf eine enge Bindung gleich häufig. Der größte Hinderungsgrund für eine Partnerschaft liegt bei den Probanden in ihrem Beruf oder ihrer Ausbildung. Dabei werden vor allem Zeitmangel und ungünstige Arbeitszeiten angeführt.

Verheiratete Männer empfinden ihre situativen Belastungen besonders erschwerend für eine Liebesbeziehung, Single-Frauen antworten ähnlich hoch belastet. Single-Männer bejahen die Frage nach erschwerenden Kontaktbedingungen etwas weniger häufig als Single-Frauen und Ehemänner.

Auffällig ist die Bewertung der Ehefrauen hinsichtlich erschwerender Bedingungen ihrer Ehebeziehung. Obwohl 70,7% der befragten Ehefrauen mindestens ein Kind haben und 57,7% dieser Frauen gleichzeitig berufstätig sind, führen, ausgenommen einer Ehefrau, die verheirateten Frauen weder „Kinder“ noch „Doppelbelastung“ zur o.g. Frage an. Von den insgesamt 23 Single-Frauen mit Kind nennen sechs Probandinnen die Doppelbelastung Kind und Beruf, was ebenfalls von mehr Frauen zu erwarten wäre, da die fehlende Unterstützung durch einen Partner größere Zeitknappheit und geringere Möglichkeiten der Freizeitgestaltung bedeuten müßte.

Der geringe „Beschwerdeanteil“ bei Frauen mit Kindern gilt auch generell für die Ehefrauen, da sie als Untergruppe am wenigsten kontakterschwerende Situationen angeben. Sie stellen sich selbst seltener in den Mittelpunkt. Ihre Äußerungen über ihre situativen Lebensumstände sind mehr beschreibend als kritisierend:

„... nicht gerade glücklich macht.“

„... nicht ganz einfach zu ertragen ist.“

Unterschiede in den Äußerungen der untersuchten Gruppen werden bei einer *Sprachanalyse* deutlich.

Die Mehrzahl der Erklärungen der verheirateten Frauen in bezug auf erschwerende situative Lebensbedingungen beziehen den Partner mit ein und verdeutlichen das Ausgerichtetsein auf diesen, z.B.:

„Mein Partner ist im Beruf zeitlich sehr eingespannt.“

Etwas geringer ist die Häufigkeit der Bezugnahme auf die Partnerin bei den verheirateten Männern. Bei den Single-Männern kommt sie nicht vor, d.h. Satzergänzungen wie z.B. „... um eine Frau / Partnerin kennenlernen zu können“, fehlen. Die Single-Frauen beziehen in ihren schriftlichen Äußerungen lediglich dreimal „Männer“ mit ein. Bei ihren Formulierungen fällt im Unterschied zu den übrigen Gruppen überhäufig der Satzbeginn mit dem Wort „Ich“ auf. Sie betonen ihre Berufs- oder Ausbildungssituation als besonders vereinnahmend, so daß eine Partnersuche geradezu ausgeschlossen wird, z.B.

„... mein Leben durch viel Arbeit und regelmäßige Freizeitaktivitäten stark verplant ist.“

„... ich zur Zeit durch das Lernen für das Examen keine Kraft für den positiven Streß des Verliebens habe.“

Die Probanden, die die o.g. offene Frage beantwortet haben, konnten dadurch eine eigene Teil-Erklärung für ihre Lebensform abgeben. In den Antworten der Verheirateten wird der Partnerbezug deutlich, in denen der Singles fehlt die Referenz auf einen projektiven Partner fast immer. Bei den Single-Frauen fällt des weiteren als Grund für eine erschwerte Partneranbahnung die starke Betonung der Inanspruchnahme durch den Beruf auf.

8.3.1.3 Prioritätensetzung des Wertgefüges

Ob sich Singles in ihren Wert-Präferenzen von Verheirateten unterscheiden, soll mit der Auswertung des ‘Wert-Fragebogens’ (vgl. Teil J, Anhang 1) beantwortet werden.

Die Mittelwerte derjenigen Wert-Skalen, bei denen sich ein Geschlechts- oder Gruppeneffekt ergibt, sind in der folgenden Abbildung aufgeführt (s. Abb. 12).

Abb. 12: Ausprägung der Wertskalen

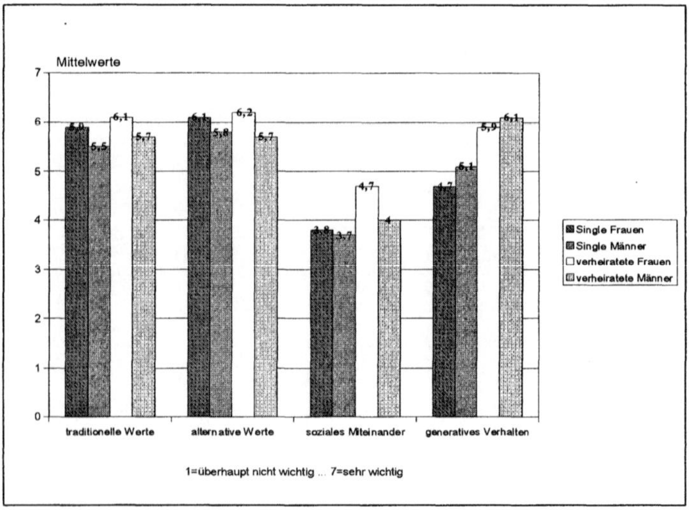

Nach der Kovarianzanalyse finden sich Unterschiede zwischen den Geschlechtern bei den Skalen *'traditionelle Werte'* (F(1,292)=14.557; p<.001) und *'alternative Werte'* (F(1,292)=9.168; p=.003). Beide Werthaltungen sind für Frauen wichtiger als für Männer. Bei den Skalen *'soziales Miteinander'* und *'generatives Verhalten'* gibt es neben dem Geschlechtseffekt auch einen signifikanten Unterschied zwischen den beiden Statusgruppen. Das soziale Miteinander ist für Frauen wichtiger als für Männer (F(1,287)=5.180; p=.024) und für Verheiratete bedeutsamer als für Singles (F(1,287)=11.584; p=.001). Die Betrachtung der Mittelwerte (vgl. Abb. 12) zeigt, daß die Ehefrauen die sozialen Werte besonders hoch einstufen. Beide Haupteffekte sind in erster Linie auf diese Untergruppe zurückzuführen. Die Wechselwirkung erweist sich als signifikant (F(1,287)=4.433; p=.036).

Anders verteilt sind die mittleren Einstufungen der Wichtigkeit generativen Verhaltens. Diese Werthaltung ist für Männer wichtiger als für Frauen (F(1,289)=5.974; p=.015). Außerdem wird dieses Verhalten von den Verheirateten deutlich höher eingestuft als von den Singles (F(1,289)=69.377; p<.001).

Keine signifikanten Unterschiede zwischen Singles und Verheirateten zeigen sich bei den Skalen 'finanzielle Absicherung', 'politisches Interesse' und 'sinnvolle Lebensgestaltung'.

Wird der Einfluß des Alters auf die Wertpräferenzen geprüft, so gibt es einen signifikanten Zusammenhang zwischen der Kovariate Alter bei der Skala *'finanzielle Absicherung'* (F(1,294)=4.847; p=.028). Je älter die Befragten sind, desto wichtiger ist ihnen die finanzielle Absicherung. Dies spiegelt sich auch in dem zwar niedrigen, aber signifikanten Korrelationskoeffizienten zwischen Alter und 'finanzieller Absicherung' (r=.136; p=.018) wider. Beim *politischen Interesse* ist ein Einfluß der Kovariate Alter nur tendenziell zu erkennen (F(1,292)=3.375; p=.067). Die Korrelation zwischen den beiden Variablen Alter und 'politisches Interesse' liegt bei r=.110 (p=.057). Mit zunehmendem Alter nimmt also politisches Interesse einen höheren Stellenwert ein.

Darüberhinaus ist der lineare Zusammenhang zwischen Alter und 'sozialem Miteinander' (r=.121; p=.039) bzw. 'traditionellen Werten' (r=.124; p=.033) signifikant von Null verschieden. Allerdings sind die Zusammenhänge zwischen Alter und den Wertskalen eher schwach und daher inhaltlich nicht besonders aussagekräftig.

Interessant ist auch die Frage, ob die Präferenz verschiedener Werte vom Bildungsstand beeinflußt wird. Um dies zu überprüfen, wurden einfaktorielle Varianzanalysen berechnet, wobei der angegebene Schulabschluß als unabhängige Variable berücksichtigt wurde. Bei den varianzanalytischen Auswertungen wurden die beiden möglichen Ausprägungen 'kein Abschluß' und 'sonstiger Abschluß' wegen der geringen Fallzahlen nicht berücksichtigt.

Für die Skalen 'traditionelle Werte' und 'politisches Interesse' waren die Unterschiede der Teilstichproben nicht signifikant. Bei allen anderen Variablen muß die Hypothese, daß die Mittelwerte aus der gleichen Grundgesamtheit stammen, verworfen werden. Die Ergebnisse sind in Tabelle 21 zusammengestellt. Dort sind auch die Einzelvergleiche zwischen den drei Gruppen (Hauptschulabschluß, mittlere Reife, Abitur) dargestellt.

Tab. 21: Wert-Skalen im Zusammenhang mit dem Schulabschluß: F-, p- und Mittelwerte

Faktor	F (2, 291)	p	Signifikante Unterschiede			Mittelwerte**		
			H : M	H : A	M : A	H	M	A
sinnvolle Lebensgestaltung	3,060	.048	*			6,168	5,806	5,919
finanzielle Absicherung	9,341	.000		*		5,795	5,349	5,015
traditionelle Werte	0,069	.933				5,798	5,838	5,794
soziales Miteinander	15,018	.000		*	*	4,617	4,451	3,671
alternative Werte	3,696	.026		*		6,241	5,925	5,829
generatives Verhalten	9,279	.000		*	*	5,836	5,747	5,162
politisches Interesse	2,638	.073				3,427	3,773	3,923

* p<.05; A=Abitur, M=Mittlere Reife, H=Hauptschulabschluß

** 1 = überhaupt nicht wichtig ... 7 = sehr wichtig

Die Unterschiede in der Ausprägung der Wert-Skalen zwischen Probanden mit Hauptschulabschluß und Abitur sind häufiger als die zwischen Probanden mit Haupt- und Mittelschulabschluß, die sich nur hinsichtlich der 'sinnvollen Lebensgestaltung' signifikant unterscheiden. Bei den meisten Wertbereichen mit signifikanten Unterschieden läßt sich die Bedeutung aus einem vorhersagbaren Trend der schulischen Hierarchie ablesen: Probanden mit Abitur messen den Faktoren 'finanzielle Absicherung', 'soziales Miteinander', 'alternative Werte' und 'generatives Verhalten' den geringsten Stellenwert bei, Hauptschulabsolventen den größten, ehemalige Realschüler nehmen eine mittlere Position ein.

Als Ausnahme von diesem Antwortmuster ist eine 'sinnvolle Lebensgestaltung' für Probanden mit Hauptschulabschluß am wichtigsten, dann folgen Probanden mit Abitur und danach erst die mit Realschulabschluß.

Der Zusammenhang zwischen Schulausbildung und Wertprioritäten ist deshalb von Bedeutung, weil er darauf hinweist, daß das Antwortverhalten nicht nur nach der Lebensform mit oder ohne Partner differieren kann, sondern sich Unterschiede zwischen

Singles und Verheirateten auch aus der höheren Bildungsqualifikation der Singles (vgl. Kap.8.3.1.1) erklären lassen.

8.3.1.4 Zusammenfassung und Diskussion: Gesellschaftliches Leben

Schul- und Berufsabschluß: Der Schulabschluß von Singles ist qualifizierter als der von Verheirateten. Den niedrigsten Bildungsstatus haben die verheirateten Frauen. Der Anteil derjenigen, die nach dem Gymnasium einen Studienabschluß erlangten, liegt bei den verheirateten Männern am höchsten. Sie sind vom Ausbildungsabschluß ähnlich hoch qualifiziert wie die Single-Frauen. Unter den Single-Männern befinden sich die meisten Abiturienten, sie können aber nicht so häufig einen Studienabschluß nachweisen wie Single-Frauen und verheiratete Männer. Zu beachten ist allerdings, daß der Altersdurchschnitt der Single-Männer niedriger als bei den anderen Untergruppen ist, und daß die Single-Männer den höchsten Anteil der noch Lernenden bilden.

Die Ergebnisse können möglicherweise eine bereits mit Ende der Schulzeit vorhandene Orientierung an eine angestrebte spätere Lebensform andeuten. So könnte sich im höheren Schulabschluß der Singles u.a. eine Wertpräferenz für das berufliche Fortkommen abzeichnen. Der niedrigere Qualifizierungsgrad der verheirateten Frauen hat als Konsequenz, daß bei einem Kinderwunsch ein Hauptverdiener vorhanden sein sollte. Bereits in der Schulzeit könnte die eigene Lebensvorstellung über eine Familienbildung nach dem traditionellem Modell, mit dem Mann als Verdiener und der Frau als Hausfrau, Mutter und eventuell Zuverdienerin, bestanden haben.

Der geringere Abitur-Anteil unter den verheirateten Frauen und Männern könnte, weit spekuliert, auch generell ein stärkeres Interesse an Sozialkontakten oder anderen Freizeitmöglichkeiten ausdrücken, so daß die schulischen Leistungen einen geringeren Stellenwert erhalten hätten. Verheiratete wären somit stärker auf ihre soziale Umwelt bezogen, Singles mehr auf ihre eigene Leistungsfähigkeit und damit verbundene Ziele. Warum die verheirateten Männer am häufigsten ihr Abitur zur Erlangung eines Studienabschlusses nutzten, könnte eventuell darauf hindeuten, daß im Erwachsenenalter eine Berufsorientierung deshalb einsetzt, weil sie für die finanzielle Sicherheit einer eigenen Familie als notwendig erscheint.

Situative Lebensumstände: Von den verheirateten Männern und Single-Frauen geben ca. ein Drittel für die Partnersuche bzw. Ehebeziehung erschwerende situative Bedingungen an, die meistens im Beruf oder in der Ausbildung begründet sind. Im Unterschied zu den o.g. Gruppen benennen ca. ein Fünftel der Single-Männer und noch etwas weniger verheiratete Frauen situative Belastungen. Die verheirateten Frauen halten sich sprachlich in ihrer Kritik zurück und beziehen in ihren Äußerungen, ebenso wie verheiratete Männer, oft den Partner mit ein. Dieser Bezug auf einen (potentiellen) Partner fehlt bei den Single-Männern und ist bei den Single-Frauen selten. Letztere zeigen eine stärkere Ich-Bezogenheit in ihren Äußerungen.

Der geringe Beschwerdeanteil der verheirateten Frauen könnte andeuten, daß sie selbstgenügsamer als die anderen drei Untergruppen sind und somit eher bereit sind, sich den Erfordernissen der Familie anzupassen. Ihr Antwortverhalten könnte eventuell als ein Sich-Einfügen in eine traditionell vorgegebene Frauen-Rolle gedeutet werden, in der Belastungen mit einer größeren Selbstverständlichkeit getragen werden. Das Pendant dazu bildet der verheiratete Mann - traditionsgemäß wird seine Rolle als „Ernährer" der Familie als bedeutungsvoll eingestuft. Seine Belastungen werden von der Gesellschaft anerkannt, so daß er sie auch wahrnehmen und verbalisieren darf. Wenn die Single-Frau ebenfalls dieses traditionelle Modell verinnerlicht hätte, müßte sie sich belasteter fühlen, weil für sie als „schwache Frau" die alleinige Verantwortung für ihre Existenz bedrohlicher als für den Single-Mann sein sollte. Er müßte - nach traditionellem Denken - ohne eigene Familie finanziell nur für sich allein sorgen, so daß die empfundene Verantwortlichkeit geringer ausfallen könnte.

Eine entgegengesetzte Erklärung für das o.g. Antwortverhalten wäre, daß sich bei Singles die traditionellen Geschlechtsrollen verändert haben. Für die Single-Frau würde dies mehr Selbstbewußtsein und Selbstdarstellung bedeuten, eine größere Selbstdefinition durch den Beruf und ein eher egozentrischer Blickwinkel auf eigene Leistungen und Bedürfnisse. Es könnte also ebenfalls spekuliert werden, daß die Single-Frau stärker die in der Gesellschaft bisher als maskulin deklarierten Eigenschaften lebt, während sich der Single-Mann weiter vom „typischen Mann" entfernt.

Prioritätensetzung des Wertgefüges: Die Faktoren 'traditionelle' und 'alternative Werte' sind für die Frauen beider Statusgruppen wichtiger als für die Männer, wobei die Skala 'traditionelle Werte' am stärksten von den verheirateten Frauen befürwortet werden. Für sie spielen ebenfalls das 'soziale Miteinander' eine größere Rolle. 'Traditionelle Werte' und 'soziales Miteinander' werden bei beiden Geschlechtern mit höherem Alter relevanter. Die Bedeutung 'generativen Verhaltens' ist bei den Verheirateten größer als bei den Singles. Die Wertigkeit 'generativen Verhaltens', 'finanzieller Absicherung', 'sozialen Miteinanders' und 'alternativer Werte' unterscheidet sich in Abhängigkeit vom Qualifizierungsgrad: ehemalige Abiturienten präferieren diese Werte weniger, Hauptschüler am stärksten und Realschüler nehmen eine mittlere Position ein.

Warum eher Frauen 'traditionelle' und 'alternative' Werte als relevant angeben, könnte aus ihrer Geschlechtsrollensozialisation oder ihrer Situation als Mutter erklärt werden, durch die sie gelernt haben, Verantwortung für das psychische und physische Wohlergehen anderer zu übernehmen, so daß sowohl die Erhaltung von familiärer Stabilität als auch die einer gesunden Umwelt von größerem Interesse sein könnten.

Wenn die mit dem Faktor 'generatives Verhalten' zusammenhängenden Items (Kinder bekommen, Sexualität, Partnerschaft) von Singles als weniger relevant angesehen werden, könnten die Bemühungen um einen Partner geringer ausfallen. Andererseits ist hier nicht nachprüfbar, ob bei Verheirateten der Faktor 'generatives Verhalten' erst durch die Entscheidung für einen Partner bedeutsamer geworden ist. Daß Singles 'generatives Verhalten' weniger hoch bewerten, müßte sich, zumindest im Sinne der Reduzierung kognitiver Dissonanz, positiv auf ihre Zufriedenheit auswirken.

Da mit höherem Schulabschluß meistens ein höheres Gehalt sowie größere berufliche Möglichkeiten verbunden sind, könnten für ehemalige Abiturienten die finanzielle Absicherung als Problemfeld ebenso wie die sozialen Sicherungssysteme Freunde, Familie und Partnerschaft weniger im Mittelpunkt stehen. Größere berufliche Wahlmöglichkeiten könnten ebenfalls zu einer stärkeren Identifikation mit dem Beruf führen, so daß die Interessen für außerberufliche Bereiche (Kontakte, Familiengründung, alternatives Engagement) eingeschränkter sein könnten.

Die *Hypothese (1)*, daß sich Singles von Verheirateten in ihrem gesellschaftlichen Leben unterscheiden, gilt nur teilweise:

- Der *Schulabschluß* der Singles ist, wie nach Vorhersage, höher qualifiziert als der von Verheirateten.
- Entgegen der Vorhersage bekleiden Single-Frauen und verheiratete Männer die höheren *Berufspositionen*, wobei allerdings beachtet werden muß, daß der Anteil derjenigen, die sich noch in der Ausbildung befinden, bei den Single-Männern am höchsten ist.

- Die Unterhypothese, daß Singles häufiger kontaktverhindernde *situative Lebensumstände* aufführen, muß verworfen werden. Vielmehr antworten wieder verheiratete Männer und Single-Frauen ähnlich.
- Die Prioritätensetzung einzelner *Wertbereiche* unterscheidet sich teils nach Geschlecht, teils nach Alter und Bildungsstand. Hypothesenkonform wurde zu den Faktoren 'soziales Miteinander' und 'generatives Verhalten' geantwortet, die von Singles geringer präferiert werden als von Verheirateten.

8.3.2 Partnerschaft: Individuelle Bindungsgenese

Hypothese 2 besagt, daß sich Singles von Verheirateten in ihrer Bindungsgenese unterscheiden. Die Entwicklung des Bindungsverhaltens (s. Kap. 8.3.2.1) von Singles sollte charakterisiert sein durch eine geringere Erwünschtheit der eigenen Geburt und einer schwierigeren Freundschaftsanbahnung in der Kindheit sowie geringeren jugendspezifischen Erfahrungen (s. Kap. 8.3.2.1.1). Des weiteren sollte das Alter der ersten „festen Beziehung" bei Singles höher und die Loslösung von der Herkunftsfamilie geringer als bei Verheirateten sein (s. Kap. 8.3.2.1.2). Die Qualität der inneren Bindungsrepräsentation sollte bei Singles einem unsicheren Bindungsstil entsprechen (s. Kap. 8.3.2.2), der sich auf das Verhalten kontakterschwerend auswirken sollte (s. Kap. 8.3.2.3).

8.3.2.1 Entwicklung des Bindungsverhaltens

In den folgenden Abschnitten werden die Unterschiede in der Entwicklung des Bindungsverhaltens zwischen Verheirateten und Singles (Status) sowie zwischen Männern und Frauen (Geschlecht) auf Basis der zusätzlichen Items des Kindheitsfragebogens überprüft (D35 - D39) (vgl. Kap. 7.2). Da es sich jeweils um einzelne Items handelt, deren Ausprägung auf einer fünfstufigen Skala erfaßt wurden, erscheint eine nichtparametrische Auswertung angemessen (vgl. Kap. 7.5.3).[12] Des weiteren wird das Alter der ersten „festen Beziehung" erhoben.

---

[12] Hierbei wird auf die Berücksichtigung der Altersvariable aus inhaltlichen Gründen verzichtet, da die angesprochenen Items bereits abgeschlossene Lebensphasen beinhalten.

8.3.2.1.1 Kindheit / Jugend

In diesem Kapitel sollen folgende Variablen auf Unterschiede zwischen den verschiedenen Status- und Geschlechtsgruppen untersucht werden:

- Erwünschtheit der Geburt
- Mehrere Spielgefährten in der Kindheit
- Beschäftigung in der Jugend mit Themen der Peergroup
- Alter bei der ersten „festen Beziehung".

Die Erwünschtheit der Geburt kann Prognosen über die zukünftige Bindungsentwicklung zulassen (vgl. Kap. 3.1.2.1). In dieser Untersuchung schätzen Singles die Erwünschtheit ihrer Geburt geringer als Verheiratete ein (s. Abb. 13):

Abb. 13: Erwünschtheit der eigenen Geburt

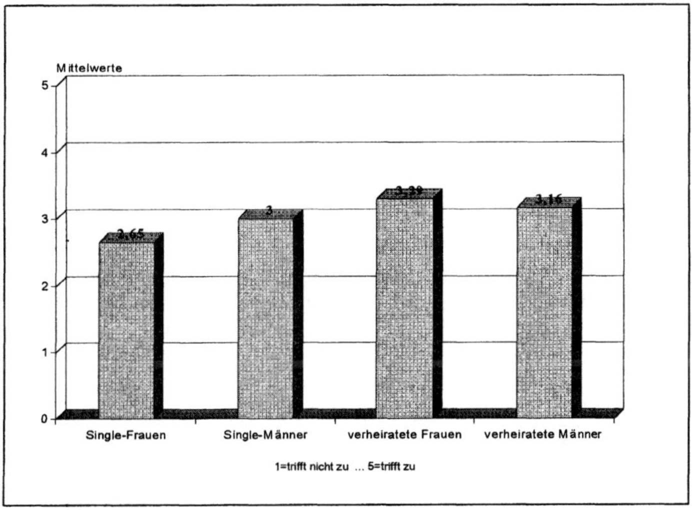

Der Mittelwertvergleich nach dem Mann-Whitney-Test zeigt einen signifikanten Unterschied zwischen Singles und Verheirateten (Z= -2.49; p=.013). Ein signifikanter Geschlechtsunterschied ist hingegen nicht zu verzeichnen (Z= -.56; p=.578).

Bei näherer Betrachtung (vgl. Abb. 13) ist der Statuseffekt allein auf die weibliche Teilstichprobe zurückzuführen (Z= -2.65; p=.008). Die Ehefrauen sind wesentlich stärker von der Erwünschtheit ihrer Geburt überzeugt als die alleinlebenden Frauen. Bei den Männern unterscheiden sich Singles und Verheiratete nicht überzufällig voneinander (Z= -.86; p=.392).

Das Antwortverhalten von Singles und Verheirateten gleicht sich bezüglich des Statements „Als Kind hatte ich meist mehrere Spielgefährten". Es gibt weder Geschlechts- noch Statusunterschiede (Geschlecht: Z= -1.11; p=.265; Status: Z= -0.83, p=.406). Ebenfalls unterscheiden sich die Gruppen nicht hinsichtlich der Einschätzung der Aussage 'In meiner Jugend beschäftigte ich mich mit anderen Themen als Gleichaltrige' (Geschlecht: Z= -1.02; p=.394; Status: Z= -1.32; p=.186).

Wird danach gefragt, wann zum ersten Mal eine „feste Beziehung" eingegangen worden ist, so weichen die Gruppen hochsignifikant voneinander ab. Das Alter bei der ersten Partner-Beziehung unterscheidet sich sowohl zwischen Männern und Frauen (F(1,251)= 4,276; p=.040) als auch zwischen den Statusgruppen (F(1,251)=24.906; p<.001). Die Mittelwerte zeigen, daß die Frauen etwas früher ihre erste Beziehung eingegangen sind (=18 Jahre; Männer= 19 Jahre). Deutlicher ist der Unterschied zwischen Singles und Verheirateten. Singles sind im Mittel über 19 Jahre alt, wenn sie das erstemal einen festen Partner haben, die Verheirateten hingegen erst 17 Jahre. Zusätzlich ist ein deutlicher Zusammenhang mit dem Alter der Befragten zu erkennen. Die positive Korrelation (r=.197; p=.002) belegt, daß die jüngeren Probanden früher ihre erste Partner-Beziehung eingingen als die älteren.

Das Alter bei der ersten „festen Beziehung" hängt auch mit dem Schulabschuß zusammen. Die einfaktorielle Varianzanalyse mit Schulabschluß als unabhängiger Variable ergibt ein signifikantes Ergebnis (F(2, 248)=3.256; p=.040). Allerdings ist es nicht möglich, diesen Unterschied genauer zu lokalisieren. Der Test nach Newman-Keuls weist keinen signifikanten Unterschied zwischen je zwei Gruppen auf. Die Mittelwerte zeigen, daß die Gymnasiasten tendenziell später ihre erste Beziehung eingehen (=19 Jahre) als die Absolventen der beiden anderen Schulformen (Haupt- und Mittelschüler: 18 Jahre).

8.3.2.1.2 Erwachsenenalter

Um die Loslösung von der Herkunftsfamilie und damit die Hinwendung zu einem Partner im Erwachsenenalter einzuschätzen, sollten zwei Items beantwortet werden: Es wurde einerseits nach der Unabhängigkeit von den Eltern und andererseits nach der Verantwortlichkeit für einzelne Angehörige gefragt.

Bezüglich der Unabhängigkeit unterscheiden sich die beiden Statusgruppen signifikant (Z=-2.00; p=.046) (s. Abb. 14).

Abb. 14: Unabhängigkeit von der Herkunftsfamilie

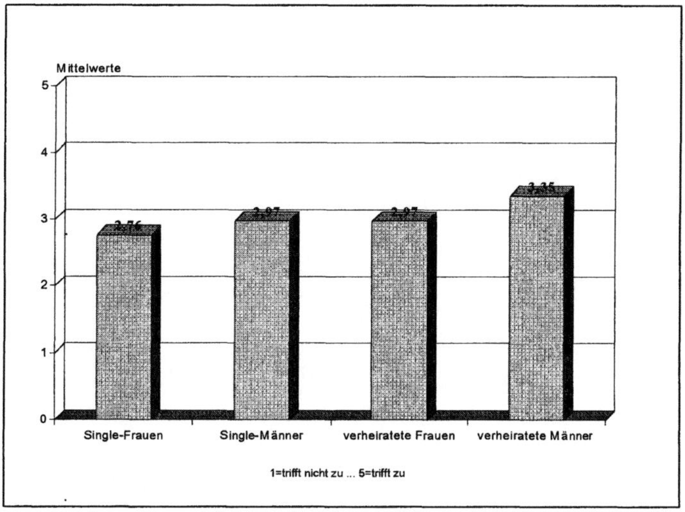

Die Verheirateten fühlen sich unabhängiger von ihrer Herkunftsfamilie als Singles. Dieser Effekt ist auf die männliche Teilstichprobe zurückzuführen (Z=-2.02; p=.044). Bei den Frauen konnte kein Unterschied in Abhängigkeit vom Status nachgewiesen werden (Z=-.86; p=.390). Der Haupteffekt für die Variable Geschlecht ist statistisch nicht zum Signifikanzniveau von 5% abzusichern (Z=-1.95; p=.051).

Einen deutlichen Geschlechtseffekt gibt es bei dem zweiten Item, das nach der Verantwortlichkeit für Angehörige fragt (s. Abb. 15).

Abb. 15: Verantwortlichkeit für Familienmitglieder

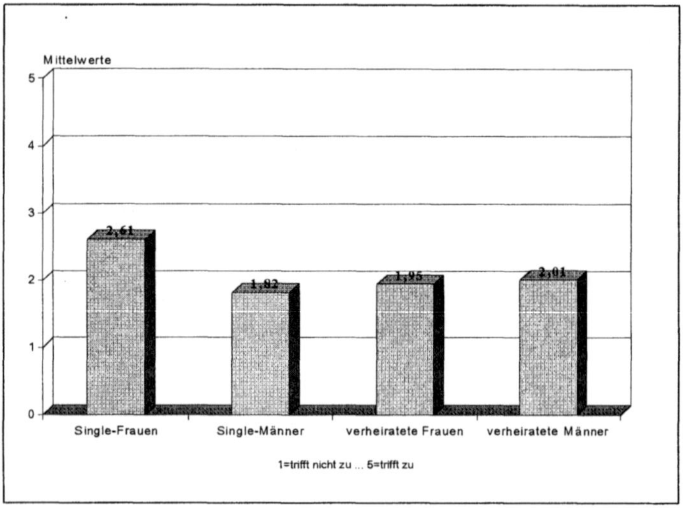

Hier schätzen die Frauen ihre Verantwortung deutlich höher ein, als die Männer (Z=-2.06; p=.039). Eine Überprüfung dieses Effekts getrennt nach Statusgruppen zeigt, daß dies allein auf die Single-Frauen in der Stichprobe zurückzuführen ist: Sie übernehmen deutlich mehr Verantwortung für Angehörige aus der Herkunftsfamilie als Ehefrauen (Z=-2.65; p=.008). Die Männer schätzen hingegen ihre Verantwortung für Angehörige ähnlich ein, egal ob sie verheiratet sind oder alleinstehend (Z=-.76; p=.445). Ein Haupteffekt für die Statusvariable ist statistisch nicht zu belegen (Z=-1.38; p=.169).

Als weitere Items wurden für das Erwachsenenalter erhoben, wie die Qualität der gegenwärtigen Freundschaften eingeschätzt wird, die Anzahl guter Freunde, die Anzahl bisheriger Partner und die längste Dauer einer Partnerschaft. Als unabhängige Variablen dienen Geschlecht und Status.

Die Anzahl guter Freunde wird unabhängig von Geschlecht und Status im Schnitt mit 5 angegeben. Ein Statuseffekt ergibt sich für die eingeschätzte Verläßlichkeit der Freunde (Z=-2.03; p=.042). Bezüglich der Verläßlichkeit sind die Verheirateten etwas pessimistischer als die Singles.

Singles verfügen laut dieser Untersuchung also nur über wenig intensivere Freundschaften als Verheiratete und über die gleiche Anzahl guter Freunde wie Verheiratete. Das Fehlen eines Beziehungspartners wird somit nicht mit mehr oder intensiveren

Freundschaften „kompensiert". Umgekehrt bleibt auch beim Vorhandensein eines Partners, trotz des eingeschränkteren Zeitbudgets, das Bedürfnis nach einem intensiven Austausch mit Freunden bestehen, was auch weiterhin gepflegt wird.

Ähnlich sind sich die vier Gruppen auch in der durchschnittlichen Anzahl von drei vorehelichen Partnern. In der Teilgruppe der Verheirateten hatten die Männer (4 Partner) signifikant mehr Partner-Beziehungen als die Frauen (2 Partner) (Z=-2.57; p=-.010), bei den Singles geben beide Geschlechter durchschnittlich drei voreheliche Partner an (Z=-1.31; p=.190).

Singles und Verheiratete unterscheiden sich allerdings in der Dauer ihrer längsten Partnerschaft (Z=-5.75; p<.001). Die längste voreheliche Partnerschaft dauerte bei

Single-Frauen: 7 Jahre (S=6,5 Jahre)

Single-Männern: 4 Jahre (S=4,0 Jahre)

Ehefrauen: 3 Jahre (S=3,6 Jahre)

Ehemännern: 3 Jahre (S=3,1 Jahre).

Die Betrachtung der Mittelwerte legt die Vermutung nahe, daß sich die verheirateten Männer und Frauen nicht, die Singles hingegen sehr wohl unterscheiden. Die gruppenweise Analyse bestätigt einen signifikanten Geschlechtseffekt bei den Singles (Z=-2.78; p=.005), der bei den Verheirateten nicht besteht (Z=-.87; p=.387). Wie oben ersichtlich, verfügen die Single-Frauen über die längste voreheliche Partnererfahrung, was wiederum die Heterogenität von Single-Frauen und Single-Männern unterstreicht (vgl. Kap. 8.2).

Ausgenommen aus den o.g. Berechnungen sind die 26 Singles (10 Frauen; 16 Männer), die bisher keine Partnererfahrung haben. Das Durchschnittsalter dieser Unterpopulation beträgt 29 Jahre (S=4,45).

Weitere erläuternde Aussagen zum Lebensalter beim Eingehen der ersten festen Beziehung, zur Beziehungsdauer und der Partneranzahl im Zusammenhang mit Bindungsstil und Religionszugehörigkeit konnten durch eine Korrelationsanalyse nicht erbracht werden. Statistische Zusammenhänge ließen sich auch nicht zu Trennung/Scheidung der Eltern und den entwicklungsbezogenen Items (s. Anhang 1, Teil D, 35 – 39: Erwünschtheit der Geburt, Spielgefährten, jugendspezifische Verhaltensweisen, Loslösung von der Herkunftsfamilie, Verantwortlichkeit für Familienangehörige) nachweisen.

8.3.2.2 Stabilisierung von Bindungsmustern

Im Literaturteil (vgl. Kap. 3.1.3.2) wurde darauf eingegangen, daß Beziehungserfahrungen in sog. „inneren Arbeitsmodellen" repräsentiert werden und dadurch das eigene Bindungsverhalten steuern, welches sich den verschiedenen Bindungsstilen (vgl. Kap. 3.1.3.3) zuordnen läßt.

Wenn Personen bei der Partneranbahnung Schwierigkeiten äußern, so müßten sie vermehrt unsicheres Bindungsverhalten zeigen. Diejenigen, die sich gegenwärtig in einer Partnerschaft befinden, müßten demnach über einen sicheren Bindungsstil verfügen. Die nachfolgenden Daten stehen mit dieser Behauptung in Übereinstimmung (s. Abb. 16):

Abb. 16: Bindungsstile der Untergruppen

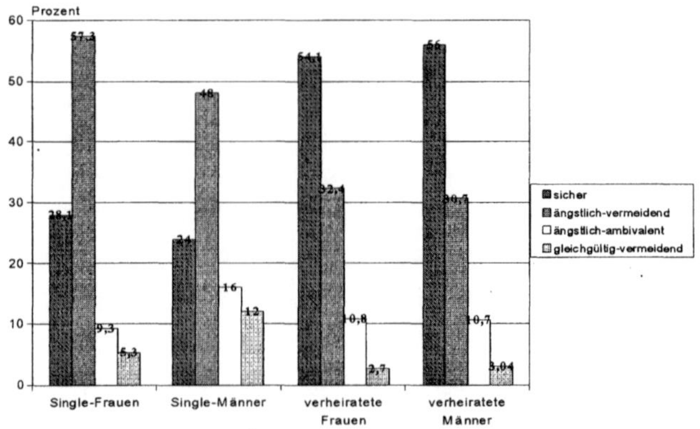

Mehr als die Hälfte der Verheirateten ordnen sich dem sicheren Bindungsstil zu, wobei dies nur ca. auf ein Viertel der Singles zutrifft. Sie erreichen dafür höhere Werte beim ängstlich-vermeidenden Stil (Single-Frauen: 57%; Single-Männer: 48%), zu dem sich ca. ein Drittel der Verheirateten zugehörig fühlen. Der Bindungsstil „ängstlich-ambivalent" wird nicht so häufig wie die ersten beiden Stile von den Probanden angegeben. Ein noch geringerer Anteil der Untersuchungspopulation erkennt den „gleichgültig-vermeidenden" Bindungsstil für die eigene Person als zutreffend an. Diese beiden letztgenannten unsicheren Stile befürworten die Single-Männer häufiger als die anderen Untergruppen. Statistisch abgesichert wird der Zusammenhang zwischen den beiden Variablen (Bindungsstil vs. Gruppe) durch Cramer's V =.194, p<.001.

Als differenziertes Maß für die Zuordnung zu den Bindungsstilen wurde pro Stil auf einer 5-stufigen Ratingskala nach dem Grad der Zustimmung gefragt. Um die Unterschiede im Grad der Zustimmung zu den verschiedenen Stilen zu analysieren, wurden Mittelwertvergleiche nach Mann-Whitney gerechnet. Als unabhängige Variablen wurden Geschlecht und Status eingesetzt (s. Tab. 22).

*Tab. 22: Zustimmungsgrad einzelner Bindungsstile**

Mittelwertvergleich				
Bindungsstil	**Single-Frauen**	**Single-Männer**	**verheiratete Frauen**	**verheiratete Männer**
sicher	3,04	3,01	3,51	3,60
ängstlich-vermeidend	3,88	3,28	2,93	2,85
ängstlich-ambivalent	2,33	2,50	2,30	2,24
gleichgültig-vermeidend	1,96	2,26	1,76	1,68

*1 = „trifft überhaupt nicht zu"... 5 = „trifft völlig zu"

Singles und Verheiratete unterscheiden sich in ihrer Zustimmung zu den Bindungsstilen, bis auf den ängstlich-ambivalenten Stil, bei allen anderen Stilen (sicher: Z=-3.52; p<.001; ängstlich-vermeidend: Z= -4.40; p<.001; gleichgültig-vermeidend: Z=-2.73; p=.006). Verheiratete stimmen stärker dem sicheren Bindungsstil zu als Singles, bei den anderen Stilen ist der Zustimmungsgrad der Singles höher.

Beim ängstlich-vermeidenden Stil gibt es auch einen Geschlechtseffekt (Z= -2,30; p=.021). Frauen fühlen sich durch diesen Bindungsstil besser beschrieben als Männer. Ein Blick in die Mittelwerte (vgl. Tab. 22) verweist darauf, daß dieser Unterschied allein auf die Single-Frauen zurückzuführen ist. Dies wird durch die gruppenweise Analyse bestätigt: Bei den Singles ist der Geschlechtseffekt signifikant (Z= -2.95; p= .003), bei den Verheirateten jedoch nicht (Z= -.36; p=.716).

Interessant ist auch die Frage nach der Stabilität des Bindungsstils. Immerhin geben 36% der Befragten an, daß sich ihr Bindungsstil verändert hat. Die nachstehende Tabelle (s. Tab. 23) zeigt, in welche Richtung die Veränderungen stattgefunden haben sollen.

*Tab. 23: Änderungen im Bindungsstil**

heutiger Bindungsstil	früherer Bindungsstil			
	sicher (N=16)	**ängstlich-vermeidend (N=23)**	**ängstlich-ambivalent (N=36)**	**gleichgültig-vermeidend (N=25)**
sicher (N=36)		14	15	7
ängstlich-vermeidend (N=42)	9		19	14
ängstlich-ambivalent (N=14)	3	7		4
gleichgültig-vermeidend (N=8)	4	2	2	

* absolute Zahlen

Veränderungen im Bindungsstil fanden bei jedem Bindungstypus statt, weniger häufig allerdings beim sicheren. D.h., daß die überwiegene Anzahl der gegenwärtig „sicheren" Personen ihren früheren Bindungsstil auch als sicher eingeschätzt hat.

Aufgrund der geringen Zellenbesetzung erweist sich die Auswertung danach, in welche Richtung die Entwicklung weist (vom sicheren zum unsicheren Bindungsstil oder umgekehrt) als nicht aussagekräftig.

8.3.2.3 Auswirkungen der Bindungsqualität

Auf der Suche nach der Erklärung, warum Singles sich weniger in der Beschreibung des sicheren Bindungsstils wiederfinden, wurde überprüft, ob es Unterschiede der einzelnen Bindungsstile bezüglich der Qualität der Kindheitserinnerungen sowie der Einschätzung der Eltern gibt. Dazu wurden einfaktorielle Varianzanalysen über die *Skalen des Kindheitsfragebogens* ('heile Familie', 'unglückliche Kindheit', 'lebendige Erinnerung', 'Refelxivität') berechnet.

Die Analyse weist auf einen signifikanten Unterschied bei der Skala *'Reflexivität'* hin (F(3,291)=5.289; p=.002). Der Mittelwertvergleich nach Newman-Keuls zeigt, daß sich die Personen mit ängstlich-ambivalentem Stil (M=2,56) signifikant von denen mit ängstlich-vermeidendem Stil (M=2,05) und sicherem Stil (M=1,80) unterscheiden.

Beim sicheren und gleichgültig-vermeidenden (M=1,97) Bindungsstil ist der Faktor 'Reflexivität' geringer ausgeprägt als beim ängstlich-ambivalenten und ängstlich-vermeidenden Bindungsstil. Die Mittelwerte der Skalen 'heile Familie', 'unglückliche Kindheit' und 'lebendige Erinnerung' unterscheiden sich nicht bei den verschiedenen Bindungsstilgruppen. Auch die Beziehung zu den Eltern bzw. die Beziehung der Eltern untereinander wird bei den vier Bindungsstilgruppen im Mittel nicht unterschiedlich beurteilt.

Denkbar wäre auch, daß vergangene *Gewalterfahrungen oder Suizidgedanken* mit der Bindungsqualität in Zusammenhang stehen. Doch die Verteilung auf die vier Bindungsstile ist unabhängig davon, ob die Befragten Gewalterlebnisse hatten (Cramer's V= .089; p>.05) oder je an Suizid gedacht haben (Cramer's V=.155; p>.05).

Für die eigene Untersuchung ist auch von Interesse, ob sich der Bindungsstil und die gegenwärtigen partnerschaftsspezifischen Verhaltensweisen wechselseitig beeinflussen. Für den Faktor *'beziehungsverhinderndes Verhalten'* (Teil E, vgl. Kap. 8.1.) liegt ein signifikanter Effekt des Bindungsstils vor (F(3,295)=15,55; p<.001). Der paarweise Vergleich zeigt, daß dies auf die Unterschiede zwischen Personen mit sicherem (M=1,21) und die Personen mit ängstlich-vermeidendem (M=1,72) und mit ängstlich-ambivalentem (M=1,95) Stil zurückzuführen ist. Der sichere Bindungsstil und der gleichgültig-vermeidende (M=1,44) unterscheiden sich hingegen nicht signifikant in den Mittelwerten für den Faktor des Partnerschaftsfragebogens 'beziehungsverhinderndes Verhalten'. Hiernach geben also Personen mit sicherem und mit gleichgültig-vermeidendem Stil an, weniger beziehungsverhinderndes Verhalten zu zeigen.

Weiterhin wird betrachtet, ob sich die Personen der vier Bindungsstilgruppen in ihren mit dem *Trierer Persönlichkeitsfragebogen (TPF)* erhobenen *Persönlichkeitseigenschaften* im Mittel unterscheiden. Wieder ist die einfaktorielle Varianzanalyse Methode der Wahl. Bei den TPF-Skalen (s.u.; vgl. Anhang 2) 'Verhaltenskontrolle', 'Beschwerdefreiheit' und 'Autonomie' sind keine Unterschiede in Abhängigkeit vom Bindungsstil zu erkennen. Für die restlichen Skalen muß hingegen die Hypothese, daß die Gruppenmittelwerte aus derselben Grundgesamtheit stammen, verworfen werden. Die Teststatistiken und zugehörigen p-Werte sind in der nachstehenden Tabelle zusammengefaßt. Um die Unterschiede zu lokalisieren, wurde bei einem signifikanten F-Wert anschließend ein Mittelwertvergleich nach Newman-Keuls angeschlossen. Die Ergebnisse dieser paarweisen Tests sind ebenfalls tabelliert (s. Tab. 24).

Tab. 24: TPF-Skalen in Abhängigkeit vom Bindungsstil: F- und p-Werte

			Bindungsstile					
Variable	**F-Wert**	**p-Wert**	**1 : 2**	**1 : 3**	**1 : 4**	**2 : 3**	**2 : 4**	**3 : 4**
Seelische Gesundheit	3,655	.013	*	*				
Verhaltenskontrolle	0,842	.472						
Sinnerfülltheit	7,773	.000	*	*		*		
Selbstvergessenheit	7,107	.000	*	*		*		*
Beschwerdefreiheit	1,631	.182						
Expansivität	4,509	.004	*					
Autonomie	1,199	.311						
Selbstwertgefühl	3,539	.015	*					
Liebesfähigkeit	4,511	.004	*					

* $p<.05$ nach Newman-Keuls

1 = sicher 2= ängstlich-vermeidend

3 = ängstlich-ambivalent 4 = gleichgültig-vermeidend

Eine Interpretation der o.g. Werte wird nach Betrachtung der Mittelwerte vorgenommen, wobei lediglich die Skalen mit signifikanten Unterschieden dargestellt werden (s. Abb. 17).

Abb. 17: Skalen des TPF's in Abhängigkeit vom Bindungsstil

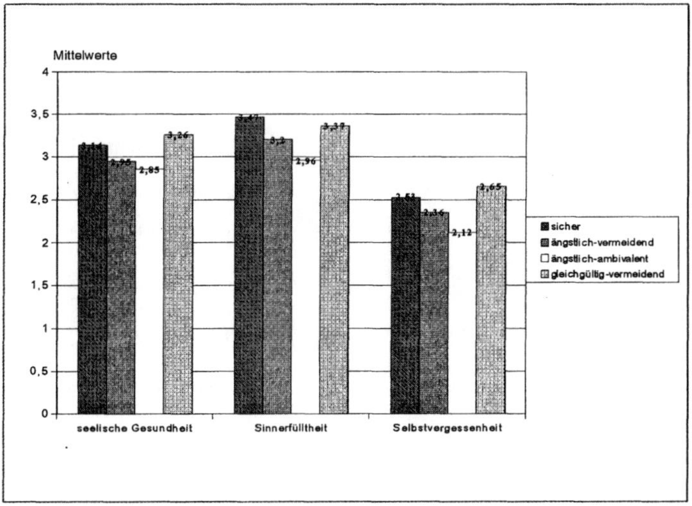

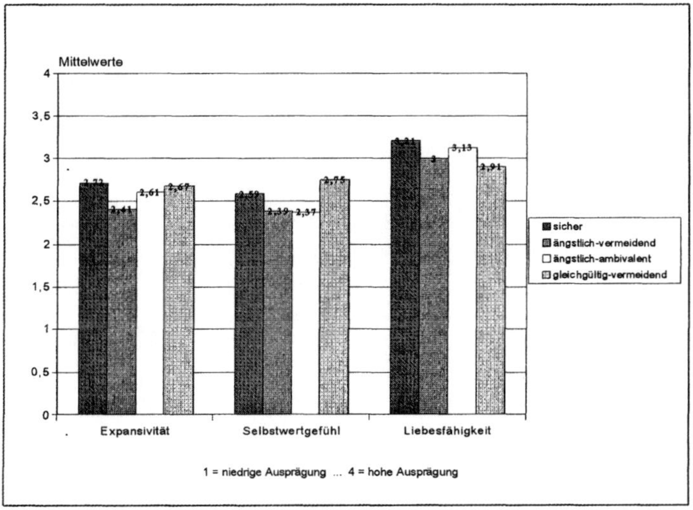

Die Vorannahme, daß die o.g. Faktoren jeweils beim sicheren Bindungsstil die höchsten Ausprägungen aufweisen und bei den unsicheren Bindungsstilen die Mittelwerte niedriger ausfallen, bestätigt sich in bezug auf den ängstlich-ambivalenten und ängstlich-vermeidenden Bindungsstil. Unerwartet fallen allerdings die Mittelwerte vom gleichgültig-vermeidenden Bindungsstil aus, die denen des sicheren am nächsten sind und bei den Faktoren 'seelische Gesundheit', 'Selbstvergessenheit' und 'Selbstwertgefühl' sogar höher liegen als beim sicheren Stil. Da beim gleichgültig-vermeidenden Bindungsstil zu kleine Fallzahlen vorliegen, ist keine statistisch abgesicherte Aussage möglich.

8.3.2.4 Zusammenfassung und Diskussion: Bindungsgenese

Geburt/Kindheit/Jugend: Singles geben häufiger an, daß ihre Geburt unerwünscht war als Verheiratete, Single-Frauen bezweifeln die Erwünschtheit am stärksten. Die „Unerwünschtheit“ hängt mit dem Gefühl zusammen, auch als Kind und Jugendlicher für die Eltern eine Last gewesen zu sein. Singles wie Verheiratete bejahen gleichermaßen die Frage nach Spielgefährten in ihrer Kindheit. Beide Gruppen geben an, sich in der Jugend ähnlich wie ihre Peergroup verhalten zu haben.

Diejenigen, die ihre Geburt als ungewollt einschätzen, meinen, den Eltern zur Last gefallen zu sein. Dieser Zusammenhang der beiden Items kann daraus resultieren, daß die Probanden ein homogenes Antwortverhalten innerhalb des Fragebogens zeigen wollten oder sich eine homogene Lebensgeschichte konstruierten. Es kann aber auch sein, daß die negative Einstellung der Eltern gegenüber ihrem Kind zum Zeitpunkt der Geburt die weitere Bindungsgeschichte beeinflußte. Weiterhin wäre interessant, ob dieses Gefühl des Unerwünschtseins im Sinne einer „selbsterfüllenden Prophezeiung“ ein Grund für eine erschwerte Partnersuche sein könnte.

Loslösung von der Herkunftsfamilie: Die verheirateten Männer fühlen sich im Vergleich zu den anderen drei Untergruppen am unabhängigsten von ihrer Herkunftsfamilie, die Single-Frauen am abhängigsten. Die Single-Frauen übernehmen außerdem die meiste Verantwortung für Familienmitglieder, die Single-Männer am wenigsten.

Werden die o.g. Ergebnisse zusammengefaßt, so ergibt sich folgendes Bild: Der verheiratete Mann fühlt sich besonders unabhängig von seiner Herkunftsfamilie. Dies könnte einem traditionellen Denken entsprechen, nach dem der verheiratete Mann sich weitgehender als die Ehefrau von seiner Herkunftsfamilie löst, um sich ganz der

Gründung seiner eigenen Familie zu widmen. Die verheiratete Frau nimmt eine mittlere Position ein. Von ihr wird auch nach der Heirat erwartet, daß sie sich nicht völlig von der Herkunftsfamilie löst. Ihre Selbsteinschätzung entspricht damit der ihr zugeteilten gesellschaftlichen Rolle.

Nicht konform nach dem o.g. Muster verhalten sich Single-Frauen und Single-Männer: Single-Frauen fühlen sich im Vergleich zu den anderen Untergruppen am abhängigsten von der Herkunftsfamilie und am verantwortlichsten für einzelne Familienangehörige. Bei ihr könnte sich die geringere Loslösung von der Herkunftsfamilie erschwerend auf das Eingehen neuer Bindungen auswirken. Die Single-Männer sind innerlich abhängiger von ihren Eltern als die verheirateten Männer und übernehmen die wenigste Verantwortung. Weit spekuliert könnte dies bedeuten, daß die Single-Männer ihre Herkunftsfamilie stärker selbst in Anspruch nehmen als umgekehrt.

Ungeklärt bleibt, inwieweit die Ausprägungen der Items „Unabhängigkeit von der Herkunftsfamilie" und „Verantwortlichkeit für Familienmitglieder" Ursachen des Single-Daseins beschreiben oder generell für Personen typisch sind, die nicht mit einem Partner zusammenwohnen und von daher als verfügbarer von der Herkunftsfamilie angesehen werden.

Freundschaften und Partnerschaften: Singles und Verheiratete stimmen in der Anzahl ihrer Freunde überein. Die Verläßlichkeit der Freunde wird bei Singles tendenziell höher eingestuft.

Singles gehen ihre erste „feste Beziehung“ mit 19 Jahren im Unterschied zu Verheirateten mit 17 Jahren ein. Auf diesen Zeitpunkt wirkt sich der Qualifizierungsgrad des Schulabschlusses aus: am spätesten wird die erste „feste Beziehung“ bei Gymnasialbesuchern erlebt. Während sich beide Gruppen mit durchschnittlich drei Partnern gleichen, liegt die Beziehungsdauer bei Single-Männern geringfügig höher als bei Verheirateten und die der Single-Frauen mehr als doppelt so hoch wie bei der Kontrollgruppe.

Bei den Abiturienten ließe sich das spätere „Einstiegsalter" in eine Partnerschaft mit einem längeren Bildungsweg, einer dadurch verlängerten Jugendphase sowie mit sich davon ableitenden Ziel- und Wertsetzungen erklären, die vorerst keine Familiengründung beinhalten.

Der hohe Anteil von ehemaligen Abiturienten und noch in Ausbildung befindlichen Personen unter den Singles könnte somit u.a. eine Erklärung für das höhere Durchschnittsalter der ersten Partner-Beziehung sein.

Das überraschende Einzelergebnis über die kürzere voreheliche Beziehungsdauer der Verheirateten könnte damit erklärt werden, daß Verheiratete mehr generative Werte vertreten (vgl. Kap. 8.3.1.3), deshalb schneller heiraten und sich bei größeren Paarkonflikten schwerer aus ihrer Ehe lösen. Ungeklärt bleibt, ob die Verheirateten besser einschätzen können, wann eine Bindung Perspektive hat (dann z.B. heiraten) und wann nicht (sich rechtzeitig trennen).

Da die Single-Frauen über die längsten Partnerschaftserfahrungen berichten, könnte bei ihnen möglicherweise häufiger ein Grund für das momentane Alleinleben die Verarbeitung einer Trennung nach einer langjährigen Partnerschaft sein.

Für diese Untersuchung bleibt festzuhalten, daß längere Zeit Single zu sein kein Unvermögen bedeutet, intensive und länger-andauernde Partnerschaften führen zu können.

Lediglich für die Singles ohne bisherige Partnererfahrung kann die Partnerlosigkeit auf generelle Schwierigkeiten bezüglich einer Partnerbindung hindeuten. Das Durchschnittsalter dieser Unterpopulation von 29 Jahren könnte darauf hinweisen, daß ihre Bindungsentwicklung zeitverzögert ist.

Bindungsstil: Im Vergleich zu Singles geben mehr als doppelt so viele Verheiratete den sicheren Bindungsstil an. Singles neigen mehrheitlich zum ängstlich-vermeidenden Bindungsstil. Die anderen unsicheren Bindungsstile werden weniger genannt. Unter den Probanden, die den gleichgültig-vermeidenden Stil als zutreffend angeben, befinden sich häufiger Single-Männer. Der Bindungsstil beeinflußt die Faktoren ‘Reflexivität’, ‘seelische Gesundheit’, ‘Sinnerfülltheit’, ‘Selbstvergessenheit’, ‘Expansivität’, ‘Selbstwertgefühl’, ‘Liebesfähigkeit’ und die Skala ‘beziehungsverhinderndes Verhalten’. Ausgenommen der ‘Liebesfähigkeit’ ähneln bei diesen Faktoren die Mittelwerte des sicheren Bindungsstils denen des gleichgültig-vermeidenden: ‘Reflexivität’ und ‘beziehungsverhinderndes Verhalten’ sind geringer ausgeprägt, ‘seelische Gesundheit’, ‘Sinnerfülltheit’, ‘Selbstvergessenheit’, ‘Expansivität’ und ‘Selbstwertgefühl’ sind höher als bei den anderen Stilen. Der Faktor ‘Liebesfähigkeit’ läd beim sicheren Bindungsstil am höchsten.

Einerseits spricht der unsichere Bindungsstil vieler Single für eine erschwerte gegenwärtige Partnerbindung. Andererseits kann er auch die bisherigen Partnerschaften widerspiegeln. Es könnte auch gefragt werden, ob sich ein unsicherer Bindungsstil zum sicheren entwickeln kann, wenn eine dauerhafte Partnerschaft und damit verbundene Zufriedenheit erfahren werden. Wäre dieser Zusammenhang gegeben, ließe sich der sichere Bindungsstil der meisten Verheirateten nicht allein als „Eintrittskarte" in eine Partnerschaft erklären, sondern ebenfalls als Auswirkung stabiler Bindungserfahrungen.

Die Ähnlichkeit des sicheren und gleichgültig-vermeidenden Bindungsstils in bezug auf die Ausprägung bestimmter Persönlichkeitsfaktoren könnte so interpretiert werden, daß der Typus des „gleichgültig-vermeidenden" durch emotionale Abwehr weniger Ängste und Zweifel als die anderen beiden unsicheren Bindungsstiltypen erlebt. Von daher könnten sich Probanden mit dem „gleichgültig-vermeidenden" Stil als „seelisch gesund", „sinnerfüllt", „selbstvergessen" und „selbstsicher" beschreiben, so daß sie im ersten und vierten Faktor sogar höhere Mittelwerte als Probanden des „sicheren" Bindungsstils erzielen. Da die Items des Faktors 'Liebesfähigkeit' stärker die Emotionalität ansprechen, erreicht der „gleichgültig-vermeidende" Stil hier eine niedrigere Ausprägung.

Mit der *Hypothese (2)* der unterschiedlichen Bindungsgenese von Singles und Verheirateten stehen folgende Ergebnisse *in Übereinstimmung*: Im Unterschied zu Verheirateten

- meinen Singles, daß ihre *Geburt* weniger erwünscht war.
- geben Single-Frauen in bezug auf die *Loslösung* vom Elternhaus an, von der Lebensform der Eltern stärker abhängig und verantwortlich für Familienangehörige zu sein.
- gehen Singles später ihre *erste Partner-Beziehung* ein.
- ordnen sich Singles häufiger einem unsicheren *Bindungsstil* zu, wobei ein Zusammenhang zwischen dem Bindungsstil und der Ausprägung bestimmter Persönlichkeitsfaktoren besteht (z.B. sicherer Bindungsstil: 'Reflexivität', 'beziehungsverhinderndes Verhalten' – geringere Ausprägung; 'seelische Gesundheit', 'Sinnerfülltheit', 'Selbstvergessenheit', 'Expansivität', 'Selbstwertgefühl', 'Liebesfähigkeit' – höhere Ausprägung).

Keine Unterschiede zwischen Singles und Verheirateten fanden sich entgegen der Vorhersage bei der

- Freundschaftsanbahnung in der *Kindheit.*
- inhaltlichen Auseinandersetzung in der *Jugend*

Entgegen der Vorannahme geben

- Singles eine längere bisherige *Partnerschaftsdauer* an als Verheiratete.

8.3.3 Partnersehnsucht: Traumatisierende Bindungserfahrungen

In Hypothese 3 wird angenommen, daß Singles häufiger als Verheiratete traumatisierende Erlebnisse erfahren haben. Diese betreffen ein schwieriges Familienklima (s. Kap. 8.3.3.1), eine höhere Anzahl belastender Lebensereignisse (z.B. Tod einer Bezugsperson) (s. Kap. 8.3.3.2) sowie eigene Suizidgedanken (s. Kap. 8.3.3.3).

8.3.3.1 Familienklima

Mithilfe der Faktorenanalyse konnten die Items des Kindheitsfragebogens in vier Skalen zusammengefaßt werden (vgl. Kap. 8.1). Diese wurden als 'heile Familie', 'unglückliche Kindheit', 'Reflexivität' und 'lebendige Erinnerung' bezeichnet.

Kovarianzanalysen ermittelten, ob es Unterschiede in der Ausprägung dieser Skalen in Abhängigkeit vom Geschlecht und vom Status gibt. Als Kovariate wurde die Variable Alter aufgenommen.

In der nachfolgenden Abbildung werden die Faktoren des Kindheitsfragebogens bezogen auf die vier Untergruppen dargestellt (s. Abb. 18):

Abb. 18: Faktoren des Kindheitsfragebogens

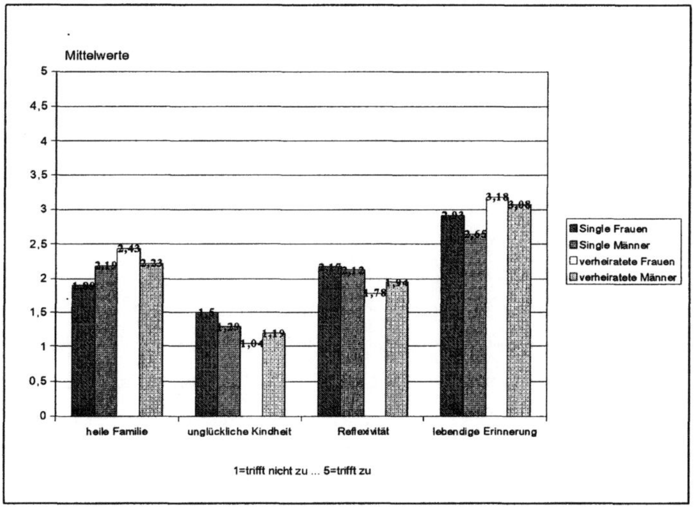

Die Mittelwerte der Skala *'heile Familie'* unterscheiden sich zwischen den Geschlechtergruppen nicht signifikant, allerdings weisen Singles und Verheiratete Unterschiede auf (F(1,288)=8.440; p=.004). Singles empfinden ihre Kindheit negativer als die Personen in einer festen Partnerschaft. Zusätzlich gibt es hier einen signifikanten Effekt der Kovariate Alter (F(1,288)=9.837; p=.002). Wo dieser Zusammenhang auftritt, wird überprüft, indem Korrelationskoeffizienten für die Untergruppen getrennt berechnet werden. Danach beurteilen Singles mit zunehmendem Alter die Skala 'heile Familie' negativer (r=.331; p<.001), bei Verheirateten findet sich kein Zusammenhang zwischen Alter und dem Faktor 'heile Familie'.

Analog gilt für die Skala *'unglückliche Kindheit'*, daß die Singles eine deutlich höhere Ausprägung aufweisen als die Verheirateten (F(1, 290)=9.054; p=.003). Auch hier ist der Zusammenhang mit der Kovariate Alter gegeben (F(1,290)=8.399; p=.004), allerdings wieder nur für die Gruppe der Singles (r= -.288; p<.001; Verheiratete: r= -.064; p=.437): die älteren Single-Befragten geben häufiger eine unglückliche Kindheit an als die jüngeren.

Auch auf die Skala *'Reflexivität'* übt das Alter einen signifikanten Einfluß aus (F(1,291)=4.256; p=.040), der sich wiederum nur bei den Singles zeigt: mit zunehmendem Alter erhöht sich ihre Reflexivität (r=-.254; p=.002 – Verheiratete: r=-.003;

p=.974). Außerdem macht sich die Statusvariable signifikant bemerkbar. Der Faktor 'Reflexivität' ist in der Gruppe der Singles höher als bei den Verheirateten ausgeprägt (F(1,291)= 6.625; p=.011). Singles denken häufiger über Kindheitserlebnisse nach und bringen sie mit ihrem gegenwärtigen Leben in Zusammenhang. Die *'lebendige Erinnerung'*, die den Grad der Emotionalität des Erinnerten erfaßt, ist bei Singles geringer als bei Verheirateten (F(1,292)= 8.941; p=.003), hier findet sich kein Alterseffekt.

Die unterschiedliche Ausprägung der Skalen des Kindheitsfragebogens bei Singles und Verheirateten weist auf eine gegenwärtige Verschiedenheit der beiden Lebensformen hin. Interessant scheint in diesem Zusammenhang die Frage, ob nicht nur die gegenwärtige Partnerschaftserfahrung eine Rolle für die Beantwortung der Fragen spielt, sondern ebenfalls vergangegene. Um dies zu untersuchen, wurden Singles danach unterschieden, ob sie bisher noch keine Partnerschaft erlebten oder über Partnererfahrungen verfügen. Mittels t-Tests für unabhängige Stichproben wurden die Skalenmittelwerte der beiden Teilstichproben verglichen. Signifikante Unterschiede zeigten sich bei den Skalen 'unglückliche Kindheit' (t(144)=2.24; p=.027) und 'Reflexivität' (t(145)=2.26; p=.025):

Singles ohne Partnererfahrung haben eine

- weniger unglückliche Kindheit (M=1,027) als Singles mit Partnererfahrung (M=1,473) sowie eine
- geringere Reflexivität (M=1,739) als Singles mit Partnererfahrung (M=2,218).

Die Singles ohne Partnererfahrung ähneln den Verheirateten in den Ausprägungen der Skalen 'unglückliche Kindheit' (M=1,115) und 'Reflexivität' (M=1,861). Singles ohne Partnererfahrung unterscheiden sich nicht signifikant von Verheirateten.

Eine weitere Möglichkeit zur Einschätzung der Herkunftsfamilie bietet der Teilfragebogen über die Beziehung zur Mutter/zum Vater und über die elterliche Paarbeziehung (vgl. Kap. 7.2; vgl. Anhang 1, Teile B, C) (s. Abb. 19).

Abb. 19: Einschätzung der Beziehung zur Mutter, zum Vater und der elterlichen Paarbeziehung

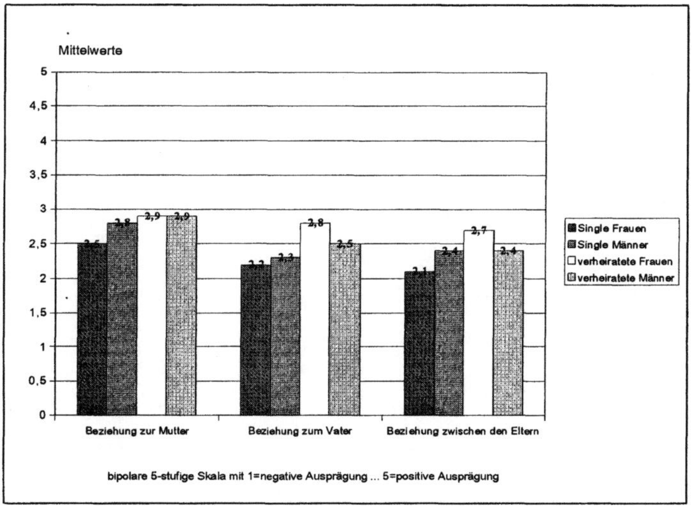

Es gibt einen statistisch signifikanten Haupteffekt für den Faktor 'Status' für alle drei o.g. Variablen (Mutter: $F(1,281)=7.425$; $p=.007$; Vater: $F(1,276)=11.551$; $p=.001$; Eltern: $F(1,279)=6.561$; $p=.011$). Die Verheirateten beurteilen ihre Beziehung sowohl zu beiden Elternteilen positiver als auch die Beziehung der Eltern untereinander. Die Wechselwirkung zwischen Geschlecht und Status ist nur bezüglich des Faktors 'Beziehung zwischen den Eltern' statistisch abgesichert ($F(1,279)=5.706$; $p=.018$).

Bei der Betrachtung der Mittelwerte fällt auf, daß die Beziehung zur Mutter besser eingestuft wird als die zum Vater ($t(274)=6.14$; $p<.001$) und zwar unabhängig vom Geschlecht der Befragten (Frauen: $t(134)=2.068$; $p=.041$; Männer: $t(139)=7.662$; $p<.001$).

Insgesamt korrelieren die drei Beurteilungen (Beziehung zur Mutter, zum Vater, elterliche Paarbeziehung) hoch miteinander ($r > .50$; $p<.001$). Eine positive Bewertung der Beziehung der Eltern untereinander geht also einher mit einer eher positiven Einschätzung der eigenen Beziehung zu den beiden Elternteilen und umgekehrt.

Auch bei diesen Skalen (Beziehung zu Vater, Mutter, elterliche Paarbeziehung) unterscheiden sich die Singles mit von denen ohne Partnererfahrung, was mittels eines t-Tests berechnet wurde, dessen Ergebnisse sich in Tabelle 25 wiederfinden.

Tab. 25: Vergleich von Singles mit und ohne Partnererfahrung bezüglich ihrer Einschätzung von Mutter, Vater und der elterlichen Paarbeziehung

Beziehung	Singles	M*	s	t	p
zur Mutter	ohne Partner	3,051	.672	-2,759	.007
	mit Partner	2,560	.816		
zum Vater	ohne Partner	2,683	.815	-2,501	.014
	mit Partner	2,212	.861		
der Eltern	ohne Partner	2,815	.915	-3,000	.003
	mit Partner	2,147	.987		

* Skala von 1= negativ ... 5= positiv

Die Singles ohne Partnererfahrung erleben ihre Eltern und deren Paarbeziehung positiver als die Singles mit vergangenen Partnerschaften.

Ob es einen Unterschied in der Bewertung der o.g. Skalen bei Probanden mit Kindern und ohne Kinder gibt, wurde auch mit einem t-Test ermittelt. Es konnten sich allerdings keine Unterschiede der Beziehungsvariablen in Abhängigkeit vom Vorhandensein von Kindern finden.

8.3.3.2 Belastende Lebensereignisse

Die Probanden sollten angeben, welche der folgenden belastenden Lebensereignisse von ihnen erlebt worden sind:

- frühe Trennung von den Eltern (im Vorschulalter, länger als vier Wochen),
- Trennung oder Scheidung der Eltern,
- Krankheit/Behinderung des Probanden oder eines Familienangehörigen
- Tod einer Bezugsperson,
- Gewalterlebnisse und
- weitere Schicksalsschläge (offene Frage).

Die Anzahl belastender Lebensereignisse ist in der nachfolgenden Tabelle dargestellt (s. Tab. 26).

*Tab. 26: Anzahl belastender Lebensereignisse abhängig von der Gruppenzugehörigkeit**

Anzahl belastender Lebensereignisse	Gruppenzugehörigkeit				Gesamt
	Single-Frauen	Single-Männer	Ehefrauen	Ehemänner	
0	10	18	17	18	63
1	25	23	27	23	98
2	16	21	14	21	72
3	12	10	11	7	40
4-6	12	3	6	6	27
Gesamt	75	75	75	75	300

*absolute Zahlen

Unter den Single-Frauen befinden sich weniger Probandinnen, die bisher keine belastenden Lebensereignisse erfahren haben als in den anderen Untergruppen. Daß die Anzahl der belastenden Lebensereignisse bei den Single-Frauen höher als bei den anderen Untergruppen ist, konnte mit dem Mann-Whitney-Test abgesichert werden (Z=-2,368, p=.018). Für diesen Test wurde die Anzahl belastender Lebensereignisse der Single-Männer, Ehefrauen und Ehemänner zusammengefaßt und den der Single-Frauen gegenübergestellt. Aufgrund zu kleiner Fallzahlen kann keine differenziertere Analyse der Daten vorgenommen werden.

Die Antworten auf die *offene Frage nach „weiteren Schicksalsschlägen"* ergänzen bei qualitativer Analyse das o.g. Ergebnis. Nach dem „Schweregrad" der von den Befragten selbst formulierten Schicksalsschläge betrachtet, fallen die weiblichen Singles heraus. Sie führen besonders oft Suizide nahestehender Menschen und eigene Erkrankungen an. Betont werden auch Kontaktabbruch, Trennung und Scheidung.

Von einer kleineren Gruppe der Single-Frauen werden – im Unterschied zu den anderen drei Untergruppen – Gewalt- und Mißbrauchserfahrungen verbalsisiert: z.B.

„ca. zwei Jahre lang sexueller Mißbrauch durch den Vater, dann Selbstmord des Vaters".

„wir wußten nie, wann wir wieder geschlagen wurden..."

In einigen Äußerungen von Single-Frauen findet die Intensität an Frustration sprachlichen Ausdruck: wie

„Total liebloses Elternhaus", „Autistischer Ex-Ehemann".

Darüber hinaus werden von den Single-Frauen aber auch weniger gravierende Erlebnisse als „Schicksalsschlag" thematisiert, wie z.B. eigener Auszug aus dem Elternhaus, Auszug von Geschwistern oder Verlust von Tieren. Die Single-Männer führen ebenfalls Trennungserlebnisse von ehemaligen Partnern oder Familienangehörigen an.

Die Verheirateten geben nicht nur weit weniger Trennungen als Schicksalsschläge an, ihre Trennungen beziehen sich auch ausschließlich auf Scheidung und völligem Kontaktabbruch zur Herkunftsfamilie. Die verheirateten Frauen schildern den Tod von näheren Verwandten - die anderen Untergruppen führen auch den Tod von Freunden an. Die verheirateten Männer nennen auch eigene Krankheiten und die von Familienangehörigen sowie Trennungserlebnisse von ehemaligen Partnern.

8.3.3.3 Suizidgedanken

Die Gruppen unterscheiden sich darin, ob sie in den verschiedenen Lebensphasen Suizidgedanken hatten (s. Tab. 27).

Tab. 27: Gedanken an Suizid

Suizid-gedanken?	Single-Frauen	Single-Männer	verheiratete Frauen	verheiratete Männer
nein	57,3%	68,0%	77,3%	81,3%
ja	42,7%	32,0%	22,7%	18,7%

Aufgrund zu kleiner Fallzahlen ist nur eine deskriptive Auswertung möglich. Singles geben häufiger als Verheiratete an, sich bereits mit der Möglichkeit eines Suizids auseinandergesetzt zu haben - besonders oft die Single-Frauen. Unter den Verheirateten bejahen die Frage nach Suizidgedanken wiederum die Frauen häufiger. Hier könnte zwar ein leichter Geschlechtseffekt bestehen, in dem Sinne, daß Frauen eher bereit sind, Suizidgedanken zuzugeben - der Gruppeneffekt ist allerdings stärker. Singles hatten bedeutend häufiger suizidale Gedanken als Verheiratete. Die Annahme der Abhängigkeit von Gruppenzugehörigkeit und Suizidgedanken wird durch das Zusammenhangsmaß Cramer's V unterstützt (Cramer's V=.204; p=.006).

Relevant für die Interpretation ist, in welche Lebensphase die Suizidgedanken fallen (s. Tab. 28):

*Tab. 28: Zeitpunkt der Suizidgedanken**

	Single-Frauen	Single-Männer	verheiratete Frauen	verheiratete Männer
Kindheit	5	6	2	1
Jugend	16	14	14	7
Erwachsenen-alter	21	15	5	9
Nennungen insgesamt	42	35	21	17
Anzahl der Probanden	32	24	17	14

* absolute Zahlen

Von den Probanden dieser Stichprobe nennen Singles, im Unterschied zu Verheirateten, doppelt soviele Erfahrungen mit Suizidgedanken, die bei den Single-Frauen besonders oft im Erwachsenenalter erlebt worden sind.

Die meisten Nennungen zu *Gründen für die Suizidgedanken*, die mit einer offenen Frage erhoben wurden, entfallen bei verheirateten Frauen auf „Liebeskummer", bei den verheirateten Männern auf „Sinnkrise". Die Single-Frauen begründen suizidale Gedanken vor allem mit dem Gefühl des Ungeliebtseins, mit Existenzangst und mit Depressionen. Die schriftlichen Ausführungen der Single-Männer über Suizidgedanken beinhalten schwerpunktmäßig die Themen „Einsamkeit", „Trennungsschmerz" und „äußerer Druck". Sie geben an, sich mit Belastungen, die sich neben Beziehungsschwierigkeiten mit Eltern oder Partnerinnen auch auf den Beruf beziehen, überhäuft und alleingelassen worden zu sein.

8.3.3.4 Zusammenfassung und Diskussion: Traumatisierende Bindungserfahrungen

Familienklima: Die Gruppe der Singles zeichnet sich durch eine weniger 'heile Familie', eine 'unglücklichere Kindheit', eine erhöhte 'Reflexivität' gegenüber Ereignissen aus der Kindheit und eine weniger 'lebendige Erinnerungsweise' an die eigenen Sozialisationsbedingungen aus. Singles ohne Partnererfahrung berichten über eine weniger 'unglückliche Kindheit' und über geringere 'Reflexivität' als Singles mit Partnererfahrung. Bei den drei Skalen des Kindheitsfragebogens findet sich jeweils ein Zusammenhang mit der Kovariate Alter bei den Singles: je älter die Single-Befragten, desto weniger heil ist die Ursprungsfamilie, desto unglücklicher wird die eigene Kindheit eingeschätzt und desto höher wird die Reflexivität.

Die Beziehung zu beiden Elternteilen und die elterliche Paarbeziehung werden von den Singles negativer beurteilt als von den Verheirateten. Wiederum unterscheiden sich hier die Singles ohne Partnererfahrung durch eine positivere Einschätzung der Eltern von den Singles mit Partnererfahrung.

Belastende Erfahrungen in der Herkunftsfamilie können bei den Singles zu einer erhöhten Vulnerabilität und Abwehr möglicher Bindungs-Risiken geführt haben, wofür eine erhöhte Reflexivität notwendig war. Ebenfalls könnte die negative Sichtweise der Singles - und vor allem der Single-Frauen - hinsichtlich ihrer Beziehung zu den Eltern und der elterlichen Paarbeziehung aufgrund eines fehlenden Orientierungs-Modells einen hinderlichen Einfluß auf das Eingehen einer Partnerschaft ausüben.

Die negativere Einschätzung der Singles bezüglich ihrer Sozialisationsbedingungen kann allerdings auch als Effekt einer höheren Reflexivität gedeutet werden. Falls die Partnerlosigkeit als negativ erlebt wird, könnten Ursachen dafür in der Herkunftsfamilie gesucht werden - je nach gegenwärtiger Lebenssituation würde die Familie also unterschiedlich positiv erinnert werden.

Wenn die Erlebnisse in der Herkunftsfamilie als mitverantwortlich für die eigene Partnerlosigkeit eingeschätzt werden, läßt sich auch der Einfluß des Alters bei den Singles erklären. So könnte deshalb die Unzufriedenheit mit der Herkunftsfamilie mit zunehmendem Alter größer werden, weil die Partnersuche von den älteren Probanden als schwieriger erlebt werden könnte und/oder weniger der eigenen Lebensvorstellung entsprechen könnte als bei jüngeren.

Warum das Antwortverhalten der Single-Population je nach Partnererfahrungen differiert, läßt sich unterschiedlich interpretieren. So könnten Singles mit Partnererfahrung schwierigere Sozialisationsbedingungen erlebt haben, bildeten deshalb eine höhere Reflexivität aus und hätten aufgrund der negativen Bindungserfahrungen mehr Schwierigkeiten mit eigenen Partnerschaften. Eine andere Erklärung wäre, daß die Singles mit Partnererfahrung durch schmerzliche Erlebnisse in den Partnerschaften und Trennungserfahrungen stärker motiviert sein könnten, sich mit ihrem Bindungsverhalten auseinanderzusetzen. Ihre erhöhte „Reflexivität“ würde folglich zu einer kritischeren Bewertung der Kindheitserlebnisse führen. Die positivere Einschätzung des Elternhauses der Singles ohne Partnererfahrung könnte für gute Bindungserfahrungen sprechen, so daß die Partnerlosigkeit andere Gründe (z.B. geringe Kompetenzen der Partneranbahnung) hätte. Allerdings könnte die positive Einschätzung auch aus einer Idealisierung des Elternhauses verbunden mit mangelnder Ablösung resultieren, was eine Partnerlosigkeit begünstigen könnte.

Das Antwortverhalten der Verheirateten weist eventuell auf bessere Sozialisationsbedingungen hin, so daß durch sichere Bindungserfahrungen leichter eigene Partnerschaften eingegangen werden konnten. Außerdem könnte die Thematik der Herkunftsfamilie durch die eigene Familiengründung abgeschlossen sein oder sich die früheren diesbezüglichen Bewertungen durch die aktive Gestaltung der eigenen Familie verändert haben.

Außerdem könnte das Antwortverhalten der Verheirateten darauf hinweisen, daß sich das Bindungsverhalten als komplexes Verhaltenssystem untereinander bedingt: Die Mutter suchte sich einen bindungssicheren Mann, der an einer guten Beziehung zu seinen Kindern interessiert war. Die zufriedenstellende Beziehung des Kindes zu seinen Eltern könnte mit ihrer generellen Bindungsfähigkeit zusammenhängen, die sich wiederum in einer Partnerschaft spiegeln würde. Diese Idealvorstellung könnte am ehesten auf die verheiratete Frau zutreffen. Verglichen mit der verheirateten Frau widerspricht das Antwortverhalten des verheirateten Mannes einer Perpetuierung des positiven elterlichen Bindungssystems in das eigene Arbeitsmodell. Neben der negativeren Bewertung der Beziehung zum Vater beim verheirateten Mann, fällt seine negativere Einschätzung der elterlichen Paarbeziehung auf.

Belastende Lebensereignisse: Single-Frauen erlebten häufiger belastende Lebensereignisse (z.B. Tod einer Bezugsperson) als die anderen drei Untergruppen. Die Single-Frauen fallen durch die Anzahl und die Schwere ihrer angegebenenTraumata auf. Sie führen außerdem ebenso wie Single-Männer verschiedene Trennungserlebnisse (z.B. Auszug aus dem Elternhaus) an. Die Verheirateten nennen mehrheitlich Krankheit und Tod von Angehörigen oder Freunden als Schicksalsschläge.

Daß Single-Frauen häufiger belastende Lebensereignisse angeben, könnte auf eine erhöhte Vulnerabilität schließen. Eine mögliche Erklärung für die Partnerlosigkeit könnte somit bei einigen Single-Frauen sein, daß sie sich vor weiteren „Verletzungen“ schützen wollen.

In ihren schriftlichen Äußerungen zu „weiteren Schicksalsschlägen“ ist auffällig, daß einerseits von traumatischen Erlebnissen berichtet wird, die die o.g. Interpretation stützen. Andererseits werden bei den Single- Frauen – ebenso wie bei den Single-Männern - auch in der Kategorie „Trennungserlebnisse" der eigene Auszug aus dem Elternhaus, Auszug von Geschwistern oder der Verlust von Tieren thematisiert (vgl. Kap. 8.3.3.2). Da solche Trennungserlebnisse bei den Verheirateten nicht thematisiert wurden, könnte vermutet werden, daß Single-Frauen und Single-Männer sehr empfindlich auf Trennung und Verlust reagieren.

Suizidgedanken: Singles geben häufiger als Verheiratete an, einmal oder häufiger an einen Suizid gedacht zu haben.

Als Gründe für die Suizidgedanken nennen Single-Frauen vor allem „Gefühle des Ungeliebtseins", „Existenzangst" und „Depression", Single-Männer „Einsamkeit", „Trennungsschmerz" und „Überforderung". Im Unterschied dazu geben verheiratete Frauen als Gründe für eigene Suizidalität häufiger „Liebeskummer", die verheirateten Männer „Sinnkrise" an.

Die Ausführungen der Singles über die Gründe eigener Suizidgedanken könnten, weit spekuliert, auf ihre gegenwärtige Lebensform hinweisen, in der sich das frühere Gefühl des Ungeliebtseins widerspiegeln könnte. Außerdem spielten für die Single-Frauen noch Existenzgründe eine Rolle, vielleicht bis heute, da sie sich auf keinen mitverdienenden Partner stützen können. Allerdings könnte ebenso die Existenzangst eine stärkere Berufsorientierung motiviert haben. Mit „Überforderung" zeigen einige Single-Männer, daß sie sich bestimmten Anforderungen nicht gewachsen fühlen. Dies könnte eventuell auch bedeuten, daß eine Partnerlosigkeit ein Schutz vor zusätzlichen Belastungen sein könnte.

Das Antwortverhalten der Verheirateten könnte mit der „klassischen Geschlechtsrollenübernahme" erklärt werden. Die Frau äußerte vorwiegend Liebeskummer und betont damit, neben der Emotionalität, auch die Bezogenheit auf einen Partner. Der Ehemann hebt verstärkt die kognitive Auseinandersetzung mit der „Welt an sich" hervor.

Der *Hypothese (3)*, daß Singles häufiger als Verheiratete traumatisierenden Erlebnissen (s.o.) ausgesetzt waren, kann laut der o.g. Ergebnisse zugestimmt werden: Singles berichten

- weniger über eine *'heile Familie'*, häufiger über *eine 'unglückliche Kindheit'*. In bezug auf Erlebnisse mit der Herkunftsfamilie ist ihre *'Reflexivität'* erhöht und ihre

- *'Erinnerung weniger lebendig'* als bei Verheirateten. Die *Beziehung zu Mutter und Vater* sowie die *elterliche Paarbeziehung* werden negativer gesehen.
- insgesamt häufiger über *Suizidgedanken.*

Allein auf die Single-Frauen trifft zu, daß

- die Anzahl der *belastenden Lebensereignisse* höher als in den anderen Untergruppen ist.

8.3.4 Partnerbindung: Partnerschaftsspezifische Kompetenzen

Hypothese 4 bezieht sich auf Kompetenzen, die den Beginn und die Aufrechterhaltung einer Partnerschaft entscheidend beeinflussen können. Es wird vermutet, daß Singles ein besonders ausdifferenziertes Partnerbild (s. Kap. 8.3.4.1) und eine negativere Einstellung gegenüber einer „festen Beziehung" haben (s. Kap. 8.3.4.2). Des weiteren wird angenommen, daß Singles über ineffektivere Verhaltensweisen bezüglich der Partneranbahnung (s. Kap. 8.3.4.3) sowie über geringer ausgeprägte partnerschaftsspezifische Persönlichkeitsmerkmale verfügen (s. Kap. 8.3.4.4). Außerdem sollten die Wissensstrukturen von Singles stärker auf eine Partnerlosigkeit ausgerichtet sein (s. Kap. 8.3.4.5).

8.3.4.1 Vorstellungen über einen Partner

Singles stimmen weit häufiger als Verheiratete dem Item zu, daß ihre *präzisen Vorstellungen von einem Partner* ihre Partnersuche erschweren (Z=-7,013, p<.001; Zustimmung: 56% Single-Frauen, 43,3% Single-Männer - im Unterschied zu 17% der Verheirateten).[13]

Nicht nur ein ausdifferenziertes Partnersuchbild kann die Partnersuche verkomplizieren, sondern auch Vorstellungen von einer *„Traumfrau"* bzw. einem *„Traummann"*. Daß sie in Gedanken auf der Suche nach einem solchen Idealbild sind (waren), findet bei mehr Singles als Verheirateten Zustimmung (Z=-4,694, p<.001).

Werden die ersten beiden Skalenpunkte der 5-stufigen Ratingskala als Zustimmung aufgefaßt, so bejahen die Suche nach einer Traumfrau/einem Traummann:

---

[13] Die Items über "präzise Partnervorstellungen" und der "Suche nach einer Traumfrau/einem Traummann" gehören zum Partnerschaftsfragebogen (Teil E, s. Anhang 1).

36,5% der Single-Frauen,

44,0% der Single-Männer,

20,0% der verheirateten Frauen und

26,6% der verheirateten Männer.

Um beurteilen zu können, wie sich die Partnervorstellungen von Singles und Verheirateten beider Geschlechtergruppen unterscheiden, wurde in einer offenen Frage nach den *Kennzeichen eines „idealen Partners"* gefragt. Einige Antworten dazu sind nachfolgend aufgeführt.

Single-Frauen:
In keiner der anderen Untergruppen wird vom Partner eine so *intensive Bezogenheit auf die Partnerin* verlangt:

- „Er muß sich mit mir unterhalten können, mir Geborgenheit geben, bereit sein, meine Schwächen zu akzeptieren, gleichzeitig sein eigenes Leben führen, nicht einengen, trotzdem da sein, Vertrauen, Vertrauen, Vertrauen... ."
- „Der meine Wünsche akzeptiert, der meine Persönlichkeit und Eigenschaften (ob gut oder schlecht) versteht."
- „Schlank, gutaussehend (für mich), d.h. eine gewisse Ausstrahlung. Er sollte mir Vertrauen und Achtung entgegenbringen und mich bei meiner persönlichen Entwicklung unterstützen, zumindest nicht behindern. Etwas Spontaneität sollte er schon haben."

Einige Single-Frauen listen in ihren Beschreibungen auf, daß der potentielle Partner *kommunikative Fähigkeiten* bieten sollte, damit er in die engere Wahl kommt.

- „Von Relevanz ist auch die Bereitschaft der kommunikativen Auseinandersetzung in der Form, daß eine persönliche Entwicklung möglich ist."
- „Ehrlich, selbstbewußt, souverän, muß mir zuhören können und nachempfinden können, muß mich akzeptieren, beide müssen sich im Denken, Wahrnehmen und Empfinden ergänzen."
- „Der ideale Partner ist für mich einer, der mich liebt, wie ich bin und versucht, mit meinen Fehlern zu leben. D.h. nicht, daß es keine Kritik geben darf, im Gegenteil, aber ich stelle mir eine konstruktive Auseinandersetzung mit vielen Gesprächen vor, die ein gemeinsames Arbeiten an Fehlern/Schwierigkeiten miteinschließt."

- „Mich nicht psychologisch analysierend, aber auch nicht oberflächlich: 'Boh ey, geil'. Hören, verstehen und Unästhetik sowie Launen ertragen. Er muß das von innen Gezeigte zu werten wissen und nicht hinterher in den Dreck ziehen. Er soll mich zu persönlichen Veränderungen bringen, ohne ständige Angst, etwas falsch zu machen."

Einige Statements sind *stichwortartige Aneinanderreihungen von Anforderungen*, in denen u.a. genaue äußerliche Merkmale genannt werden.

- „Nüchtern, nichtrauchend, mit beiden Beinen im Leben stehend, humorvoll, intelligent, treu, liebevoll, erotisch, attraktiv."
- „Gesprächsfähig, vielseitig interessiert (Kultur, Sport, Literatur, Reisen), normalgewichtig, sportlich in gesunden Grenzen, wirtschaftlich gesichert, nicht größer als 1,78 m, zärtlicher als mein Pferd und meine Katze (also das Gegenteil von seinen Vorgängern)."
- „Gutaussehend, dunkelhaarig, helläugig, durchtrainiert, liebevoll, zärtlich, humorvoll."

Daß sich *kein idealer Partner* vorgestellt werden kann, wird selten angegeben:

- „Ich habe keine Vorstellung von einem idealen Partner, da diese verhindern würde, einen Menschen wirklich kennenzulernen."

Single-Männer

Die meisten Single-Männer wünschen sich in ihren ausführlichen Statements „innere Werte" von ihrer Partnerin, *Offenheit und gegenseitiges Verständnis* stehen im Vordergrund:

- „Für den anderen Zeit aufbringen, ihm zuhören, Problemlösungen anbieten, vieles, aber nicht alles gemeinsam machen, ehrlich und treu sein."
- „Zum Teil ähnliche Eigenschaften wie ich, aber auch teilweise andere, ergänzende; auf jeden Fall Ehrlichkeit, Offenheit, hohes Engagement für die Partnerschaft, hohe Gesprächsbereitschaft, Harmonie auch bei Intimitäten."
- „Offen gegenüber ihrer Umwelt; mehr als nur eine Partnerin, sie muß eine gute Freundin sein, mit der man reden kann; symphatisch, ich muß sie „riechen" können, Sympathie auf den ersten Blick."

- „Intellektuell gleichwertig mit einem ausgeglichenen Rollenverhalten in bezug auf Mann und Frau, eine selbständige Frau, die mit beiden Füßen fest auf der Erde steht; gegenseitige Offenheit ist wichtig."
- „Sehr, sehr zärtlich, liebevoll, gebildet, offen für neue Ideen; sie muß gemütliche Abende zu Hause genauso mögen wie durchtanzte Nächte und feiern; sie darf gerne der aktivere Teil der Partnerschaft sein (lasse mich gerne mitziehen), aber ich arbeite daran, daß auch meine Wünsche nicht zu kurz kommen."

Manche Aussagen beinhalten auch die Forderungen nach **äußerlicher Attraktivität**, die im Kontext mit anderen Eigenschaften stehen:

- „Eine starke Frau, schön, voll Leben, bereit, meinen Weg mitzugehen, selbständig, klug und verantwortungsbewußt, ein paar gemeinsame Interessen, Tiefe, Gefühl, Lachen, Temperament, Leidenschaft."
- „Gutaussehend, liebevoll, charmant, verläßlich, rücksichtsvoll, sensibel, mystisch, sorgend."
- „Natürlich, loyal, selbstsicher und selbstbewußt - neben anderen Attributen, wie schlank, braun, dunkle Haare, Typ Carmen."

Es wird auch darauf hingewiesen, daß es *keine ideale Partnerin* gibt:

- „Ich denke, daß es eine „ideale" Partnerin als Konstante nicht gibt, denn wer wie zu mir paßt, liegt stark an der jeweiligen Lebensphase und Entwicklungsstufe meines Selbst. 'Ideal' wäre die gemeinsame Entwicklung zweier Menschen, die sich durch die Phasen hindurch aufeinander beziehen."

Verheiratete Frauen:

Das gegenseitige Verständnis und die *emotionale Nähe bei gleichzeitiger Eigenständigkeit* werden von den verheirateten Frauen am stärksten hervorgehoben:

- „Einen Menschen, mit dem man reden kann, der versucht einen zu verstehen und wenn nicht, einen so akzeptiert bzw. eine andere Meinung akzeptiert. Der einem außerdem ein Stück „eigenes Leben" läßt und Raum sich weiterzuentwickeln."
- „Einen Menschen, dem ich nahe sein kann, und der mir nahe ist, gleichzeitig, der mich selbst sein lassen kann, mit dem ich über vieles reden kann, der sich für mich interessiert, humorvoll, Offenheit für die eigenen Gefühle und Gedanken."

- „Vertrauen, offene Gespräche über Gefühle, Eigenständigkeit beider Partner, Nähe sowohl körperlich als auch gefühlsmäßig, Interesse für alles, was den anderen betrifft.“

Im Unterschied zu den anderen Untergruppen sollte der ideale Partner auch **familiär** eingestellt sein:

- „Liebevoll, treu, ehrlich, zärtlich, arbeitsam, kinderlieb, verständnisvoll.“
- „Tolerant, aufgeschlossen, verantwortungsvoll, Übernahme von Alltagspflichten, mit der Familie etwas unternehmen, nicht nur immer an sein Hobby denken, sondern die Familie an erste Stelle setzen.“
- „Zuhören können, Mithilfe bei Erziehung und Haushalt, eingehen auf den Partner beim Sex, interessante, außergewöhnliche Dinge zusammen tun, Bücher diskutieren, Pilze züchten, körperliche Arbeiten, Radwandern, Interesse an Geschichte, Tieren.“

In der letzten Antwort sind die Anforderungen an den Partner besonders konkret gefaßt.

Ein Antworttypus besteht aus einer *stichwortartigen Aneinanderreihung von Adjektiven*:

- „Liebevoll, eigenverantwortlich, treu, verläßlich, humorvoll.“
- „Freundlich, sauber, gepflegt, Vertrauensperson, lieb.“
- „Liebevoll, warmherzig, verläßlich, intelligent, interessiert, offen, humorvoll.“

Daß es einen *idealen Partner* gibt, bezweifeln auch einige verheiratete Frauen:

- „Den gibt es nicht. Jeder muß sich frei entfalten können. Mit dem Alter ändert sich der Mensch. Die Vorstellungen, die ich noch bei meiner Hochzeit hatte, habe ich jetzt nicht mehr. Ich bin mit den Jahren reifer geworden.“

Die genaue Beschreibung des Aussehens eines idealen Partners fehlt bei den verheirateten Frauen.

Verheiratete Männer:

Fast alle Aussagen haben einen ähnlichen Sprachstil als Gemeinsamkeit, charakterisiert durch *Aneinanderreihung von Adjektiven*. Häufiger als bei den anderen Probanden soll die *Frau äußerlich attraktiv und erotisch* sein, soll den Mann *nicht belasten*, sondern seine Belastungen abnehmen. Hier eine Auswahl:

- „Starke Frau, eigene Meinung, relativ gutes Aussehen, nicht mollig."
- „Liebevoll, offen, erotisch, gleichberechtigt, spontan, unterstützend, aufrichtig, humorvoll."
- „Figur: Barby, dunkler Typ, selbstbewußt, autonom."
- „Eine Partnerin, die alles mitmacht."
- „Gebildet, schön, witzig, treu, belastbar."
- „Liebend (d.h. emotional aktiv), ausgestattet mit partnerschaftlicher Intelligenz, erotisch, humorvoll, klug, musikalisch, unverklemmt, selbstbewußt."
- „Tolerant, nicht eifersüchtig, läßt mir meine Freiheiten, ich kann mich auf sie verlassen."
- „Eine Partnerin, die vertrauensvoll, ehrlich, engagiert, loyal, treu, rücksichtsvoll, lieb ist, sexuell mit mir harmoniert, intelligent, sportlich, attraktiv, kontaktfreudig ist und sich mir nicht unterordnet."
- „Hübsch, streßt nicht, gleicht mich in gewisser Weise aus und erbringt selbst Leistung."
- „vergleichbare Intelligenz und soziale Herkunft, außergewöhnliche Attraktivität durch Aussehen, Lebensfreude, Treue und Loyalität."

Auch in dieser Untergruppe lehnt eine kleine Anzahl von Probanden genaue Vorstellungen über einen *idealen Partner* ab:

- „Jeder Mensch ist ein Individuum und kann nicht in jeder Situation gleich reagieren, daher gibt es keinen idealen Partner für mich."
- „Ich habe keine konkrete Vorstellung von einer idealen Partnerin. Ich möchte kein Idealbild, eine Beziehung muß wachsen, in einer Beziehung muß jeder Partner auch er/sie selbst sein können. Die Vorstellung des Idealbildes hindert das Eingehen einer Beziehung. Meine Frau wurde zu meinem Idealbild."

Eine andere Möglichkeit, die Idealvorstellungen über einen Partner auszuwerten, ist *häufiger auftretende Begriffe* für die einzelnen Untergruppen auszuzählen. Die verheirateten Frauen benutzen häufiger die Begriffe „kinderlieb" und „Mithilfe" (letzterer fehlt bei den verheirateten Männern). Der ideale Partner sollte für sie Persönlichkeit/Selbstbewußtsein ausstrahlen, wobei Intelligenz und das Äußere weniger bedeutsam sind - der verheiratete Mann antwortet genau entgegengesetzt: das Äußere und die Intelligenz spielen die größere Rolle. Dies trifft in noch stärkerer Ausprägung auf den Single-Mann zu, neben Aussehen und Intelligenz werden allerdings auch Persönlichkeit/Selbstbewußtsein hervorgehoben - Sportlichkeit wird etwas häufiger von ihm genannt. Die Single-Frauen liegen mit ihrer Anzahl der Begriffe „Aussehen", „Persönlichkeit/Selbstbewußtsein" und „Intelligenz" im mittleren Bereich.

Wird die Vorstellung des *„idealen Partners"* mit dem an anderer Stelle erhobenen *Bindungsstil* (vgl. Kap. 8.3.2.2) der befragten Person verglichen, so lassen sich die meisten Aussagen des sicheren Bindungsstils eindeutig als solche identifizieren. Verständnis, Verantwortungsbewußtsein, Akzeptanz, Toleranz, Interesse, Sensibilität, Offenheit und Eigenständigkeit werden oft von diesem Bindungstyp genannt. Ängste und Abgrenzungsschwierigkeiten werden häufiger in den Antworten der unsicheren Bindungsstilgruppen thematisiert, deren Differenzierung (ängstlich-vermeidend, ängstlich-ambivalent, gleichgültig-vermeidend) nicht immer eindeutig ist.

8.3.4.2 Einstellungen zu einer Partnerschaft

Die in diesem Kapitel ausgewerteten Items entstammen dem Partnerschaftsfragebogen (Teil E, s. Anhang 1), der auf einer 5-stufigen Skala den Zustimmungsgrad der Probanden gemessen hat. Im folgenden werden die ersten beiden Skalenpunkte zusammengefaßt und als Zustimmung interpretiert.

Das Statement „Ich habe mir mein *Leben in einer dauerhaften Partnerschaft vorgestellt*" bejahen:

76,0% der Single-Frauen,

62,7% der Single-Männer,

86,6% der verheirateten Frauen und

78,6% der verheirateten Männer.

Wird ein Mann-Whitney-U-Test über die 5-stufige Ratingskala berechnet, so zeichnet sich sowohl ein Geschlechtseffekt (Z=-2,952, p=.003) als auch ein Gruppeneffekt (Z=-3,483, p<.001) ab: in jeder Statusgruppe stimmen jeweils die Frauen dem o.g. Item häufiger zu, wobei die Zustimmung in der Gruppe der Singles insgesamt niedriger ausfällt als bei den Verheirateten.

Der Wunsch, das Leben mit einer Partnerin/einem Partner teilen zu wollen, kann implizieren, daß *eine feste Beziehung als Voraussetzung zum Glücklichsein* angesehen wird. Dieser Aussage stimmen zu:[14]

21,3% der Single-Frauen,

34,7% der Single-Männer,

48,0% der verheirateten Frauen und

65,4% der verheirateten Männer.

Die höhere Zustimmung geben die Verheirateten (Z=-5,713, p<.001); innerhalb der Statusgruppen sind jeweils die Männer häufiger von der o.g. Aussage überzeugt als die Frauen (Z=-2,887, p=.004).

Eine kontrastive Vorstellung zu den o.g. Statements beinhaltet das Item „Wenn ich mir eine *Partnerschaft* vorstelle, fallen mir *zuerst nur Nachteile* ein". Entsprechend weniger Probanden bestätigen diese Sichtweise:

24% der Single-Frauen,

12% der Single-Männer,

4% der verheirateten Frauen und

8% der verheirateten Männer.

Die Unterschiede zwischen Singles und Verheirateten sind hochsignifikant (Z=-5,169, p<.001).

Häufiges Reden über Gefühle wird von 26,6% der verheirateten Männer und 20% der Single-Männer als *störend oder lächerlich* empfunden, während dieser Ansicht nur 4% der verheirateten Frauen und 9,4% der Single-Frauen beipflichten. Der Geschlechtseffekt ist besonders deutlich (Z=-4,624, p<.001).

---

[14] Die nachfolgenden Items werden jeweils nach der Häufigkeit der Zustimmung ausgewertet (von der 5-stufigen Ratingskala werden die ersten beiden Skalenpunkte als "Zustimmung" zusammengefaßt). Außerdem wird ein Mann-Whitney-U-Test berechnet, der sich allerdings wieder auf die 5-stufige Ratingskala bezieht.

Um die *individuellen Vorstellungen über eine „feste Beziehung"* von den Probanden zu erfahren, wurden sie um eine diesbezügliche schriftliche Stellungnahme gebeten.

Wie zu allen offenen Fragen antworten auch hier verheiratete Männer am kürzesten. Von der Quantität der Begriffe schreiben Single-Frauen und Single-Männer fast dreimal so viel wie die verheirateten Männer. Verheiratete Frauen produzieren ca. 1/4 weniger als die Singles, aber noch mehr als die verheirateten Männer.

Der Sprachstil der Single-Frauen ist dem der Single-Männer am ähnlichsten: meistens werden die Gedanken in vollständigen Sätzen entwickelt. Weniger mit Umschreibungen antworten die verheirateten Frauen, fassen aber ihre Vorstellungen größtenteils noch in Satzform. Kurz, mit aneinandergereihten Stichworten, erklären die verheirateten Männer ihre Ansichten über eine „feste Beziehung".

Eine weitere Auswertungsmöglichkeit der Statements zu einer *„festen Beziehung"* ist, sie dem in einem anderen Fragebogenteil angegebenen *Bindungsstil* zuzuordnen (vgl. Kap. 7.2; vgl. Kap. 8.3.2.2, s. Anhang 1, Teil G).

Trotz der Vielfalt der Aussagen, finden sich für jeden Bindungsstil „typische" Antwortmuster. Sie werden im folgenden aufgeführt (s. Tab. 29 - 32):

Tab. 29: Meinungen über eine „feste Beziehung" von Personen mit sicherem Bindungsstil

Single-Frauen	**Single-Männer**
„...verläßliche emotionale Verbindung, in der jeder seine Persönlichkeit leben kann, und es trotzdem zu vielen gemeinsamen Berührungspunkten kommt." „... ohne die Angst zu haben, verlassen zu werden." „...Kontakt, der nicht verheimlicht werden muß." „... nicht unbedingt gemeinsame Wohnung." „... sich alle Freiheiten lassen."	„Beziehung zweier Menschen, die einen Teil ihrer Zeit, Gefühle, Gedanken, Besitztümer ... in das Gemeinsame einbringen - ohne sich aufzugeben oder den anderen zu unterwerfen." „Eine feste Beziehung ist die Beziehung zweier Menschen aufeinander und zueinander zwischen den Grenzen von Abhängigkeit und Lösung, die in Zuversicht ein <open end> leben, die also kein prägnantes Ende vor Augen haben, sondern in Hoffnung und Treue miteinander leben wollen."
verheiratete Frauen	**verheiratete Männer**
 „Treue, Vertrauen, Verantwortlichkeit, Verläßlichkeit." „Ehe." „Gemeinsamkeit, Kommunikation, Zukunftsperspektive."	„Geborgenheit, Ruhe, Geselligkeit, Sex." „Ehe, Treue, Verantwortung, Vertrauen." „Treue, Verantwortung, Intimität, Vertrauen, Schutz, Sex, Loyalität; ich = Hälfte vom Ganzen - Beziehung = 2 Hälften = 1 Ganzes."

Single-Männer, die sich dem *„sicheren Bindungsstil“* zuordnen, entsprechen diesem in ihren Äußerungen zu einer „festen Beziehung“. Ihr zentrales Thema ist die Gegenseitigkeit emotionaler Nähe. Auch bei den Verheirateten sind Bindungsstilzuordnung und Assoziationen stimmig, wobei sie häufig die Begriffe „Treue“, „Vertrauen“, „Verantwortung“ und „Gemeinsamkeit“ aufführen. Allein die Single-Frauen mit - nach eigenen Angaben - sicherem Bindungsstil äußern auch Ängste und Einschränkungen in bezug auf die Partnerbeziehung.

Beim Vergleich vom angegebenen Bindungsstil und den Inhalten über eine „feste Beziehung“ ist auffällig, daß die Meinungen über eine Partnerschaft der Single-Frauen in ca. 50% der Fälle nicht zu dem bei der Ein-Item-Abfrage (vgl. Kap. 7.2) angegebenen Bindungsstil passen. Dies ist unter dem Aspekt von Bedeutung, daß sich von den Singles bei der Ein-Item-Abfrage weniger dem sicheren Bindungsstil (vgl. Kap. 8.3.2.2) zugeordnet haben als Verheiratete und sich dann noch bei der Hälfte der Single-Frauen mit angegebenen sicherem Bindungsstil diese Zuordnung anzweifeln ließe. Einige Statements der Single-Frauen, die den ängstlich-vermeidenden Stil angaben, gehören von ihrem Inhalt in die Kategorie des ängstlich-ambivalenten. Diese Diskrepanz zwischen Zuordnung zu einem Bindungsstil und sprachlichen Äußerungen betreffend einer Partnerschaft ist bei den anderen Untergruppen nur gering vorhanden.

Was Probanden unter einer „festen Beziehung“ verstehen, die sich dem *„ängstlich-vermeidenden“* Bindungsstil zugeordnet haben, zeigt Tab. 30:

Tab. 30: Meinungen über eine „feste Beziehung" von Personen mit ängstlich-vermeidendem Bindungsstil

Single-Frauen	Single-Männer
„... ohne, daß diese enge Beziehung eine einengende ist." „... getrennte Wohnungen, emotionale Nähe, persönlicher Freiraum." „... Innigkeit, einander nicht loslassen, ohne dabei in Ketten gelegt zu sein und eine gewisse Freiheit haben." „ mit dem ich alles teilen kann." „...absolutes Vertrauen..." „... für ihn alles tun..." „... daß ich für jemanden wichtig bin und für ihn dasein kann." „... durch ihn jemand mit Wert sein, keine Angst, plötzlich verlassen und verletzt zu werden."	„eine Partnerschaft auf gleichberechtigter Basis, wo nicht eine Person so dominant ist, daß die andere Person ihre Persönlichkeit und Würde nicht entfalten kann..." „... bei der die Einzelperson nicht untergeht, d.h. nicht alles aufgrund der Partnervorstellungen ändert... . Eine langfristige Trennung sollte nicht zu einem Bruch führen." „ Jemandem blind vertrauen und sich absolut verlassen können." „... jederzeit für den anderen da sein." „... gegenseitiges absolutes Vertrauen, für den anderen sein Leben riskieren..."
verheiratete Frauen	**verheiratete Männer**
„Positiv: Freiheit, Flexibilität, sich verändern dürfen und trotzdem Wärme, Nähe, Vertrauen. Negativ: Einschränkung, zwanghaftes Normverhalten." „Füreinander dasein, respektieren, Freiräume lassen..." „Zuneigung, Vertrauen, Freiheit." „... grenzenloses Vertrauen..." „... in allen Lagen sich dem anderen anvertrauen können..."	„Vertrauen, Harmonie, Entfaltung beider Persönlichkeiten, Loyalität..." „Muß auch harten Schicksalsschlägen standhalten können..." „sich 100% aufeinander verlassen können..., die Partnerin jederzeit in seine Lebensplanung miteinbeziehen."

Die meisten Probanden, die dem ängstlich-vermeidenden Bindungsstil zustimmen, zeigen eines der zwei Antwortmuster:

- Verteidigung der eigenen Freiheit gegenüber den Besitzansprüchen des Partners;
- Absolutsetzung und Idealisierung der Partnerbeziehung.

In einigen Aussagen wird die Angst deutlich, in einer Beziehung vereinnahmt werden zu können. Die sich hier andeutende Abgrenzungsproblematik zeigt sich auch in den idealisierten und absolut-gesetzten Beziehungsansprüchen. Der mit Ängsten verbundene Beziehungswunsch deckt sich mit der Beschreibung des „ängstlich-vermeidenden" Bindungsstils. Einige Single-Frauen erhoffen sich außerdem durch die Partnerschaft eine persönliche Aufwertung.

Andere als die o.g. Prioritäten bezüglich einer „festen Beziehung“ setzen Probanden, die sich dem *„ängstlich-ambivalenten“* Bindungsstil zugeordnet haben (s. Tab. 31).

Tab. 31: Meinungen über eine „feste Beziehung“ von Personen mit ängstlich-ambivalentem Bindungsstil

Single Frauen	**Single Männer**
„... sich stützen.“ „... sich sicher fühlen...“ „... immer für mich da sein...“	„... Vertrauen, sich alles erzählen.“ „... Halt geben und bekommen.“
„... sich Gedanken umeinander machen.“	„... tiefes Zusammengehörigkeitsgefühl zueinander stehen.“ „... gegenseitiges Vertrauen...immer füreinander da sein.“
	„... sich den ändernden Bedürfnissen der Partnerin nicht entgegenstellen.“
„... wenn ich sagen kann: „Das ist mein Freund“, wenn man auch von außen als Paar angesehen wird.“	„... in der Öffentlichkeit die Zusammengehörigkeit in jeglicher Hinsicht zeigen...“
verheiratete Frauen	**verheiratete Männer**
„... Zustand, bei dem man seinen Panzer ablegen kann.“ „... man immer zueinander hält.“	„Aus dem eigenen ‘Ich’ heraus mit jemandem zusammen leben.“
„... Schwierigkeiten meistern und nicht gleich aufgeben.“ „... Probleme offen besprechen...“ „... Streit, der zueinander bringt.“	„Wo man über alles reden kann, man akzeptiert und ernst genommen wird.“
„... und bekennen sich auch in der Öffentlichkeit zu dem anderen.“	„Eine Partnerin, die zu mir steht.“

Ein Antwortmodus beinhaltet die eigene Schutzbedürftigkeit. Ein anderer zeigt, daß sich dem Partner mit Intensität und Aufopferungsbereitschaft gewidmet wird. In einigen Aussagen wird die Beziehung idealisiert und absolut gesetzt. Die verheirateten Frauen benennen als einzige Untergruppe Konflikte in Partnerschaften. Die meisten Aussagen der sich als „ängstlich-ambivalent“ eingeordneten Probanden beinhalten den Wunsch nach großer emotionaler Nähe und die Befürchtung, daß der Partner nicht zur eigenen Person steht.

Da sich zum *„gleichgültig-vermeidenden“* Bindungsstil nur vier Verheiratete zugeordnet haben, und nur zwei davon zur o.g. Frage antworteten, werden im folgenden lediglich die Aussagen der Singles berücksichtigt (s. Tab. 32).

Tab. 32: Meinungen über eine „feste Beziehung" von Personen mit gleichgültig-vermeidendem Bindungsstil

Single-Frauen	Single-Männer
„... gegenseitige Unabhängigkeit..." „... selbst auch noch Freizeit zu haben für mich." „... Spaß, Witz, Humor..." „... viel Zeit glücklich sein, spaßig zusammen verbringen, Urlaub, Freizeit..."	„ wichtiger für mich: freie Beziehung." „regelmäßige gemeinsame Aktivitäten, Diskussionen, Kultur, Sport, Essen, Erotik."

Beide Single-Untergruppen bewerten entweder die persönliche Freiheit besonders hoch oder betonen das Spielerische einer Beziehung. Eine tiefe Partnerbindung findet in ihren Statements keinen Ausdruck. Sie spiegeln somit den „gleichgültig-vermeidenden" Bindungsstil wider, der Bindungsbedürfnisse auf die Momente einer Beziehung zu reduzieren versucht, die wenig bedrohlich sind.

Als Ergebnis dieses Untersuchungsteils läßt sich festhalten, daß die Inhalte zum Verständnis über eine „feste Beziehung" nach der Gegenüberstellung der vier Untergruppen weniger vom gegenwärtigen Familienstand als vielmehr vom Bindungsstil beeinflußt werden.

8.3.4.3 Verhaltensweisen der Partneranbahnung

Der aus dem Parterschaftsfragebogen (Teil E, vgl. Kap. 8.1) ermittelte Faktor *„verhinderndes Bindungsverhalten"* unterscheidet sich hochsignifikant zwischen Verheirateten und Singles (s. Abb. 20).

Abb. 20: Ausprägung des Faktors „beziehungsverhinderndes Verhalten"

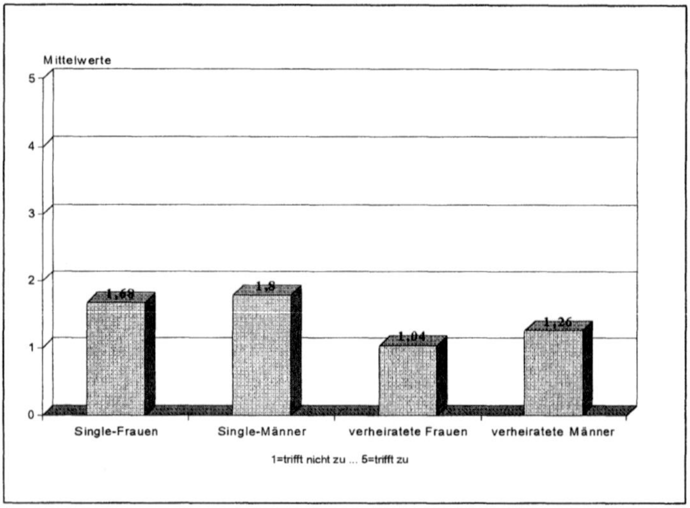

Die Mittelwerte aus Abb. 20 deuten an, daß die Singles eher als die Verheirateten ein Verhalten zeigen, das dem Eingehen einer Partnerschaft entgegensteht. Bei der kovarianzanalytischen Auswertung der Skala 'beziehungsverhinderndes Verhalten' zeigt sich ein signifikanter Haupteffekt für die Statuszugehörigkeit ($F(1,295)=72.172$; $p<.001$), nicht aber für die Geschlechtsvariable ($F(1,295)=2.206$; $p=.139$). Der signifikante Einfluß der Kovariate Alter ($F(1,295)=5.348$; $p=.021$) auf den o.g. Faktor läßt sich so interpretieren, daß mit zunehmendem Alter weniger beziehungsverhinderndes Verhalten gezeigt wird ($r=.151$; $p=.009$).

Bei den beiden Items „Verhaltensweisen anderer nicht richtig wahrnehmen zu können" und „sich oft in Menschen über dem eigenen Attraktivitätsniveau zu verlieben" ergeben die Einzelvergleiche Status und Geschlecht über den Mann-Whitney-U-Test keine signifikanten Ergebnisse. Die Häufigkeitsverteilungen für die beiden Items deuten jedoch an, daß sich die Single-Männer von den drei anderen Teilstichproben unterscheiden. Tatsächlich muß aufgrund des Chi-Quadrat-Tests die Unabhängigkeitshypothese zwischen Gruppenzugehörigkeit und Antwortverhalten verworfen werden. Single-Männer geben am häufigsten an ($\chi^2=24{,}711$, $df=3$, $p<.001$), daß *sie Verhaltensweisen anderer nicht richtig wahrnehmen* und interpretieren können (38,6%). Von den Single-Frauen und Verheirateten stimmen dem jeweils ca. 10% weniger zu.

Auch das Merkmal, *sich oft in Menschen zu verlieben, die attraktiver als die eigene Person sind*, zeigen am häufigsten Single-Männer (χ^2=17,303, df=3, p=003; Zustimmung: Single-Männer 32%; Single-Frauen 23%; verheiratete Frauen 16%, verheiratete Männer 19%).

Ein höheres Engagement der Single-Männer bei der Partnerwerbung könnte die o.g. „Verhinderungen" eventuell wieder ausgleichen. So geben 68% der Single-Männer, 53,4% der Single-Frauen und 46,6% der verheirateten Frauen sowie 45,3% der verheirateten Männer an, daß sie *gerne flirten*. Der Unterschied zwischen Singles und Verheirateten ist signifikant (Z=-2,511, p=.012).

Die Kennlernphase einer erfolgreichen Partnerwerbung soll zu einer zunehmenden Vertrautheit und schließlich auch körperlichen Intimität führen. Danach befragt, ob *Schwierigkeiten* bestehen, *mit jemandem intim zu werden*, stimmen Singles häufiger zu (Z=-3,804, p=<.001):

Single-Frauen:	29,3%,
Single-Männer:	17,6%,
verheiratete Frauen:	10,7%,
verheiratete Männer:	12,0%.

In der Gruppe der Single-Frauen finden sich demnach die meisten Personen, die Intimität nicht bedenkenlos und unbeschwert leben können.

8.3.4.4 Persönlichkeitsmerkmale für eine Partnerbindung

Einige Skalen des Trierer Persönlichkeitsfragebogens (Becker, 1989) beinhalten komplexe Eigenschaften, die sich auf das Bindungsverhalten auswirken:

- 'Seelische Gesundheit'
- 'Sinnerfülltheit'
- Selbstvergessenheit'
- 'Liebesfähigkeit'
- 'Verhaltenskontrolle'
- 'Expansivität'
- 'Autonomie'
- 'Selbstwertgefühl'
- 'Beschwerdefreiheit'

Keine signifikanten Unterschiede zwischen den vier Untergruppen gibt es bei den

Skalen ‘Verhaltenskontrolle’, ‘Expansivität’, ‘Autonomie’, ‘Selbstwertgefühl’ und ‘Beschwerdefreiheit’.

Alle übrigen Skalen werden in der folgenden Abbildung im Mittelwertvergleich dargestellt (s. Abb. 21).

Abb. 21: TPF-Skalen in Abhängigkeit von der Gruppenzugehörigkeit

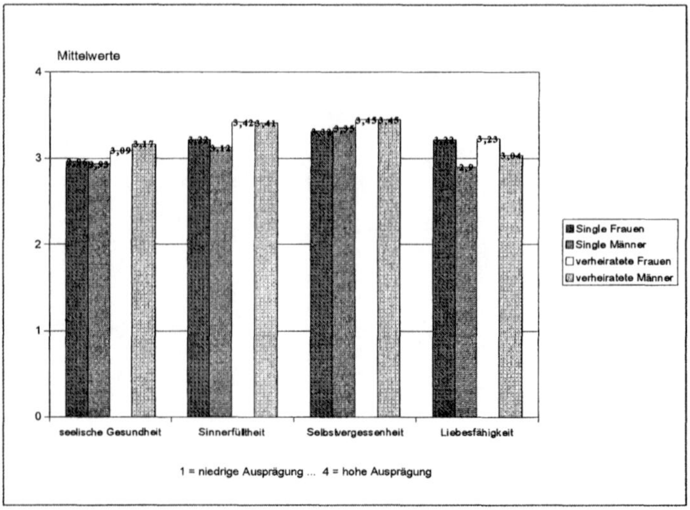

Ein signifikanter Haupteffekt zeichnet sich für den Status bei den Variablen ‘Seelische Gesundheit’ (F(1,295)=5.512; p=.020), ‘Sinnerfülltheit’ (F(1,294)=10.499, p=.001) und ‘Selbstvergessenheit’ (F(1,295)=6.087; p=.014) ab.

Demnach unterscheiden sich Singles und Verheiratete wie folgt voneinander:

- Singles haben eine niedrigere seelische Gesundheit als Verheiratete.
- Singles sind weniger sinnerfüllt als Verheiratete.
- Singles sind stärker auf sich selbst zentriert, d.h. weniger selbstvergessen als Verheiratete.

Bei der Variablen ‘Selbstvergessenheit’ ist die Wechselwirkung statistisch bedeutsam (F(1,295)=4.317; p=.039). Die Wechselwirkung bei der Variablen ‘Sinnerfülltheit’ resultiert daraus, daß sich Männer und Frauen bei der Single-Population deutlich voneinander unterscheiden (Frauen empfinden ihr Leben als sinnvoller), bei der Stichprobe der Verheirateten sind die Unterschiede nur minimal.

Entgegen der hypothetischen Vorannahme treten zwischen Singles und Verheirateten keine signifikanten Unterschiede beim Faktor 'Liebesfähigkeit' auf (vgl. Abb. 21). Allerdings gibt es einen signifikanten Geschlechtseffekt ($F(1,295)=17.191$; $p<.001$). Die Mittelwerte belegen, daß die Liebesfähigkeit der Frauen deutlich über der der Männer liegt. Die verheirateten Frauen antworteten den Single-Frauen sehr ähnlich - beide erreichen einen hohen Ausprägungsgrad von 'Liebesfähigkeit'. Insgesamt verfügen die Männer über eine niedrigere Liebesfähigkeit, bei der die Single-Männer wiederum schlechter abschneiden.

Die Kovariate Alter spielt bei einigen Skalen des TPF's (vgl. Anhang 2) eine wichtige Rolle. Dabei weisen die (niedrigen aber signifikanten) Korrelationen auf einen positiven Zusammenhang hin. D.h. mit zunehmendem Alter werden seelische Gesundheit ($r=.180$; $p=.002$), Selbstvergessenheit ($r=.121$; $p=.035$) und Liebesfähigkeit ($r=.160$; $p=.005$) stärker.

Des weiteren werden einige der Faktoren des TPF's (Becker, 1989) davon beeinflußt, ob die Probanden *Kinder haben oder kinderlos* sind. Personen mit eigenen Kindern - gleichgültig welcher Untergruppen - unterscheiden sich von kinderlosen darin, daß sie

- eine stabilere seelische Gesundheit haben ($t(298)=2{,}507$; $p=.013$),
- stärker das Verhalten kontrollieren ($t(298)=3{,}015$; $p=.003$),
- selbstvergessener sind ($t(298)=3{,}027$; $p=.003$) und
- liebesfähiger sind ($t(298)=2{,}344$; $p=.020$).

8.3.4.5 Wissensstrukturen in bezug auf Bindungsinhalte

Wenn davon ausgegangen werden kann, daß sich im Verhalten weitgehend Wissensstrukturen verdeutlichen, so ist zu fragen, ob sich Menschen, die ohne Partnerbindung leben, in ihren Wissensstrukturen von Verheirateten unterscheiden.

Da die Sprache als Repräsentation der Kognitionen gelten kann, soll gezeigt werden, welchen Schlüsselbegriffen des Bindungsverhaltens die untersuchten Gruppen welche konnotative Bedeutung zuweisen, und wie sie sich sprachlich ausdrücken. Für dieses Vorhaben wird der Assoziationstest (vgl. Kap. 7.5.2) ausgewertet.

8.3.4.5.1 Auszählung der Assoziationen

Auf die im Fragebogen vorgegebenen 13 Reizwörter zu Beziehungsthemen (vgl. Anhang 1, Teil K) assoziierten die Probanden durchschnittlich pro Reizwort 3,3 Begriffe. Je nach Untergruppe differiert die Häufigkeit und die Varianz der Sprachproduktion (s. Tab. 33):

Tab. 33: Sprachproduktion im Gruppenvergleich

	Single-Frauen	Single-Männer	verheiratete Frauen	verheiratete Männer
Probandenanzahl	60	61	62	63
Anzahl der Assoziationen	3648	2454	2569	2021
Assoziationen pro Reizwort	4,7	3,1	3,2	2,5
Anzahl unterschiedlicher Assoziationen	1734	1187	1047	876
Unterschiedliche Assoziationen pro Person	28,9	19,5	16,9	13,0

Die meisten Assoziationen und die größte Sprachvielfalt finden sich bei den Single-Frauen. Single-Männer nennen insgesamt weniger Assoziationen und weniger verschiedene als die Single-Frauen. Die Assoziationsanzahl der Single-Männer liegt allerdings höher als die der verheirateten Männer, und die Single-Männer weisen eine größere Sprachvielfalt auf als die verheirateten Frauen. Die verheirateten Frauen führen - trotz ihrer weniger qualifizierten Schulbildung (vgl. Kap. 8.3.1.1) - eine größere Anzahl von Assoziationen auf und finden mehr verschiedene Worte als die verheirateten Männer. Die vier Gruppen unterscheiden sich also deutlich im hier beobachtbaren Sprachverhalten.

Um einen Eindruck der genannten Assoziationen zu bekommen, werden die am häufigsten genannten (über 10 Nennungen) aufgeführt (s. Tab. 34):

Tab. 34: Auszählung der am häufigsten genannten Assoziationen

Single-Frauen	Single-Männer	verheiratete Frauen	verheiratete Männer
78 LIEBE	43 LIEBE	121 LIEBE	67 LIEBE
38 VERTRAUEN	40 SCHÖN	43 GEBORGENHEIT	40 WICHTIG
38 STARK	37 GEBORGENHEIT	38 VERTRAUEN	39 SCHÖN
36 FREUDE	30 WICHTIG	38 GLÜCK	34 GEBORGENHEIT
34 ANGST	28 SCHMERZ	34 SCHÖN	32 VERTRAUEN
34 GEBORGENHEIT	23 WÄRME	28 MUTTER	29 GLÜCK
33 KINDER	21 KINDER	28 WICHTIG	26 VERANTWORTUNG
32 WÄRME	21 SPASS	26 FREUDE	20 ARBEIT
31 SCHÖN	20 FRAU	26 SCHMERZ	20 FREUDE
26 SCHMERZ	19 VERTRAUEN	25 FAMILIE	20 VATER
25 VERANTWORTUNG	18 FAMILIE	24 KINDER	19 ZÄRTLICHKEIT
24 ZÄRTLICHKEIT	18 MUTTER	22 ARBEIT	18 GUT
21 FAMILIE	18 NÄHE	22 FREUNDE	17 FAMILIE
21 WICHTIG	16 ARBEIT	21 VERANTWORTUNG	17 FRAU
18 NÄHE	15 SPIELEN	20 LIEBEVOLL	17 WÄRME
17 KLEIN	14 FREUDE	20 SPASS	16 SCHWIERIG
17 TRAUER	14 VERANTWORTUNG	20 WÄRME	16 SPASS
16 MUTTER	13 FREUNDE	19 LIEB	16 SPIELEN
16 SCHULE	13 GLÜCK	19 VATER	15 SCHMERZ
16 SICHERHEIT	13 SICHERHEIT	17 GUT	14 EHE
16 VERSTÄNDNIS	13 VATER	17 LACHEN	14 MUTTER
14 FREUNDE	13 ZUNEIGUNG	17 TRAUER	14 ZUFRIEDENHEIT
14 HILFLOS	12 STARK	16 STARK	13 SEX
14 SEX	11 ELTERN	16 ZÄRTLICHKEIT	13 SICHERHEIT
13 EINSAMKEIT	11 ERZIEHUNG	14 ANGST	13 STARK
13 LACHEN	11 KOMPLIZIERT	14 TREÜ	12 KINDER
13 SCHWIERIG	11 MANN	13 VERSTÄNDNIS	12 LIEB
13 SPASS		12 BERUF	11 FREUNDE
13 WEICH		12 MANN	
12 FRAU		12 SICHERHEIT	
12 HARMONIE		11 ANSTRENGEND	
12 LIEBEVOLL		11 SPIELEN	
12 SEHNSUCHT			
11 LERNEN			
11 PARTNER			
11 SCHUTZ			
11 SPIELEN			

die häufigsten gemeinsam genannten Assoziationen

„Familienbegriffe"

negativ-besetzte Begriffe

Hauptkennzeichen einer Partnerbindung sind nach dieser Auflistung Liebe, Geborgenheit und Vertrauen. Alle vier Untergruppen haben diese Begriffe besonders häufig benutzt, wobei das Wort „Liebe“ von allen am häufigsten genannt wird. Vom Durchschnittswert her schreibt es jede verheiratete Frau fast zweimal, die Single-Frau und der verheiratete Mann etwas mehr als einmal und jeder zweite Single-Mann. „Geborgenheit“ wird in allen vier Gruppen etwa gleich häufig genannt, von den verheirateten Frauen etwas häufiger, von den verheirateten Männern seltener. „Vertrauen“ wird von auffallend wenigen Single-Männern mit den Beziehungsreizworten assoziiert.

In der Auflistung (vgl. Tab. 34) finden sich 18 Begriffe, die von allen genannt werden, am häufigsten allerdings von den verheirateten Frauen. Die Häufigkeiten der Verwendung von *„Mutter“, „Vater“, „Kind“ und „Familie“* sind bei den einzelnen Untergruppen unterschiedlich verteilt. Verheiratete Frauen führen zuerst „Mutter“, verheiratete Männer „Vater“ auf, dann folgt bei beiden die „Familie“. An dritter Stelle kommen bei den verheirateten Frauen die „Kinder“ und dann erst das gegengeschlechtliche Elternteil. Bei den verheirateten Männern ist dies umgekehrt.

Interessant wird es bei den Single-Frauen. Sie verwenden die Assoziation „Kinder“ in einer Häufigkeit (33 zu 24 „Kinder“ bei der verheirateten Frau), die sich von den anderen Probanden absetzt. Bei den Single-Frauen folgen „Familie“, „Mutter“ und „Frau“. Für einen „Vater“ scheint kein Verwendungsbedarf zu bestehen. Der „Mann“ kommt bei der Single-Frau“ nur in bezug auf sie selbst - als „Partner“ - vor. Der Begriff „Partner/Partnerin“ wird von den anderen Untergruppen nicht genannt.

Die Single-Männer nennen von der Häufigkeit der Familienbegriffe zuerst „Kinder“, dann „Frau“, „Familie“ und „Mutter“. Sie assoziieren nicht zuerst eine mögliche Identifikationsrolle („Vater“, „Eltern“) wie die Verheirateten, sondern eventuell das, was ihnen fehlt.

Den Begriff „Sex“ verwenden nur Single-Frauen und verheiratete Männer.

Bei den Single-Frauen fallen die häufigen *negativen Assoziationen* zu den Beziehungsstimuli auf (z.B. 34 x Angst - im Vergleich zu 14 x Angst bei den verheirateten Frauen). Die wenigsten negativen Assoziationen werden von verheirateten Männern angegeben, sie nennen nur „schwierig“ und „Schmerz“ häufiger als 10 mal. „Schmerz“ wird von rund doppelt sovielen Single-Männern wie von verheirateten Männern assoziiert. Für einige Single-Männer stellt sich Beziehungsleben als „kompliziert“ dar. Auch bei verheirateten Frauen steht „Schmerz“ an erster Stelle, sie nennen außerdem

„Trauer“ so häufig wie Single-Frauen (17mal). Als weitere negative Begriffe führen verheiratete Frauen „Angst“ auf und als einzige „anstrengend“.

8.3.4.5.2 Bewertung der Assoziationen

Nachdem die Probanden zu den einzelnen Reizworten ihre Assoziationen aufgeschrieben hatten, sollten sie diese bewerten (vgl. Anhang 1, Teil L). In der folgenden Übersicht ist aufgeführt, wieviele Personen ihre Assoziationen zum vorgegebenen Reizwort als „angenehm“ einstufen (s. Tab. 35):

Tab. 35: Prozentualer Anteil der als angenehm eingestuften Reizworte

	Als angenehm empfundene Assoziationen			
Reizworte*	**Single-Frauen**	**Single Männer**	**verheiratete Frauen**	**verheiratete Männer**
Ich	48,4%	41,9%	41,2%	42,4%
Kind	70,3%	51,1%	71,4%	83,6%
Jugend	32,8%	59,7%	48,6%	57,4%
Elternhaus	34,4%	46,0%	45,7%	39,7%
Mutter	31,7%	38,7%	51,5%	57,4%
Vater	31,3%	30,6%	41,2%	38,8%
Frau	41,0%	74,2%	45,5%	85,3%
Mann	34,9%	25,0%	62,9%	27,3%
Beziehung	64,5%	60,3%	70,0%	85,3%
Ehe	22,2%	33,9%	61,4%	76,5%
Geborgenheit	82,8%	77,0%	91,4%	77,9%
Sexualität	60,9%	76,2%	72,1%	82,4%

[grau schattiert]: die prozentual zwei höchsten Nennungen

*Das Reizwort „Trennung“ fehlt in dieser Tabelle, weil es bei allen Probanden eindeutig negativ oder ambivalent besetzt ist.

Durchgängig sind in den Untergruppen mehrheitlich die Reizworte *„Geborgenheit“*,

„Sexualität", „Beziehung" und „Kind" angenehm besetzt. Der verheiratete Mann erreicht die höchsten Werte bei den Begriffen „Kind", „Frau", „Beziehung", „Ehe" und „Sexualität" - die verheiratete Frau liegt stets ca. 10-15% darunter.

In allen Untergruppen beträgt die Einschätzung als „angenehm" weniger als 50% zu *„Vater", „Elternhaus" und „Ich".*

Unterschiede in der Bewertung aufgrund der Gruppenzugehörigkeit ergeben sich zu *„Mutter", „Vater", „Beziehung" und „Ehe".* Singles bewerten diese Begriffe im Unterschied zur Vergleichsgruppe der Verheirateten weniger oft als „angenehm". Insbesondere die „Ehe" ist nur bei etwa jeder fünften Single-Frau und jedem dritten Single-Mann positiv besetzt.

Die Geschlechtszugehörigkeit spielt ebenfalls eine Rolle: „Jugend" und „Frau" werden von Männern positiver gesehen als von Frauen. Sie heben stärker „Geborgenheit" hervor. Die Bewertung von *„Frau" und „Mann"* ist besonders interessant, weil sich das Antwortverhalten der Geschlechter nicht ganz spiegelt. Die Männer der Gesamtstichprobe bewerten den Begriff „Mann" im Vergleich zum Begriff „Frau" als besonders wenig „angenehm". Zu dem Begriff „Frau" assoziieren Männer annähernd doppelt so häufig positiv wie Frauen. Bei ihren Assoziationen zum Begriff „Mann" reagiert die verheiratete Frau reziprok - sie hat im Gegensatz zu allen anderen Probanden bei diesem Reizwort überdurchschnittlich angenehme Empfindungen. Weniger negativ als die Männer sieht sie ihr eigenes Geschlecht als „Frau".

Von den Single-Frauen geben nur ca. 1/3 angenehme Assoziationen zu „Mann" an - sie assoziieren zur eigenen Geschlechtsgruppe positiver als zur fremden und fallen damit aus dem Antwortverhalten der anderen drei Untergruppen heraus. Des weiteren fällt bei ihnen die relativ positive Einschätzung des Reizwortes „Ich" auf.

Aus der o.g. Tabelle (vgl. Tab. 35) wird ebenfalls noch deutlich, daß der *Statuseffekt den Geschlechtseffekt überwiegt*: bei den meisten Bereichen, die mit Bindungsverhalten im Zusammenhang stehen, sind sich verheiratete Frauen und Männer in ihrer positiveren Bewertung einig. Die Singles können zu weniger Bindungsthemen angenehme Gedanken und Gefühle entwickeln, wobei dies den Single-Frauen am wenigsten möglich scheint. Ein Geschlechtseffekt zeigt sich nur bei der Bewertung der Begriffe „Jugend", „Frau" und „Sexualität", die von Männern positiver gesehen werden und „Geborgenheit", wozu Frauen häufiger angenehm assoziieren.

Eine weitere Auffälligkeit zeigt sich bei den Single-Frauen darin, wie häufig die Reizworte als „ambivalent“ eingestuft worden sind. Unter „ambivalent“ wurde eine Mischung unangenehmer und angenehmer Aspekte verstanden (s. Tab. 36).

Tab. 36: Prozentualer Anteil der als ambivalent eingestuften Reizworte

Reizworte	**Single-Frauen**	**Single-Männer**	**verheiratete Frauen**	**verheiratete Männer**
Trennung	31,3%	9,5%	12,9%	14,9%
Mann	23,8%	8,3%	5,7%	15,2%
Beziehung	21,0%	22,2%	8,6%	11,8%
Ehe	25,4%	19,4%	8,6%	13,2%
Jugend	28,1%	12,9%	15,7%	16,2%

: jeweils höchste Anteile

Tabelle 36 zeigt deutlich, daß verheiratete Frauen am wenigsten Begriffe als ambivalent eingeschätzt haben und Single-Frauen am häufigsten. Die verheirateten Männer nehmen anteilmäßig eine Zwischenposition ein und Single-Männer assoziieren nur zu den Reizworten „Beziehung“ und „Ehe“ häufiger ambivalent als Verheiratete. Interessant ist auch, daß von den 13 Reizworten nur fünf als „ambivalent“ von den Probanden eingestuft worden sind, die Mehrzahl der Stimuli also als positiv, negativ oder neutral angesehen wird. Bei den als ambivalent eingestuften Begriffen ist auffällig, daß zwar „Mann“, nicht aber „Frau“ als ambivalent empfunden wird.

8.3.4.5.3 Bedeutungszusammenhänge

Der Überlappungskoeffizient zeigt an, wie häufig zu zwei unterschiedlichen Stimuliwörtern ähnlich assoziiert worden ist. Die Matrix mit den einzelnen Überlappungskoeffizienten (UEK) weist je nach Untergruppe Besonderheiten auf (s. Tab. 37 - 40):

Tab. 37: Überlappungskoeffizienten der Single-Frauen

	Kind	Mann	Beziehung	Ich	Elternhaus	Frau	Vater	Jugend	Ehe	Sexualität	Mutter	Geborgenheit
Mann	140											
Beziehung	164	174										
Ich	106	123	73									
Elternhaus	146	95	**181**	57								
Frau	71	151	77	133	92							
Vater	111	172	139	140	165	115						
Jugend	153	84	112	91	69	66	72					
Ehe	137	92	**263**	47	179	76	101	97				
Sexualität	128	133	**201**	62	89	99	94	85	102			
Mutter	138	135	138	139	154	138	**215**	87	116	95		
Geborgenheit	141	134	**219**	110	159	108	120	100	157	**255**	128	
Trennung	79	52	88	78	100	33	108	98	73	35	78	64

(shaded) Werte über .180

Tab. 38: Überlappungskoeffizienten der Single-Männer

	Kind	Mann	Beziehung	Ich	Elternhaus	Frau	Vater	Jugend	Ehe	Sexualität	Mutter	Geborgenheit
Mann	72											
Beziehung	119	79										
Ich	78	92	97									
Elternhaus	143	102	**212**	86								
Frau	96	68	**187**	104	118							
Vater	87	157	95	125	145	104						
Jugend	129	57	160	79	80	93	47					
Ehe	102	92	**185**	76	171	98	104	57				
Sexualität	85	77	**292**	73	99	158	68	149	94			
Mutter	77	119	174	103	**187**	146	176	48	147	88		
Geborgenheit	93	69	**293**	59	**196**	129	55	63	179	168	145	
Trennung	52	33	67	43	45	15	16	42	74	26	55	43

(shaded) Werte über .180

Tab. 39: Überlapungskoeffizienten der verheirateten Frauen

	Kind	Mann	Beziehung	Ich	Elternhaus	Frau	Vater	Jugend	Ehe	Sexualität	Mutter	Geborgenheit
Mann	209											
Beziehung	250	315										
Ich	157	208	150									
Elternhaus	195	189	229	158								
Frau	113	146	127	187	127							
Vater	185	208	189	160	210	122						
Jugend	179	106	128	103	111	107	128					
Ehe	211	252	369	149	195	143	145	111				
Sexualität	133	160	189	122	106	113	105	175	187			
Mutter	209	196	222	141	212	139	275	94	224	122		
Geborgenheit	135	216	166	160	198	121	87	104	197	176	124	
Trennung	45	17	38	41	42	38	68	33	50	43	23	18

Werte über .180

Werte über .300

Tab. 40: Überlappungskoeffizienten der verheirateten Männer

	Kind	Mann	Beziehung	Ich	Elternhaus	Frau	Vater	Jugend	Ehe	Sexualität	Mutter	Geborgenheit
Mann	77											
Beziehung	193	68										
Ich	111	175	71									
Elternhaus	211	78	196	103								
Frau	161	61	276	56	117							
Vater	138	172	72	157	122	99						
Jugend	140	32	131	70	120	53	54					
Ehe	209	86	462	104	196	243	94	58				
Sexualität	150	52	276	50	107	154	40	159	210			
Mutter	184	68	171	79	198	168	155	41	170	101		
Geborgenheit	141	33	251	83	127	150	28	64	226	206	138	
Trennung	35	10	10	18	44	5	22	25	31	17	19	20

Werte über .180

Werte über .300

Generell verwenden Singles weniger häufig gleiche Begriffe für verschiedene Reizworte. Ihre Verwendung von Sprache ist ausdifferenzierter als die der Verheirateten. Auffallend häufig sind bei den verheirateten Frauen die von ihnen gelebten Konzepte gedanklich miteinander verbunden. Die verheirateten Frauen unterscheiden sich auch von den anderen Befragten in einer höheren Überlappung zum Stimuluswort „Ich“ mit dem Begriff „Frau“.

Die höchsten Überlappungen finden sich bei den Verheirateten zu den Reizworten *„Ehe" und „Beziehung"* (verheiratete Männer: UEK= .462; verheiratete Frauen: UEK= .369). An zweiter Stelle der überlappenden Häufigkeiten stehen bei den verheirateten Frauen „Beziehung" und „Mann", bei den verheirateten Männern spiegelbildlich „Beziehung" und „Frau".

Werden diese Wortpaare bei den Singles gesucht, so fallen die Überlappungskoeffizienten insgesamt geringer aus. Während die Kombination „Beziehung" und „Ehe" bei den Single-Frauen noch ihren höchsten Überlappungswert aufweist, liegen diese Überlappungen bei den Single-Männern erst an siebenter Stelle.

In allen vier Untergruppen spielt die Bedeutungsähnlichkeit von *„Elternhaus" und „Beziehung"* eine Rolle. Welche Qualität diesem Elternhaus zugeschrieben wird, oder welchen Stellenwert es gegenwärtig noch einnimmt, wird beim Vergleich der Überlappungen zwischen „Elternhaus" und „Geborgenheit" deutlich. Ein höherer diesbezüglicher Überlappungskoeffizient der Single-Männer und verheirateten Frauen spricht für eine positivere Bindung an das Elternhaus. „Geborgenheit" und „Elternhaus" weisen bei den Single-Frauen und vor allem bei den verheirateten Männern niedrigere Überlappungen auf.

Zu *„Trennung"* fallen die Überlappungen insgesamt bei den Probanden geringer aus, da zu diesem Reizwort in den vier Untergruppen mehrheitlich negative Assoziationen genannt werden. Trotzdem lassen sich Abstufungen feststellen: die niedrigsten Überlappungen zum Stimuluswort „Trennung" weisen verheiratete Männer auf, die der verheirateten Frauen liegen etwas höher, gefolgt von den Single-Männern. Die Single-Frauen haben mit Abstand die höchsten Überlappungen, was bedeutet, daß die Single-Frauen insgesamt am häufigsten Assoziationen mit negativen Bedeutungsinhalten, nicht nur zum Reizwort „Trennung", sondern auch zu verknüpften Beziehungsbegriffen, aufgeführt haben. Die höchsten Überlappungen zu „Trennung" finden sich bei den Single-Frauen zu „Vater", „Elternhaus" und „Jugend".

Mittels zwei unterschiedlicher Analyseverfahren können die sich in den Überlappungskoeffizienten abzeichnenden Konzepte veranschaulicht werden. Für die Multidimensionale Skalierung (MDS) und die Clusteranalyse (vgl. Kap. 7.5.2) dienen die UEK-Werte als Berechnungsgrundlage.

Zunächst werden die Ergebnisse der Clusteranalysen in Dendogrammen dargestellt, deren Abbruchkriterium bei δ*=18 gewählt worden ist (vgl. S.157).[15]

Aus dem Dendogramm der Single-Frauen lassen sich vier Cluster extrahieren (s. Abb. 22):

Abb. 22: Dendogramm der Clusterstruktur für Single-Frauen

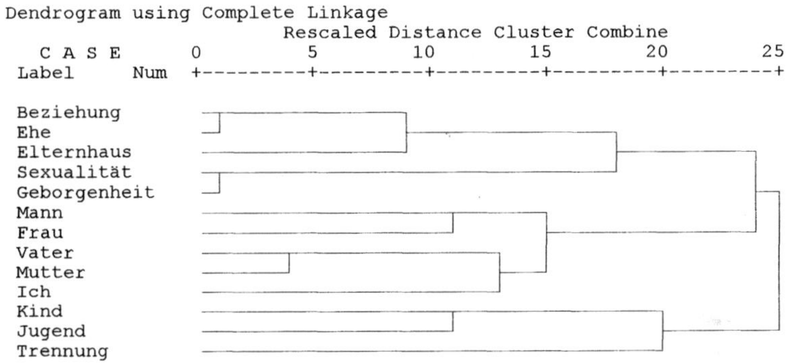

- Cluster 1: Beziehung, Ehe, Elternhaus, Sexualität, Geborgenheit
- Cluster 2: Mann, Frau, Vater, Mutter, Ich
- Cluster 3: Kind, Jugend
- Cluster 4: Trennung

Für den Single-Mann werden die Stimuluswörter ebenfalls zu vier Clustern zusammengefaßt (s. Abb. 23):

---

15 Die vollständigen Daten der Clusteranalysen befinden sich im Anhang, Teil 3.

Abb. 23: Dendogramm der Clusterstruktur für Single-Männer

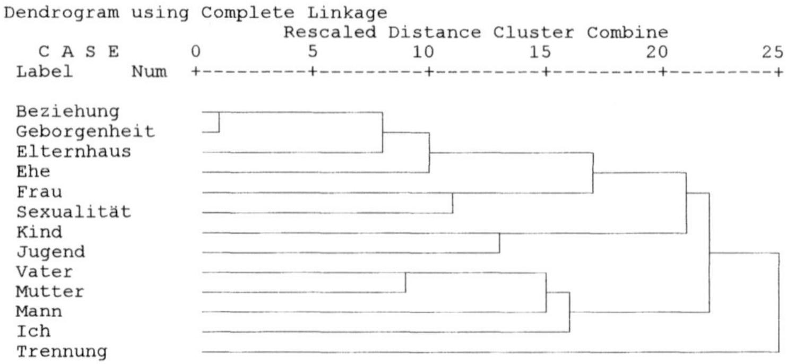

- Cluster 1: Beziehung, Geborgenheit, Elternhaus, Ehe, Frau, Sexualität
- Cluster 2: Kind, Jugend
- Cluster 3: Vater, Mutter, Mann, Ich
- Cluster 4: Trennung

Bei den verheirateten Frauen lassen sich zwei Cluster identifizieren (s. Abb. 24):

Abb. 24: Dendogramm der Clusterstruktur für verheiratete Frauen

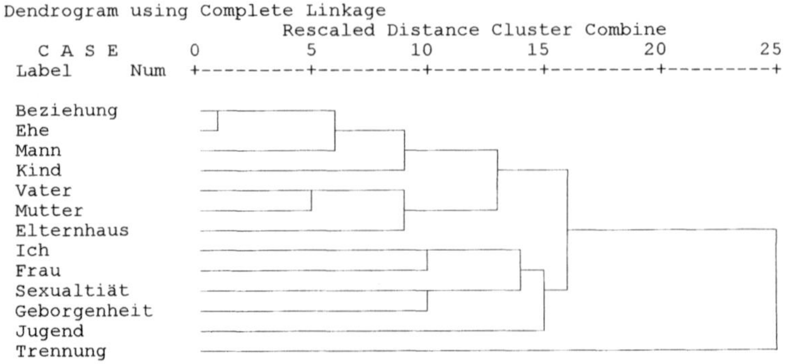

• Cluster 1: Beziehung, Ehe, Mann, Kind, Vater, Mutter, Elternhaus, Ich, Frau, Sexualität, Geborgenheit, Jugend

•Cluster 2: Trennung

Die Ordnung der Assoziationsdaten der verheirateten Männer weist nach der Clusteranalyse vier Cluster auf (s. Abb. 25):

Abb. 25: Dendogramm der Clusterstruktur für verheiratete Männer

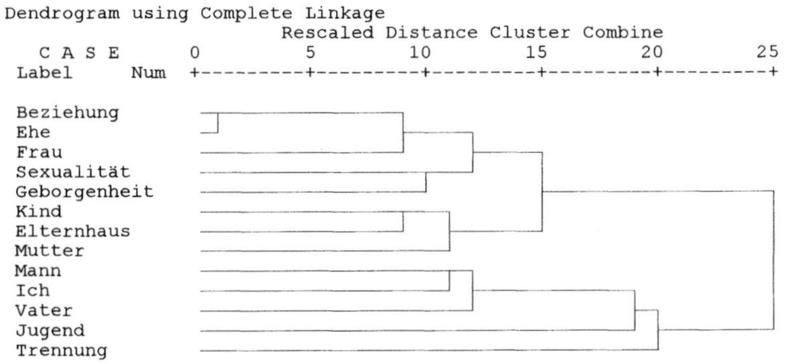

•Cluster 1: Beziehung, Ehe, Frau, Sexualität, Geborgenheit, Kind, Elternhaus, Mutter

•Cluster 2: Mann, Ich, Vater

•Cluster 3: Jugend

•Cluster 4: Trennung

Bei einem Vergleich der Dendogramme fällt besonders die verheiratete Frau auf, deren Assoziationen lediglich in zwei Clustern zusammengefaßt werden, wohingegen die Dendogramme der drei anderen Untergruppen jeweils vier Cluster aufweisen. Das erste Cluster beinhaltet bei allen Gruppen die meisten Stimuli, von denen „Beziehung" ein zentraler Begriff ist. Ein separates Cluster bildet „Trennung" bei den Probanden. Bei Single-Frauen und Single-Männern weisen die Assoziationen zu „Kind" und „Jugend" eine hohe Bedeutungsähnlichkeit auf. Ansonsten unterscheiden sich die Cluster der einzelnen Teilstichproben.

Im weiteren Vorgehen werden die ermittelten Überlappungskoeffizienten (vgl. Tab. 37 - 40) zur Berechnung der MDS genutzt. Die Multidimensionalen Skalierungen erbrachten jeweils eine zweidimensionale Lösung mit folgenden Anpassungsgüten (s. Tab. 41):

Tab. 41: Streßwerte der MDS für die vier Untergruppen

	Single-Frauen	Single-Männer	verheiratete Frauen	verheiratete Männer
Streßwert	.174	.213	.083	.151
Bewertung nach Kruskal vgl. Kap. 7.5.2	„gut“	„ausreichend“	„ausgezeichnet“	„gut“

Wie aus Tabelle 41 ersichtlich, kann aufgrund der Anpassungsgüte die zweidimensionale Lösung bestätigt werden und somit eine Interpretation vorgenommen werden.

Es folgt eine Darstellung der MDS für jede der vier Probandengruppen (s. Abb. 26 - 29).

Abb. 26: MDS-Analyse für die Überlappungskoeffizienten von Single-Frauen

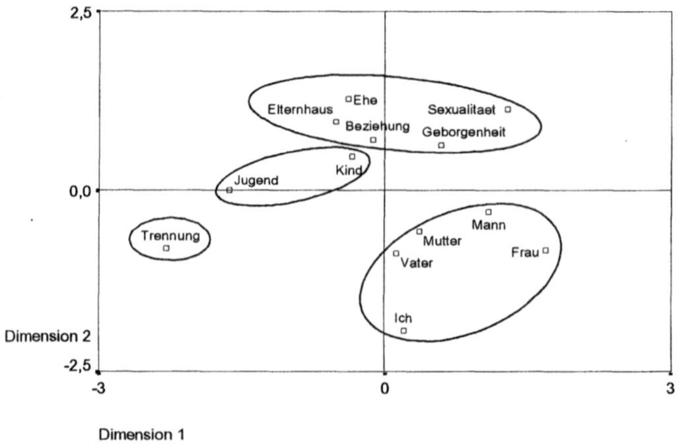

Die Clusteranordnung der Single-Frauen unterscheidet sich von der der anderen Untergruppen darin, daß „Trennung“ sich in größerer Nähe zu dem Konzept „Jugend“ und „Kind“ befindet. Weiterhin fällt die Clusterbildung zu dem Begriff „Ich“ auf, der sich auf die Konstrukte „Vater“ - „Mutter“ und „Mann“ - „Frau“ bezieht. Das letzte Cluster führt einerseits Begriffe auf, die mit einer Partnerschaft verbunden sind, umfaßt andererseits aber auch das „Elternhaus“. Die Clusterstruktur des Dendogramms (vgl. Abb. 22) und die MDS kommen zu den gleichen Ergebnissen.

Abb. 27: MDS-Analyse für die Überlappungskoeffizienten von Single-Männern

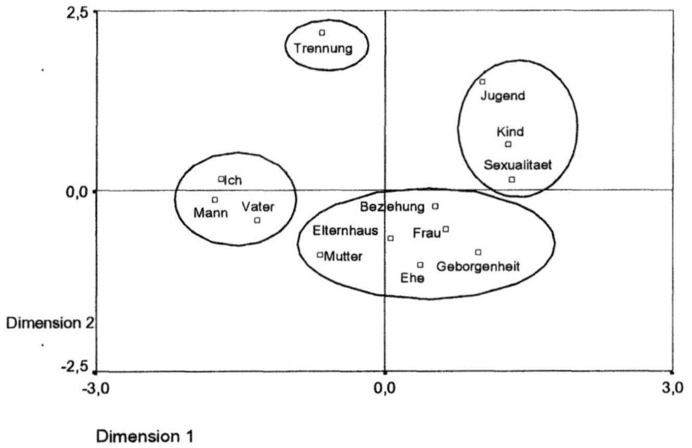

Das Wortfeld des Single-Mannes wird durch die vier Cluster deutlich aufge… distanziertes Bedeutungsfeld tritt „Trennung“ hervor. „Jugend“ und „Kind“ werde… Zusammenhang mit „Sexualität“ aufgeführt. Ein weiteres Cluster beinhaltet Begriffe, die im Zusammenhang mit einer Partnerschaft stehen, allerdings ebenfalls „Elternhaus“ und „Mutter“. Das nächste Cluster umfaßt die eigene Person, die besonders auf die Geschlechtsrolle bezogen wird, aber auch im Kontext mit „Vater“ steht.

Unterschiede zwischen der Clusterstruktur des Dendogramms für die Single-Männer (vgl. Abb. 23) und der MDS ergeben sich bei den Stimuli „Sexualität“ und „Mutter“. „Sexualität“ steht beim Dendogramm im Cluster mit „Beziehung“, „Elternhaus“ usw.,

„Mutter“ gehört hingegen zum Cluster „Ich“, „Mann“, „Vater“. Diese Diskrepanz weist darauf hin, daß die Ergebnisse hinsichtlich der Konzepte „Mutter“ und „Sexualität“ bei den Single-Männern nicht ausreichend abgesichert sind.

Abb. 28: MDS-Analyse für die Überlappungskoeffizienten von verheirateten Frauen

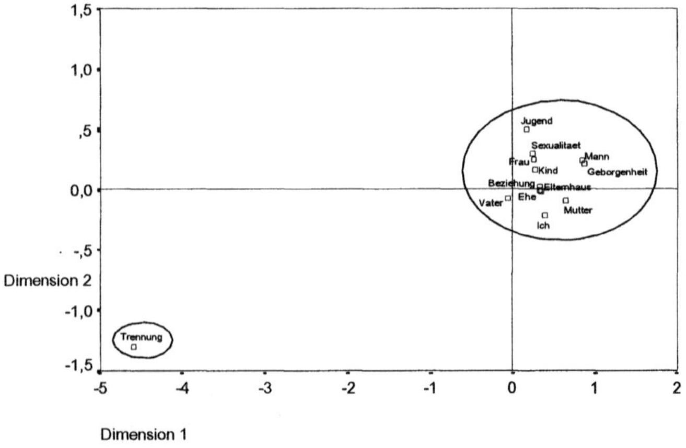

Bei der verheirateten Frau liegt das Cluster „Trennung“, im Vergleich zu den drei Untergruppen, besonders weit von den anderen Konstrukten entfernt. Durch die große Entfernung des Clusters „Trennung“ wird die Clusterstruktur der anderen Begriffe nicht darstellbar – sie summieren sich zu einem einzigen Cluster. „Trennung“ hat somit eine stark kontrastive Bedeutung, die zu sämtlichen anderen aufgeführten Lebensinhalten in keiner Beziehung steht. Die Clusterstruktur der MDS findet sich im Dendogramm (vgl. Abb. 24) wieder.

Abb. 29: MDS-Analyse für die Überlappungskoeffizienten von verheirateten Männern

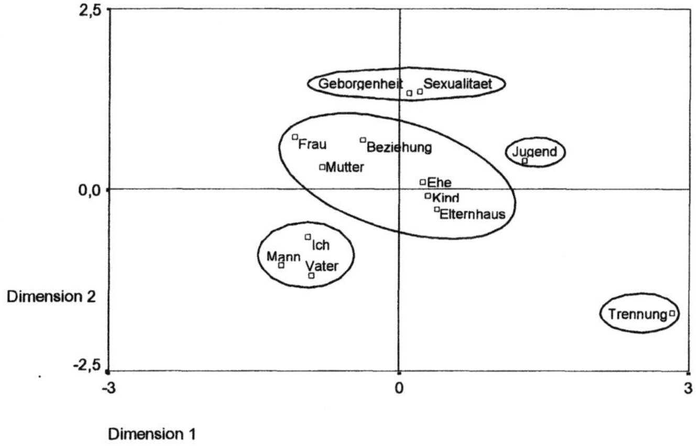

Die Selbstdefinition geschieht beim verheirateten Mann durch die Bezugskonzepte „Mann“ und „Vater“. Ein anderes Cluster faßt Begriffe zusammen, die einerseits auf eine Familie hinweisen („Ehe, „Kind“, „Elternhaus“), andererseits auf eine Partnerin („Frau“, „Beziehung“) und dem Konzept „Mutter“. Von diesen Familienbegriffen getrennt ist das Cluster „Sexualität“ und „Geborgenheit“. „Jugend“ und „Trennung“ sind nur auf einem höheren Niveau zusammenzufassen, ansonsten sind diese Konzepte unverbunden und sollten demnach das gegenwärtige Leben weniger beeinflussen.

Ein Vergleich mit der Clusterstruktur des Dendogramms für den verheirateten Mann (vgl. Abb. 25) zeigt, daß dort die Stimuli „Geborgenheit“ und „Sexualität“ mit zum großen Cluster („Frau“, „Mutter“, „Beziehung“ usw.) gehören. Erklärt kann dies damit werden, daß die MDS die relative Lage der verschiedenen Konstrukte zueinander anzeigt. „Geborgenheit“ und „Sexualität“ würden sich demnach durch ihre höhere Bedeutungsähnlichkeit (vgl. UEK, Tab. 40) zu einem Cluster in der MDS zusammenschließen, auch wenn sie noch eine inhaltliche Nähe zu den anderen Beziehungsbegriffen aufweisen.

8.3.4.6 Zusammenfassung und Diskussion: Partnerschaftsspezifische Kompetenzen

Vorstellungen über einen Partner: Singles haben im Vergleich zu Verheirateten häufiger ein ausdifferenziertes Partnerbild mit Idealvorstellungen. Der „ideale Partner" bedeutet für die Single-Frau, daß er ihre Bedürfnisse wahrnimmt und erfüllt. Der Single-Mann ist weniger fordernd - kommunikativer Austausch und gegenseitiges Verständnis sind für ihn bedeutsam. Die verheiratete Frau betont neben emotionaler Nähe und einem persönlichen Freiraum einen verantwortungsvollen „Familiensinn" als Hauptkriterium. Für den verheirateten Mann sollte die ideale Partnerin vor allem attraktiv, erotisch und belastbar sein.

Das ausdifferenzierte Partnerbild der Singles und ihre stärkere Suche nach einer Traumfrau/einem Traummann können erschwerend auf das Eingehen einer Partnerschaft wirken. Eine Selbstüberschätzung könnte zu den beschriebenen Partnersuchverhalten ebenso führen wie ein Schutzmechanismus, bei dem mit einer präzisen Partnervorstellung erneuten Verletzungen vorgebeugt werden könnte.

Eine weitere Erklärung für das unterschiedliche Antwortverhalten von Singles und Verheirateten kann darin begründet liegen, daß Verheiratete weniger darüber nachdenken, wie ein Partner sein sollte, weil sie sich erstmal für einen Partner entschieden haben, der wahrscheinlich nicht ständig einem Idealbild entspricht. Für Singles wäre es nach dieser Erklärung von größerer Relevanz sich gedanklich mit einem potentiellen Partner zu beschäftigen, der sich möglicherweise von vorherigen enttäuschenden Partnererfahrungen abgrenzen sollte.

In den Ausführungen über den „idealen Partner" ist zunächst interessant, daß jede Untergruppe unterschiedliche Ansichten darüber hat. Die Ansprüche der verheirateten Frauen und Männer lassen sich evolutionsbiologisch erklären: „Er" soll einen verantwortungsvollen Familiensinn bieten, also auch für die Sicherheit der Familie sorgen. „Sie" soll Attraktivität sowie Belastbarkeit vorweisen können, womit ihre Gesundheit angesprochen ist, so daß beide zusammen Nachkommen aufziehen könnten. Die Singles fallen aus diesem Erklärungsmodell heraus: Die Single-Frau hat eine größere Ich-Bezogenheit – der Partner soll ein „Bedürfniserfüller" sein. Der Single-Mann stellt im Unterschied zu den drei anderen Untergruppen weniger die Funktionalität des Partners in den Vordergrund, sondern stärker die „Gegenseitigkeit", die von Offenheit und Verständnis geprägt sein sollte.

Einstellungen zu einer Partnerschaft: Für die meisten Singles gehört eine Partnerschaft mit zum Lebenskonzept. Insgesamt wird dies allerdings von Verheirateten häufiger befürwortet. Innerhalb der Gruppen Singles/Verheiratete ist der Stellenwert einer Partnerschaft jeweils bei den Frauen höher. Eine Partnerschaft als Voraussetzung zum Glücklichsein wird häufiger von Verheirateten – und innerhalb der Statusgruppen häufiger von Männern - angegeben. Mit einer Partnerschaft verbinden Singles mehr Nachteile als Verheiratete. Emotionale Offenheit in der Partnerschaft wird von Frauen am stärksten befürwortet.

Von der Anzahl der Assoziationen zu einer „festen Beziehung" und vom Sprachstil unterscheiden sich Singles von Verheirateten, indem erstere mehr produzieren und ausführlicher im vollständigen Satz formulieren.

Die Inhalte der Statements verweisen, mit Ausnahme der Äußerungen von Single-Frauen, auf den dazugehörigen Bindungsstil. Da Singles sich ingesamt weniger dem sicheren Bindungsstil zugeordnet haben, überwiegen Aussagen, die Ängste und Abgrenzungsschwierigkeiten verdeutlichen.

Die höhere Zustimmung der Verheirateten zum Item, daß eine Partnerschaft eine Voraussetzung zum Glücklichsein ist, kann daran liegen, daß sie, wenn sie zufrieden mit ihrer Ehebeziehung sind, intensive Glücksgefühle mit ihrem Partner erleben und daher „Beziehung" und „Glück" miteinander assoziieren. Da sich Singles auf keine Partner beziehen können, erfahren sie Glücksgefühle in anderen Bereichen und stimmen somit dem o.g. Item weniger zu.

Warum alle befragten Frauen seltener als die Männer ihrer Gruppe eine feste Beziehung als die Voraussetzung für das Glücklichsein ansehen, könnte in einer geringeren emotionalen Abhängigkeit von einer Beziehung oder in einer anderen Einschätzung von Partnerschaftsverläufen angesichts der Scheidungszahlen liegen. Die Antworten könnten auch andeuten, daß die Frauen ein Idealbild von Partnerschaft nicht unkritisch internalisiert haben und ihr Selbstbild und ihre Fähigkeit zum Glücklichsein nicht ausschließlich von der Partnerbeziehung abhängig machen.

Daß Singles mit Partnerschaften eher etwas Negatives verbinden, könnte an schlechten Erfahrungen mit einer „festen Beziehung" liegen oder vielleicht daran, daß durch eine Partnerschaft eine Einschränkung der gegenwärtigen Freiheiten befürchtet wird. Da die Verheirateten weit seltener mit einer Partnerschaft Negatives verbinden, könnte auch hieraus geschlossen werden, daß sie überwiegend zufrieden mit ihrer Partnerschaft sind.

Das unterschiedliche Antwortverhalten zu der offenen Frage nach der Vorstellung über eine „feste Beziehung“ könnte mit der Einschätzung der persönlichen Relevanz des Fragebogens zusammenhängen. So werden wahrscheinlich Singles motivierter an einer Untersuchung über Partnerlosigkeit teilnehmen als Verheiratete, die sich eventuell aus einer Gefälligkeit heraus zum Ausfüllen bereit erklärt haben. Weiterhin leben Verheiratete gegenwärtig in einer Partnerschaft, so daß die größere Selbstverständlichkeit einer „festen Beziehung“ weniger Auseinandersetzung über deren Inhalte verlangt. Dementsprechend müßte bei Singles das Interesse an einer gedanklichen Auseinandersetzung und somit das Mitteilungsbedürfnis über Partnerschaftsthemen erhöht sein. Ebenfalls könnte das Antwortverhalten der Verheirateten ein geringeres Zeitbudget für das Ausfüllen des Fragebogens wiedergeben, Singles würden somit aufgrund geringerer sozialer Anforderungen umfangreicher antworten.

Verhaltensweisen der Partneranbahnung: Singles zeigen häufiger als Verheiratete Verhaltensweisen, die für eine Partneranbahnung und Partnerschaft hinderlich sein können. Single-Männer können am häufigsten Verhaltensweisen anderer nicht richtig wahrnehmen und interpretieren. Sie verlieben sich häufiger als andere in Personen über ihrem eigenen Attraktivitätsniveau. Schwierigkeiten damit, Intimität zu leben, haben am häufigsten Single-Frauen. Singles flirten lieber als Verheiratete.

Die größere soziale Unsicherheit des Single-Mannes kann nicht nur erschwerend für das Eingehen einer Partnerschaft sein, der Single-Mann könnte dadurch auch unattraktiver für eine potentielle Partnerin werden. Single-Frauen zeigen ebenfalls verhinderndes Beziehungsverhalten, es äußert sich allerdings in anderen Bereichen. So ist zu vermuten, daß für diejenigen Single-Frauen, die es schwierig finden, mit jemandem intim zu werden, diesbezügliche Ängste bereits bei der Partneranbahnung signalisiert werden und somit eine solche verhindern könnten.

Der niedrigere Anteil der Flirtenden unter den Verheirateten könnte mit einer festen Partnerbindung einhergehen, für die eine zu intensive Werbung um neue Partner als bedrohlich empfunden werden könnte.

Persönlichkeitsmerkmale für eine Partnerbindung: Singles unterscheiden sich von Verheirateten in einer geringeren Ausprägung der Skalen ‘Seelische Gesundheit’, ‘Sinnerfülltheit’ und ‘Selbstvergessenheit’. Der Faktor ‘Liebesfähigkeit’ ist bei Frauen höher ausgeprägt als bei Männern. Mit zunehmendem Alter sind 'seelische Gesundheit', 'Selbstvergessenheit' und 'Liebesfähigkeit' stärker ausgeprägt. Das Vorhandensein eigener Kinder übt einen positiven Einfluß auf einige Faktoren aus, d.h. 'seelische Gesundheit', 'Verhaltenskontrolle', 'Selbstvergessenheit' und 'Liebesfähigkeit' sind bei Probanden mit Kindern höher. Keine Unterschiede zwischen den Teilstichproben ergaben sich bei den Skalen 'Verhaltenskontrolle', 'Expansivität', 'Autonomie', 'Selbstwertgefühl' und 'Beschwerdefreiheit'.

Da die seelische Gesundheit bei Verheirateten höher als bei Singles ist, könnte dies bedeuten, daß eine zukunftsorientierte enge Bindung zum Lebenspartner wichtige Voraussetzungen für seelische Gesundheit schafft. Hinzu kommt noch bei den Verheirateten das Bewußtsein, den für sie „hohen" Wert des Verheiratetseins umgesetzt zu haben, also das erreicht zu haben, was ihnen ihre traditionelleren Werte vorgegeben haben. Diese Erklärung paßt auch auf die höheren Werte des Faktors 'Sinnerfülltheit' der Verheirateten. Die höheren Ausprägungen der o.g. Faktoren bei den Verheirateten können eventuell auch damit erklärt werden, daß die Verheirateten häufiger eigene Kinder haben (s.o) als Singles.

Daß sich Singles weniger sinnerfüllt als Verheiratete fühlen, könnte andeuten, daß enge Bindungen einen wesentlichen Faktor für Sinnerfülltheit darstellen. Eine höhere Selbstbezogenheit der Singles kann einerseits eine Folge des Alleinlebens sein. Da der größte Anteil der Singles keine eigenen Kinder hat, besteht der Alltag wahrscheinlich aus einer geringeren Fokussierung auf andere Menschen durch entsprechende Gedanken und Dienstleistungen. Andererseits kann Egozentrismus auch Partnerschaften verhindern. Durch die erhöhte Selbstbeschäftigung werden weniger Informationen des sozialen Umfeldes aufgenommen, so daß potentielle Partner nicht wahrgenommen werden. Sich auf einen anderen Menschen einstellen zu können, ist des weiteren eine Voraussetzung dafür, als offen und sympathisch zu wirken, aber auch konfliktfreier eine Beziehung zu leben.

Die Ergebnisse zur 'Liebesfähigkeit' bedeuten nicht, daß Frauen „mehr" als Männer lieben. Vielmehr weist dies darauf hin, daß Männer die zum Faktor 'Liebesfähigkeit' ladenden Items weniger für sich befürworten konnten. Die Skala 'Liebesfähigkeit' beinhaltet vor allem den Umgang mit der Emotionalität und eine Bezogenheit auf andere, was in unserer Kultur eher Frauen zugeschrieben und bei ihnen stärker gefördert wird.

Wissensstrukturen

- *Auszählung der Assoziationen:* Single-Frauen zeigen die größte sprachliche Produktivität und Differenziertheit. Auch die Single-Männer unterscheiden sich von den Verheirateten in einer größeren verbalen Kreativität und von den verheirateten Männern in der größeren Anzahl genannter Assoziationen. Werden die Assoziationen miteinander verglichen, so betonen die verheirateten Frauen besonders Begriffe, die im Zusammenhang mit einer Partnerbindung stehen. Single-Frauen äußern in diesem Zusammenhang negativ besetzte Begriffe am häufigsten.

Das unterschiedliche Sprachverhalten der vier Untergruppen könnte auf eine je nach Geschlecht und Familienstand verschiedene Wissensorganisation hinweisen. Die Assoziationen der verheirateten Frauen deuten ihre positive Identifikation mit ihrer Lebensform an. Ebenso lassen die Assoziationen der Single-Frauen eher ein Leben ohne Partner möglich erscheinen.

- *Bewertung der Reizworte:* Die Verheirateten assoziieren zu Beziehungsbegriffen vor allem positiv. Die verheirateten Männer erreichen die höchsten Werte bei den Begriffen „Kind", „Frau", „Beziehung", „Ehe" und „Sexualität" - die verheirateten Frauen liegen stets ca. 10-15% darunter. Die Single-Frauen reagieren auf Beziehungsbegriffe negativer oder ambivalenter als die anderen drei Untergruppen. Die Single-Männer nehmen häufiger als die anderen eine negative und/oder ambivalente Haltung gegenüber „Beziehung", „Ehe" und „Kind" ein. Unabhängig vom Status (verheiratet/Single) bewerten Männer „Mann" als eher negativ oder ambivalent und das Reizwort „Frau" eher positiv. Die verheirateten Frauen zeigen fast ein reziprokes Verhalten: eine sehr gute Beurteilung des „Mannes", jedoch eine immerhin mittelmäßige des Reizwortes „Frau". Im Unterschied dazu assoziieren Single-Frauen zu „Mann" weit negativer als zu „Frau".

Die Verheirateten bestätigen in der Häufigkeit der angenehmen Assoziationen ihre Lebensform. Am überzeugendsten scheint der verheiratete Mann für eine stabile Partnerschaft werben zu können. Die verheiratete Frau steht den Beziehungsinhalten auch positiv gegenüber, aber nicht in dem Maße wie der verheiratete Mann. Dies könnte eventuell daran liegen, das die verheirateten Frauen eher auch negativere Inhalte thematisieren oder möglicherweise im Alltag stärker Belastungen durch die Familie erfahren.

Die Assoziationen der Single-Frauen spiegeln eine eher mißtrauische Einstellung zu Beziehungsinhalten wider, so daß die gegenwärtige Lebensform auch als Abwehr verstanden werden könnte. Der Single-Mann ist offen für eine Frau, jedoch nicht für eine Partnerschaft, aus der sich Verpflichtungen und Verantwortlichkeiten ergeben könnten.

Nicht eindeutig ist, wer zu „Frau“ und „Mann“ jeweils assoziiert wird: die eigene Person oder der Prototyp des eigenen Geschlechts. Die relativ hohe Übereinstimmung zwischen positiven Werten zu „Ich“ und „Frau“ bei den Frauen könnte darauf hinweisen, daß sie sich selbst meinen, während die Männer möglicherweise bei „Mann“ eine gleichgeschlechtliche Person imaginierten, die sie anscheinend ablehnen.

- *Bedeutungszusammenhänge:* Die Überlappungen der Singles fallen geringer als bei den Verheirateten aus. Verheiratete Frauen und Single-Männer assoziieren positiver zum Elternhaus, verheiratete Männer und Single-Frauen negativer.

  Das Stimuluswort „Trennung“ liegt bei den verheirateten Frauen außerhalb ihres Beziehungslebens, bei den Single-Frauen in der Nähe von „Kind“ und „Jugend“. „Geborgenheit“ und „Sexualität“ bilden bei den verheirateten Männern nach der MDS ein eigenständiges Cluster, während diese Stimuluswörter bei Single-Frauen zu „Elternhaus“, „Ehe“ sowie „Beziehung“ angeordnet werden. Bei den Single-Männern haben laut MDS „Kind“ und „Jugend“ eine inhaltliche Nähe zu „Sexualität“, und „Geborgenheit“ wird mit verschiedenen Beziehungsbegriffen („Beziehung“, „Elternhaus“, „Mutter“, „Frau“, „Ehe“) geclustert. Mit „Ich“ verbinden beide Männergruppen nach der MDS die Geschlechtsrollen „Mann“ und „Vater“. Die inhaltlichen Bezüge zu „Ich“ sind bei den Single-Frauen „Vater“, „Mutter“, „Mann“ und „Frau“. Bei den verheirateten Frauen befinden sich alle Konzepte - ausgenommen „Trennung“ - in großer inhaltlicher Nähe zueinander.

  Die MDS-Struktur unterscheidet sich von dem Dendogramm bei einzelnen Stimuli bei den Single-Männern und den verheirateten Männern. So kommt nach dem Dendogramm der Single-Männer in das Cluster „Ich“, „Vater“, „Mann“ noch das Reizwort „Mutter“. „Sexualität“ wird hingegen mit „Beziehung“, „Elternhaus“, „Frau“, „Ehe“, „Geborgenheit“ geclustert. Bei den verheirateten Männern stehen nach dem Dendogramm „Geborgenheit“ und „Sexualität“ im „Beziehungscluster“, laut MDS bilden „Geborgenheit“ und „Sexualität“ ein eigenständiges Cluster.

Bei den Überlappungen der bedeutungsähnlichen Assoziationen zu den Reizworten fällt auf, daß Singles (vor allem Single-Frauen) im Unterschied zu Verheirateten eine Beziehung weniger mit dem gegengeschlechtlichen potentiellen Partner verbinden. „Geborgenheit“ und „Elternhaus“ weisen bei den Single-Frauen niedrige Überlappungen auf, die bei den verheirateten Männern noch geringer ausfallen. Dies könnte bei den Single-Frauen auf eine geringere Bindungsqualität zu den Eltern (vgl. Kap. 8.3.3.1) hinweisen und bei den verheirateten Männern eine stärkere Ablösung von den Eltern (vgl. Kap. 8.3.2.1.2) andeuten.

Das Cluster der Single-Frauen „Ich“, „Vater“, „Mutter“, „Frau“ könnte andeuten, daß zur eigenen Person die o.g. Bezugspunkte erlebt werden. Das könnte allerdings auch damit erklärt werden, daß die Identität in der distanzierten Auseinandersetzung mit Konzepten von „Mann-Frau“ und „Vater-Mutter“ besteht, nicht aber in der Rolle der Mutter oder Frau. Des weiteren ist die Kombination „Elternhaus“, „Ehe“, „Beziehung“, „Sexualität“ und „Geborgenheit“ auffällig, weil „Ehe“ und „Beziehung“ weniger auf das eigene Leben bezogen werden als auf das der Eltern. „Sexualität“ und „Geborgenheit“ bilden Konstrukte, die weder auf „Mann“, „Frau“ oder „Ich“ bezogen werden.

Beim Single-Mann tritt „Trennung“ als distanziertes Cluster hervor und sollte somit weniger Einfluß auf die anderen Beziehungsinhalte ausüben. Die eigene Person („Ich“) wird durch „Mann“ und „Vater“ definiert, wobei unklar bleibt, ob mit „Vater“ der eigene assoziiert wird. Interessant sind die beiden folgenden Cluster der MDS: in einem werden „Jugend“, „Kind“ und „Sexualität“ zusammengefaßt: Es deutet sich somit an, daß „Sexualität“ eher als Entwicklungsphase eingeordnet wird, als daß sie auf die eigene Gegenwart bezogen ist. „Frau“ befindet sich im Cluster mit „Beziehung“, „Elternhaus“, „Mutter“, „Ehe“ und „Geborgenheit“. Hier finden anscheinend die Begriffe inhaltliche Nähe, die mit „Geborgenheit“ assoziiert werden, wobei zu vermuten ist, daß sich „Elternhaus“ und „Mutter“ eher auf die Herkunftsfamilie beziehen, so daß sich hier wieder die Frage nach einer Ablösung vom Elternhaus stellen könnte. Zur Interpretation der MDS des Single-Mannes muß allerdings angemerkt werden, daß das Dendogramm der Clusteranalyse teils zu anderen Ergebnissen kommt.

In der Wissensstruktur der verheirateten Frau scheint „Trennung“ wenig Berührungspunkte zu den anderen Beziehungsstimuli zu haben. Alle anderen Konzepte befinden sich in großer Nähe zueinander, so daß sie sich nicht nur wechselseitig beeinflussen, sondern auch als ein Lebenskonzept mit lediglich verschiedenen Aspekten begriffen werden könnten.

Die verheirateten Männer erleben sich als „Mann" und „Vater". Dem gegenübersteht das Beziehungscluster, welches auf der einen Seite das Familienleben („Ehe", „Kind", „Elternhaus") thematisiert, auf der anderen Seite „Frau", „Mutter", „Beziehung". Die Frau wird also nicht nur als Ehefrau und Mutter der Kinder wahrgenommen, sondern eben auch als Frau. Im Dendogramm werden „Geborgenheit" und „Sexualität" zum Beziehungscluster gefaßt. Dies könnte auch dahingehend gedeutet werden, daß je nach Analysemethode die Aspekte von Geborgenheit und Sexualität unterschiedlich gewichtet werden: einerseits als erstmal unabhängige Konstrukte von dem Beziehungsleben, andererseits aber als Konstrukte, die in diesem sozialen Kontext erfahren werden können.

Werden alle vier MDS-Analysen miteinander verglichen, so fällt auf, daß sich bei den verheirateten Frauen „Trennung" am deutlichsten von allen anderen Konstrukten abgrenzt. Interessant ist auch, daß die verheirateten Männer und die Single-Männer „Ich" auf ihre Geschlechtsrollen beziehen. Die Single-Frauen erleben sich eher in der Auseinandersetzung mit Konstrukten wie „Mann - Frau" und „Vater" - „Mutter".

Hypothese 4, die Unterschiede zwischen Singles und Verheirateten in partnerschaftsspezifischen Persönlichkeitsmerkmalen vermutet, findet in folgendem empirische Unterstützung:

- Singles stellen besonders genaue und vielfältige *Erwartungen an einen Partner*. Bei den Single-Frauen fällt auf, daß der potentielle Partner ganz auf ihre Bedürfnisse eingestellt sein soll.
- Eine negativere *Einstellung zu einer Partnerschaft* wird bei Singles – und vor allem Single-Frauen – darin deutlich, daß sie mehr Nachteile mit einer Partnerschaft verbinden und häufiger negative Assoziationen dazu entwickeln. Dies geht bei Single-Männern mit einem geringeren Stellenwert von Partnerschaften einher. Entgegen der Hypothese wird von den Single-Frauen eine Partnerschaft höher bewertet als von Single-Männern. Bei Single-Frauen und Single-Männern gehört eine Partnerschaft mit zu ihrer Lebensvorstellung, wenn sie bei ihnen auch nicht unbedingt eine Voraussetzung zum Glücklichsein darstellt.

- Singles zeigen häufiger verhinderndes Beziehungsverhalten, Single-Männer sind häufiger bei der *Partneranbahnung* unsicher. Single-Männer nehmen potentielle Partnerinnen weniger wahr und verlieben sich häufiger in Frauen über ihrem eigenen Attraktivitätsniveau.
- Bei den Skalen 'Seelische Gesundheit', Sinnerfülltheit' und 'Selbstvergessenheit' bestätigte sich die Vermutung, daß diese *Persönlichkeitsmerkmale* bei Singles geringer als bei Verheirateten sind. Für alle anderen überprüften Persönlichkeitsmerkmale muß diese Unterhypothese verworfen werden.
- Die *Wissensstrukturen* von Singles unterscheiden sich von denen der Verheirateten. Dies zeigt sich zunächst in der sprachlichen Organisation von Singles, die sich in ihrer großen Sprachbreite und syntaktischen Ausdrucksmöglichkeit zeigt. Die Kognitionsmuster der Singles beinhalten nur eine geringe Bezogenheit auf einen potentiellen Partner. Die Einstellung zu bestimmten Bindungsstimuli ist bei Singles häufiger ambivalent oder negativ.

9 Diskussion der Ergebnisse

Im folgenden wird die eigene Untersuchung methodisch reflektiert (s. Kap. 9.1), und es werden die Ergebnisse innerhalb eines Resümees interpretiert (s. Kap. 9.2). Ob sich aus dieser Arbeit auch ein Handlungsbedarf für die Pädagogik ableiten läßt, wird nachfolgend diskutiert (s. Kap. 9.3). Die Arbeit endet mit einer Schlußbemerkung (s. Kap. 9.4) und einer Zusammenfassung (s. Kap. 9.5).

9.1 Methodenreflexion

Die Datenerhebungsverfahren erscheinen insgesamt für die Fragestellung dieses Forschungsvorhabens als geeignet. Sie lassen Aussagen über die aufgestellten Hypothesen zu. Kritisch zu beurteilen ist allerdings die Messung von Aspekten der Bindungsentwicklung. Bei einer weiteren Untersuchung wäre es sinnvoll, mehr Items zum Jugend- und frühen Erwachsenenalter abzufragen.

In den Fragebogenteilen, die sich mit den Sozialisationsbedingungen beschäftigen, wird meistens von „den Eltern" gesprochen. Für zukünftige Untersuchungen wäre es empfehlenswert, nicht von einer Bezugsperson, sondern von einem Bezugssystem auszugehen und dieses nach seiner Stabilität zu hinterfragen.

Eine methodische Änderung sollte bezüglich der Fragen nach „Trennung/Scheidung", „Krankheit/Behinderung", „Tod einer Bezugsperson", „Gewalterlebnissen" und „anderen Schicksalsschlägen" vorgenommen werden. Aufgrund kleiner Fallzahlen hierzu und der Differenzierungsbreite der Fragen (z.B. wer aus der Familie in welchem Alter des Probanden welche Krankheit hatte) konnten keine statistisch abgesicherten Ergebnisse erzielt werden, so daß für diese Untersuchung die unterschiedlichen belastenden Lebensereignisse zu einer Kategorie zusammengefaßt wurden (vgl. Kap. 8.3.3.2). Eine Einzelauswertung für jede der o.g. Fragen scheint nur für eine weit größere Stichprobe (als N=300) sinnvoll.

Weiterhin ist zu fragen, ob die Ein-Item-Abfrage des Bindungsstils (vgl. Kap. 7.2) für diese Untersuchung ein verläßliches Meßinstrument war. So fiel auf, daß bei den Single-Frauen der angegebene sichere Bindungsstil in ca. 50% der Fälle nicht mit ihren schriftlichen Äußerungen bezüglich einer festen Beziehung übereinstimmte. Dies ist einerseits ein interessantes Ergebnis über die Single-Frauen, die möglicherweise weniger spontan und mehr nach sozialer Erwünschtheit geantwortet haben als andere Untergruppen. Andererseits könnte die mögliche Verzerrung der Antworten auch erklären, warum sich bei dieser Untersuchung keine signifikanten Korrelationen zwischen den Kindheitserfahrungen und dem Bindungsstil ergaben.

Ein unberücksichtigter Faktor bei allen vier Probandengruppen ist die Qualität der bisherigen Partnerschaftserfahrungen. Es ist zu vermuten, daß sie nicht nur den Bindungsstil beeinflußt, sondern auch entscheidend das gegenwärtige Partnerschaftsverständnis und -verhalten. Gegen die Aufnahme weiterer Items sprach jedoch, daß sich die Komplexität des Untersuchungsthemas sowie der Umfang des Gesamtfragebogens erhöht hätte, wobei letzteres möglicherweise die Akzeptanz der Befragung eingeschränkt hätte. Einige Probanden aus dem Pretest hatten angemerkt, daß der Fragebogen vom Umfang her fast ihre zeitliche Toleranz überschreite.

Die o.g. Kritikpunkte können als Anregungen für weitere Forschungen gelten. Ebenso sollte bei einer weiteren Befragung geklärt werden, ob die Beantwortung des Fragebogens in Gegenwart eines Versuchsleiters in „neutralen“ Räumen stattfinden sollte. Die sozialen Einflüsse von Bekannten und Verwandten würden dann entfallen, und die Probanden würden den Fragebogen nicht an verschiedenen Tagen mit jeweils unterschiedlicher Motivation ausfüllen.

Bei einer weiterführenden Untersuchung zum Thema erscheint auch die Verwendung der Methode „Beobachtung“ lohnenswert. So, wie sich bereits die Unterschiede von Singles und Verheirateten in der Schriftsprache abzeichneten, wäre wahrscheinlich ein Vergleich von Singles und Verheirateten in ihrer verbalen und non-verbalen Kommunikation aufschlußreich.

9.2 Resümee: Kein Partner in Sicht?

> „Ich meine, es müßte einmal ein sehr großer Schmerz über die Menschen kommen, wenn sie erkennen, daß sie sich nicht geliebt haben, wie sie sich hätten lieben können“ (Christian Morgenstern, o.J., S.120).

Die folgende Kurzcharakterisierung der Probandengruppen stellt eine vereinfachende Reduktion der Daten dar und erhebt keinen Anspruch auf Gültigkeit für Einzelne, sondern deutet eine von vielen Erklärungen für eine Partnerlosigkeit an.

„Die Guten sind immer besetzt“, ist ein Ausspruch einer Single-Frau aus einem der narrativen Interviews (vgl. Kap. 6.2). Bedeutet er, daß sich aus der Anzahl der Single-Männer kein attraktiver Partner finden läßt?

Die Single-Frau zeigt sich in dieser Untersuchung berufs- und leistungsorientiert. Dies verbindet sie mit den verheirateten Männern, die nach dem Abitur am häufigsten studierten und auch häufiger berufliche Gründe für ihre eingeschränkten zeitlichen Ressourcen angeben. Die Single-Frau zeichnet sich weiterhin durch Eigenständigkeit und selbstbewußte Forderungen aus. Der verheiratete Mann ist psychisch stabil und stellt ebenfalls klare Foderungen an die Partnerin. Beide wünschen sich, daß sich der Partner/die Partnerin auf ihre Bedürfnisse einstellt. Der verheiratete Mann könnte somit von der Single-Frau als gleichrangiger Partner empfunden werden.

Das Selbstverständnis des verheirateten Mannes beinhaltet jedoch auch maskulin-stereotype Rollenmuster, die von der Single-Frau abgelehnt werden, was sich besonders in den Antworten zu den offenen Fragen zeigt. Ein „typischer Mann“ wird von der Single-Frau als undifferenziert empfunden. Mit ihm werden Verletzungen und andere negative Attribute verbunden. Eine weitere Diskrepanz ergibt sich bezüglich der Lebensvorstellungen: die Single-Frau hat geringere generative Werte und verbindet mit einer Partnerschaft mehr Nachteile als der verheiratete Mann.

Hierin müßte der Single-Mann, der eine ambivalente Haltung gegenüber Beziehung, Ehe und Kinder einnimmt, die Single-Frau verstehen. Ebenso teilt er in einigen Bereichen den Erfahrungshorizont der Single-Frau (z.B. ängstlich-vermeidender Bindungsstil). Single-Frau und Single-Mann verfügen zudem über eine erhöhte Reflexivität und Differenziertheit. Einerseits sollte die Gesprächsbereitschaft, das bemühende Verhalten und Verständnis des Single-Mannes der Single-Frau mit ihrer erhöhten Vulnerabilität entgegenkommen. Andererseits widerspricht wahrscheinlich dem Partner-Bild der Single-Frau das Auftreten des manchmal sozial unsicheren Single-Mannes, der weniger psychisch stabil und sinnerfüllt und weniger unabhängig von der Herkunftsfamilie als der verheiratete Mann ist.

Fraglich ist auch, ob sich der Single-Mann überhaupt für die Single-Frau interessiert. Auch wenn sie ihm in seinem Bedürfnis nach Austausch und Reflexion entgegenkommt, so kann ihm die Single-Frau mit ihrer Ich-Bezogenheit und Leistungsorientierung zu bestimmend und fordernd erscheinen. Ihre Beziehungsambivalenz und ihre ausdifferenzierten Partner-Vorstellungen können dem Single-Mann eine konfliktreiche

Partnerschaft prophezeien. Weiterhin hat die Single-Frau eine negativere Einstellung zu ihrer Herkunftsfamilie.

Der Single-Mann, der weniger verletzt als die Single-Frau auftritt, könnte sich nach einer unproblematischeren Beziehungskonstellation sehnen. Die verheiratete Frau wirkt zufrieden, denkt eher in „Wir-Strukturen“ und könnte, da der Single-Mann sich ja noch abhängiger vom Elternhaus fühlt, einen neuen „Geborgenheitsraum“ bieten. Die verheiratete Frau würde jedoch vom Single-Mann eine größere Verbindlichkeit verlangen, die sich in einer positiven Einstellung zur Ehe und Familiengründung sowie einer stärkeren Verantwortlichkeit für diese äußern müßte.

9.3 Pädagogische Konsequenzen

Die bisherige Darstellung der Ergebnisse dieser Untersuchung läßt offen, inwieweit sich daraus Konsequenzen für die Gesellschaft ableiten. Eine gesellschaftliche Instanz, die auf Erziehungs- und Bildungsprozesse Einfluß ausübt, ist die Pädagogik.

Der Aufgabenbereich der Pädagogik umfaßt „... alle Handlungen, die die Funktion haben, die nachwachsende Generation zum Status des Erwachsenen zu führen, und zwar je nach Maßgabe des gesellschaftlich geltenden Begriffs von ‘Erwachsensein’, ferner alle Handlungen, die sich an den Erwachsenen wenden, sofern er als Lernender erscheint; das schließt Prozesse der Selbstbildung ebenso ein wie Prozesse nachholenden Lernens...“ (Mollenhauer, 1983, S. 140).

Das Erwachsensein wird hierbei nicht mit einer bestimmten Lebensform verbunden. Vielmehr ist es Sinn pädagogischer Intervention, dem Individuum vielfältige Möglichkeiten der Lebensgestaltung zu eröffnen. Wie die Pädagogik die für eine „freie Wahl“ einer Lebensform benötigten Fähigkeiten fördern kann, wird anhand der Ergebnisse dieser Arbeit diskutiert. Dafür werden die Ergebnisse in ihrer Quintessenz zusammengefaßt und als Anreiz weiterführender pädagogischer Implikationen verstanden.

9.3.1 Single - der Tradition entflohen?

„Ein vom Wind verwehtes Blatt ist nicht frei im menschlichen Sinn. Ein Mensch ohne emotionale Bindung an Menschen oder Orte ist distanziert, nicht frei“ (Lowen, 1986, S.234).“

Die Berufsbiographien der Single-Frauen weisen hochqualifizierte Abschlüsse und Berufe auf und ermöglichen ihnen ein Nicht-Angewiesensein auf einen „Versorger“ (vgl. Arbeitsgemeinschaft Riedmüller, 1991; Bachmann, 1991). Das hohe Bildungsniveau trifft auch auf Single-Männer zu, unter denen sich die meisten ehemaligen Abiturienten befinden. Eine mögliche Erklärung für die Partnerlosigkeit beider Single-Gruppen ist, daß der höhere Bildungsstand mit Wertsetzungen verbunden ist, die nicht vorrangig auf eine Familiengründung ausgerichtet sind. Darauf deuten auch die Korrelationen zwischen Schulabschluß und Wert-Skalen hin (vgl. Kap.8.3.1.3). Die niedrigeren Werte der Singles bei den Skalen ‘soziales Miteinander’ und ‘Generativität’ zeigen, daß eine Partnerschaft für Singles weniger im Mittelpunkt des Lebens steht. Singles lehnen keine Partnerschaft ab, sondern sind nicht hauptsächlich auf sie ausgerichtet. Im Unterschied zu den traditionellen Wertvorstellungen von Verheirateten, leben Singles weniger nach vorgegebenen Mustern und übernehmen weniger die klassischen Geschlechtsrollen von „Mann“ und „Frau“.

Die vorgestellten Ergebnisse deuten bei Singles eine stärkere Herauslösung aus traditionellen Lebensentwürfen, Handlungs- und Denkgewohnheiten an.

Wenn davon ausgegangen wird, daß jede Lebensform neue kulturelle Impulse mitsichbringt, erweitert somit auch das Single-Dasein die Spielräume und das Erfahrungsspektrum der Gesellschaft (vgl. Schreiber, 1980).

Eine Auswirkung des Single-Daseins zeichnet sich in der neu-belebten Diskussion über Ehe und Familie sowie über das Geschlechtsrollenverständnis von Frau und Mann ab. Besonders das selbstbestimmte Leben mancher Single-Frauen führt zu einer Erweiterung weiblicher Perspektiven im Lebenszusammenhang (Jaeggi, 1993; Krüger, 1991; Meyer & Schulze, 1989; Springer, 1998). Junge Mädchen erhalten vielseitigere biographische Vorbilder, die ihre eigenen Lebensvorstellungen beeinflussen können.

Die größere Vielfalt der Gesellschaft steht in Wechselwirkung mit der Pädagogik: wurden früher traditionelle Werte vermittelt, stehen heute Individuation und Pluralismus im Vordergrund (vgl. Kaiser, 1992).

Durch die Betonung der Individualität und Freiheit rücken Fähigkeiten wie Eigenständigkeit, Selbstorganisation und Eigenverantwortlichkeit stärker in das Bewußtsein (Schreiber, 1980). Diese Tendenz, das eigene Leben nicht nach traditionellen, sondern nach individuellen Sinnmustern auszurichten, entspricht einem zentralen Ansatz der humanistischen Pädagogik/Psychologie, der besagt, daß jedes Individuum nach innerem Wachstum, konstruktiver Veränderung und Selbstverwirklichung strebt (Rogers, 1959). Bei einem größeren „freien" Zeitbudget läßt sich einem solchen Streben einfacher nachkommen. So können Singles bei geringerer Familienzentrierung stärker eigene Interessen ausbilden, Freizeitaktivitäten wahrnehmen oder ein gesellschaftliches Engagement leisten (Springer, 1998).

Dazu muß allerdings angemerkt werden, daß eine Werteerziehung dahingehend ausgerichtet sein sollte, daß Gemeinschaftsfähigkeit und Leistungsfähigkeit sowie Selbstverwirklichung nicht sich ausschließende, sondern sich ergänzende Werte sein können (vgl. Ministerium für Bildung, Wissenschaft, Forschung und Kultur des Landes Schleswig-Holstein, 1997). Um die Vereinbarkeit von Gemeinschaftsinteressen und individueller Entfaltung zu schützen und einer „allgemeinen Orientierungslosigkeit" entgegenzuwirken, müssen Erziehungs- und Bildungsinstanzen die Werte und Normen der freiheitlich demokratischen Verfassung vermitteln (PZ, 1998). Außerdem sollte die Pädagogik zur positiven Nutzung eines größeren Freiheitsraumes Kompetenzen vermitteln, die es ermöglichen, Gefahren von Chancen zu unterscheiden. Diesen Lehrauftrag sollten alle Schulfächer erfüllen, nicht nur die Fächer Werte und Normen sowie Religion (Ministerium für Bildung, Wissenschaft, Forschung und Kultur des Landes Schleswig-Holstein, 1997).

Weiterhin scheint es notwendig, daß die sozialen Lernziele der Grundschule von den weiterführenden Schulen aufgegriffen werden. In den Rahmenrichtlinien für Grundschulen wird der Wertevermittlung und Persönlichkeitsentwicklung der Schüler noch ein hoher Stellenwert beigemessen. Beispielsweise gehört zu den Unterrichtsinhalten des Faches Heimat- und Sachkunde das Lernfeld „Ich und Wir":

> „Aus der Spannung zwischen Ich und Wir entwickelt sich soziales Handeln. Den einen Bezugspunkt bilden die Schülerinnen und Schüler mit ihren ganz eigenen Vorstellungen, Sorgen und Problemen, mit ihren Wünschen und Träumen – den anderen die Gruppe, sei es die Familie, der Freundeskreis, der Verein oder die Lerngruppe. Jede Gruppe hat ihre eigenen Ansprü-

che und definiert sich durch ihre Zielsetzungen und ihren Zweck" (Ministerium für Bildung, Wissenschaft, Forschung und Kultur des Landes Schleswig-Holstein, 1997, S. 100).

Intentionen dieses Lernfeldes sind sowohl die Anerkennung der eigenen Individualität sowie die Geschlechtsrollenentwicklung und Gemeinschaftsfähigkeit. Wenn soziale Grenzen überschritten und andere Personen gefährdet werden, greifen Unterrichtspläne nicht mehr. Laut Dickscheit (Rink, Dickscheit & Wittrock, 1999) müßte innerhalb und außerhalb von Schule für Jugendliche, die soziale Grenzen nicht einhalten, ein speziell für diese Zielgruppe entwickeltes Training (Reaktions-Motivationstraining) durchgeführt werden.

9.3.2 Single - die Entwicklung verpaßt?

„Der Eintritt in das Single-Leben erscheint in ihren Lebensläufen wie eine bloße Bestärkung und Radikalisierung eines Lebensweges, der ohnehin seit Jahren weitab von den Modellen des gemeinschaftlichen Zusammenlebens läuft" (Bachmann, 1991, S.103).

Im Vergleich zu Verheirateten geben Singles häufiger an, bereits zu Beginn ihres Lebens unerwünscht gewesen zu sein. Auch später wurde den ehemalig „Unerwünschten" signalisiert, den Eltern zur Last zu fallen. Von ihrer Entwicklung her unterscheiden sich Singles des weiteren von Verheirateten darin, daß sie durchschnittlich zwei Jahre später ihre erste „feste Beziehung" eingingen. Außerdem empfinden sich Singles gegenwärtig als abhängiger von ihrer Herkunftsfamilie und Single-Frauen verantwortlicher für Familienangehörige. Trotzdem ist es verfehlt, aus diesen wenigen Ergebnissen zu folgern, daß Singles später Entwicklungsschritte vollziehen. Dem widerspricht z.B., daß Singles keine Schwierigkeiten mit dem Eingehen von Freundschaften haben und teilweise bereits in langjährigen Partnerschaften lebten. Besonders interessant ist von daher das Antwortverhalten der Singles ohne Partnererfahrung. Ihre größere Zufriedenheit mit ihren Sozialisationsbedingungen und dem gegenwärtigen Verhältnis zu ihren Eltern bei gleichzeitiger geringerer Reflexivität könnte eher ein Indiz für mangelnde Ablösung vom Elternhaus sein.

Wird die Bindungsentwicklung auf die Bindungsqualität bezogen, so verfügen Singles häufiger über einen ängstlich-vermeidenden Bindungsstil als Verheiratete, bei denen der sichere Stil vorherrscht. Der Bindungsstil hat Auswirkungen auf Persönlichkeitsfaktoren, wie z.B. 'seelische Gesundheit', 'Liebesfähigkeit' und 'verhinderndes Beziehungsverhalten'. Das Verhalten von Singles wird somit weitreichend von ihrer unsicheren Bindungsentwicklung beieinflußt.

Aus dem Antwortverhalten der Singles zum Bindungsstil läßt sich interpretieren, daß eine Partnerlosigkeit ein Ausdruck einer unsicheren Bindungsrepräsentation sein kann. Wenn die „Lebensform Single“ nicht aus mehreren Alternativen freiwillig gewählt worden ist, sondern auf ein Unvermögen beruht, vertrauensvolle Partnerschaften eingehen zu können, ist u.a. die Pädagogik gefragt (vgl. Kruse, 1991).

Da der Bindungsstil die Sichtweise der eigenen Person und der Umwelt beeinflußt, sollen an dieser Stelle die Ergebnisse von Tausch & Tausch (1991) aufgeführt werden. Sie belegen, daß Selbstachtung, ein günstiges Selbstkonzept, die Wertschätzung anderer und Selbstakzeptanz mit folgenden Dimensionen zusammenhängen:

- Achtung, Wärme, Rücksichtnahme;
- Empathisches Verstehen;
- Echtheit, Übereinstimmung, Aufrichtigkeit;
- fördernde nichtdirigierende Fähigkeiten.

Im Training von Tausch & Tausch (1991) erhalten Eltern, Erzieher, Lehrer und Dozenten eine kurze informative Einführung über die Verwirklichung der komplexen o.g. Haltungen sowie konkrete Verhaltensbeispiele. Interessant an dem Training von Tausch & Tausch (1991) ist u.a., daß nicht nur die Kinder (Klienten usw.) davon profitieren, sondern auch die Eltern, Erzieher und Pädagogen, d.h. auch ihr Selbstkonzept, ihre Selbstakzeptanz, ihre Beziehungen zu anderen Personen werden günstig beeinflußt.

Die Umsetzung der vier Dimensionen von Tausch & Tausch (1991) hängt entscheidend von der Prioritätensetzung von Erziehern und Gesellschaft ab.

> „Wir sind der Meinung, daß hohe Ehren, größere äußere Leistungen, großer materieller Besitz, hohes Prestige, herausragende berufliche Position ein ungünstiges Selbstkonzept und geringe Selbstachtung nicht aufwiegen“ (Tausch & Tausch, 1991, S. 63).

Bisher werden die meisten Eltern erst dann dazu angeregt, ihr Erziehungsverhalten zu reflektieren, wenn ihre Kinder aufgrund von Verhaltensauffälligkeiten Beratungsstellen aufsuchen – also keine Prophylaxe mehr möglich ist (Hornstein, 1982).

Eine Vorbereitung auf die Elternschaft könnte bereits in der gymnasialen Oberstufe und an den Berufsschulen stattfinden, in denen erziehungsrelevante Themen auf dem Lehrplan stehen sollten.

In der Erwachsenenbildung kann die Bindungsforschung sowohl für informative Seminare als auch für den Selbsterfahrungsbereich von Interesse sein (siehe z.B. VHS-Programm Dortmund, 1999).

Für den Aus- und Fortbildungssektor für soziale Berufe ist anzumerken, daß die Ergebnisse der Bindungsforschung bisher weder Einzug in alle pädagogischen/sozialpädagogischen Hochschulen/Fachhochschulen erhielten, noch in dem pädagogischen und psychologischen Arbeitsalltag Umsetzung erfahren. Hier könnte auch die Ermittlung des Bindungsstils als ein Diagnostikmittel genutzt werden. Denkbar wäre dies in Beratungsstellen für Paare und Familien wie auch für Personen, die unter ihrer Bindungslosigkeit leiden.

9.3.3 Single - vom Schicksal verfolgt?

„Schmerz bedeutet das Brechen der Schale, die euer Verstehen umschließt“ (Gibran, 1984, S. 40).

Singles beurteilen ihre Kindheitserlebnisse, die elterliche Paarbeziehung und ihre Beziehung zu den Eltern negativer als Verheiratete. Mit einer negativeren Einschätzung der eigenen Sozialisationsbedingungen geht eine erhöhte Reflexivität einher. Möglich ist, daß sich aufgrund negativerer Erfahrungen eine erhöhte Reflexivität ausgebildet hat. Natürlich ist auch denkbar, daß eine erhöhte Reflexivität zu einer negativeren Einschätzung von Erlebnissen führt.

Singles geben häufiger Suizidgedanken an. Gründe für die Suizidgedanken sind bei Single-Frauen Gefühle des Verlassenseins, der Ungeliebtheit und Existenzangst, bei Single-Männern Überforderungen im privaten wie beruflichen Bereich, die teils aus mangelnder sozialer Unterstützung resultieren.

Single-Frauen nennen am häufigsten belastende Lebensereignisse. Weiterhin fallen Single-Frauen durch die Anzahl und Schwere der von ihnen angegebenen Schicksalsschläge auf. Single-Frauen und Single-Männer führen verschiedenartige Trennungssituationen als Schicksalsschläge auf, die vermuten lassen, daß ihre Trennungsempfindlichkeit erhöht ist.

Die Ergebnisse verdeutlichen, daß Singles - und vor allem die Single-Frauen (!) - häufiger traumatisierenden Erlebnissen ausgesetzt waren oder sich häufiger an solche erinnern und sie verbalisieren.

Die o.g. Ergebnisse lassen einen Zusammenhang zwischen traumatischen Erfahrungen und Bindungsschwierigkeiten vermuten, der innerhalb umfangreicher Studien verschiedener Forscher auch belegt werden konnte (Herman, 1993; Kreisman & Straus, 1992; Kruse, 1991; Lutter, 1990).

Es stellt sich somit die Frage, ob und inwieweit die Pädagogik Prävention leisten kann, wozu einschränkend vermerkt werden muß, daß traumatische Erlebnisse nur teilweise verhindert und oftmals nur die Copingstrategien zur Verarbeitung des Traumas beeinflußt werden können.

Ein Training, das Kompetenzen vermittelt, die bei unterschiedlichen Traumata, Streßsituationen und Herausforderungen hilfreich sind, ist ein sog. „Lebenskompetenztraining".

Aßhauer & Hanewinkel (1998) entwickelten ein solches Lebenskompetenztraining für Grundschulen mit dem Titel „Fit und stark fürs Leben". Das Curriculum beinhaltet folgende Faktoren:

- Stärkung des Selbstwertes
- Selbstwahrnehmung und Einfühlungsvermögen
- Kontaktaufnahme und –aufrechterhaltung
- Repertoire an verbalen und non-verbalen Ausdrucksmöglichkeiten
- Kritisches Denken, Standfestigkeit
- Problemlösekompetenzen.

Die einzelnen Manuale erstrecken sich über mehrere Jahre, um so wirkungsvoller Förderungsprozesse einleiten zu können. Aßhauer & Hanewinkel (1998) konnten nach einer Prozeßevaluation ihre hypothetischen Annahmen über ihr Spiralcurriculum bestätigen und erfolgreiche Bewertungen seitens Lehrer und Schüler nachweisen.

Noch ist allerdings die Durchführung eines solchen Lebenskompetenztrainings an deutschen Schulen die Ausnahme. Der Themenkomplex „Traumata in Kindheit und Jugend" wird vielmehr in Schulen auf das Thema „sexueller Mißbrauch" eingegrenzt. Hierzu finden bereits in den meisten Grundschulen Informationsveranstaltungen für

Eltern und Kinder statt. Nach einer solchen informativen Aufklärung folgen nur vereinzelt in der Bundesrepublik Präventivprogramme gegen Mißbrauch und Gewalt, die langfristig an einem Kompetenzzuwachs der Schüler arbeiten (Mebes, 1997).

Anders ist dies in den USA, wo es ein flächendeckendes Programm, das sogenannte „Child Assault Prevention Projekt" (CAPP; Fey, 1990), gibt. Es besteht jeweils aus einem Workshop für Lehrer, Eltern und Kinder. Die Kinder sollen Widerstandsfähigkeit und Selbstbewußtsein aufbauen. Durch Kompetenzzuwachs soll die Machtlosigkeit von Kindern reduziert werden, die ebenfalls erfahren, wo sie sich Hilfe holen können. Die Lehrer werden darin fortgebildet, wie sie das Selbstbewußtsein der Schüler stärken können und sensibler für die Anliegen und Nöte der Kinder werden. Den Eltern wird im CAPP vermittelt, welche Rechte Kinder haben, wie diese im Entwicklungsprozeß unterstützt werden sollten, und wie die Eltern mit ihrer eigenen Gewalt und die der anderen umgehen können (Fey, 1990).

Außerhalb von Schule gibt es in der Bundesrepublik noch einzelne pädagogische Arbeitsfelder, die sich mit Gewalt und Mißbrauch beschäftigen. Beispielsweise findet sich pädagogische Arbeit auch in Theaterstücken über Gewalt und Mißbrauch (z.B. „Tätowierung" von Dea Loher) wieder, in Selbstverteidigungskursen und Selbstbewußtseinstrainings, in denen, abgesehen von dem offenen Umgang mit der Thematik, Verhaltensweisen geübt werden, die in der konkreten Situation helfen sollen, Widerstand zu leisten, sich zu artikulieren oder auch zu fliehen (Lutter, 1990).

Neben der Förderung persönlicher Stärke und Kommunikationsfähigkeit informieren Institutionen wie Wildwasser (z.B. Dortmund) und RotCAPPchen (z.B. Bielefeld) über Anlaufstellen für eventuelle Notsituationen. Allerdings muß angemerkt werden, daß in der Bundesrepublik das Angebot an Beratung, Therapie und Behandlung für Kinder, die von Mißbrauch und Gewalt bedroht oder betroffen sind, noch unzureichend ist (Lutter, 1990; Mebes, 1997). Ebenfalls nur vereinzelt finden in Schulen Präventivprogramme gegen Mißbrauch und Gewalt statt (Mebes, 1997).

Zur Prävention und Rehabilitation traumatischer Erlebnisse in Kindheit und Jugend scheint eine Vernetzung der verschiedenen diesbezüglichen pädagogischen Angebote wünschenswert sowie die Einführung eines Lebenskompetenztrainings an Schulen notwendig.

9.3.4 Single - nach Julia / Romeo gesucht?

> „Liebe kann nur gelingen, wenn zwei verschiedene Welten beschließen, miteinander ein Universum zu gründen, in der jede einzelne Galaxis ihren Platz hat“ (Lermer & Meiser, 1991, S.107).

Die „Traumfrau“/der „Traummann“ - Singles sind stärker auf der Suche nach ihnen. Singles haben häufiger so präzise Vorstellungen von einem potentiellen Partner, daß das Sich-Einlassen auf eine Partnerschaft erschwert wird. Single-Frauen verlangen am stärksten, daß sich der Partner ganz auf ihre Bedürfnisse einstellt. Sie sind in bezug auf ein Zusammenleben mit einem Partner fordernder und skeptischer als Single-Männer (vgl. Arbeitsgemeinschaft Riedmüller, 1991; vgl. Bachmann, 1991; vgl. Krüger, 1991). Singles fallen bei der Vorstellung an eine Partnerschaft mehr Nachteile ein und zeigen häufiger ‘beziehungsverhinderndes Verhalten’. Zwar flirten Single-Männer am häufigsten, empfinden gleichzeitig jedoch auch die meisten Unsicherheiten. Sie können die Verhaltensweisen anderer nicht angemessen interpretieren und verlieben sich ihrer Einschätzung nach in Partner über ihrem eigenen „Attraktivitätsniveau“.

Die mit einer Partnerschaft verbundenen Ängste äußern sich u.a. darin, daß Singles – und vor allem Single-Frauen – Schwierigkeiten haben, Intimität zu leben. Auch die Assoziationen zu Bindungsstimuli, die häufig negativ oder ambivalent besetzt sind, spiegeln Bindungsunsicherheit wider. Die Wissensstrukturen von Singles sind weniger auf die Realisierung einer Partnerschaft ausgerichtet. Die geringere seelische Gesundheit, Sinnerfülltheit und Selbstvergessenheit von Singles können ebenfalls das Eingehen von Partnerbeziehungen erschweren.

Die meisten in dieser Untersuchung ermittelten partnerschaftsspezifischen Kompetenzen sind bei Singles weniger deutlich ausgeprägt.

Die o.g. – eine Partnerschaft beeinflussende – Faktoren wie Partnervorstellungen, partnerschaftsspezifische Verhaltensweisen, Wissensstrukturen und Persönlichkeitsfaktoren können Inhalt von Beratung und Selbsterfahrung sein. Weitere zum Teil pädagogische Angebote für die gleiche Zielgruppe erstrecken sich von sog. „Flirtschulen“ über Single-Clubs bis hin zum gezielten Training sozialer Kompetenzen.

Unter sozialen Kompetenzen verstehen Hinsch & Pfingsten (1983, S. 6) die „...Verfügbarkeit und Anwendung von kognitiven, emotionalen und motorischen Verhaltensweisen, die in bestimmten sozialen Situationen zu einem langfristig günstigen Verhältnis von positiven und negativen Konsequenzen führen."

Mittels sozialer Kompetenzen kann eine Balance zwischen Selbstverwirklichung und gesellschaftlicher Anpassung gelingen (Manager Seminare, 1998). Weiterhin ermöglichen erst sie eine gesellschaftliche Partizipation. Denn trotz eines vielseitigen Freizeitmarktes und der weitgehenden Auflösung gesellschaftlicher Konventionen scheint es schwieriger geworden zu sein, Partnerkontakte anzubahnen (Brückner, 1994; Opaschowski, 1983). Ein Grund dafür könnte sein, daß, mit dem Wegfall traditioneller Anlässe und deren genauen Verhaltensvorschriften, Kontaktanbahnungen stärker individualistisch angelegt sind. In der Kontaktsituation werden also nicht mehr traditionelle Regeln befolgt, sondern individuelle Fähigkeiten eingesetzt (Beck & Beck-Gernsheim, 1990; Pfrang, 1987; Willi, 1991).

Um die dafür notwendigen sozialen Kompetenzen zu vermitteln, wurde in den USA ein solches Trainingsprogramm speziell für heterosexuell-orientierte Partnersuchende konzipiert. Hier sollen die Fähigkeiten für das erste Kennenlernen, über die Aufrechterhaltung einer Partnerbeziehung bis hin zu einer Beendigung von sozialen oder / und sexuellen Kontakten vermittelt werden (Curran, 1977; Galassi & Galassi, 1979).

Die Bedeutung sozialer Kompetenzen – nicht nur für eine Partnerbindung, sondern für eine erfolgreiche Gesamtentwicklung– führte sowohl zu rehabilitativen als auch zu präventiven Maßnahmen für Kinder und Jugendliche (Rinn & Markle, 1979).

Erstere Angebote wenden sich an aggressive oder sozial isolierte Vorschulkinder und Schüler (Petermann & Petermann, 1990, 1992; Rinn & Markle, 1979).

Letztere sollen in Kindergarten und Schule soziale Verhaltensweisen fördern, wie z.B.

- Gespräche beginnen, aufrechterhalten und beenden
- Kontakte arrangieren und beenden
- Widerspruch äußern
- Auf Kritik reagieren
- Gefühle zeigen und verbalisieren

(Hinsch & Pfingsten, 1983).

In den Lehrplänen aller Schulformen und –fächer ist „soziales Lernen" verankert (vgl. Ministerium für Bildung, Wissenschaft, Forschung und Kultur des Landes Schleswig

Holstein, 1997). Lern- und Konzentrationsstörungen, Gewalt in der Schule und mangelnde Kommunikationsfähigkeiten führen allerdings dazu, daß die Forderungen lauter werden, soziales Lernen nicht nur in jedes Fach zu integrieren, sondern eine gezielte und fachlich kompetente Förderung zu ermöglichen (Pölert-Klassen, 1999). Als ein erster Erfolg einer solchen Umsetzung ist das „Thüringer Modell“ zu verstehen, deren Realschüler ab der siebenten Klasse die Möglichkeit haben, Pädagogik zu wählen. Pölert-Klassen (1999) plädiert für die Einführung des Faches Pädagogik an allen Schulen ab der fünften Klasse und begründet dies damit, daß bei weniger Zeitintensität und Systematik keine erfolgreiche Prävention zu bewirken wäre.

9.4 Schlußbemerkung

Natürlich sind die Ergebnisse dieser Arbeit nur bedingt auf den Einzelnen übertragbar, denn sie beziehen sich einerseits auf eine bestimmte Stichprobe, andererseits zeigen die statistisch überprüften Daten nur Tendenzen auf. Weiterhin spiegeln die Antworten der Probanden ihre jeweils gegenwärtige Sichtweise „ihrer Welt“ wider, die sich jederzeit (z.B. durch eine neue Liebesbeziehung) verändern kann.

Auch wenn Wirklichkeit nie genau abbildbar ist, so vermitteln doch die vorgestellten Daten einen Einblick, welche Voraussetzungen das Nicht-Eingehen einer Partnerschaft begünstigen. Da diese mit der „Bindungsfähigkeit“ verknüpft sind, dürften die Ergebnisse nicht nur für Singles von Interesse sein.

Weiterhin bleiben viele Fragen offen, z.B. ob die Ergebnisse Ursache oder Wirkung des Single-Lebens sind, wie sich welche Faktoren ändern, wenn eine neue Partnerschaft eingegangen wird, welche bisher unbeachteten Aspekte ebenfalls einen Einfluß auf das Eingehen einer Partnerschaft ausüben usw. Das Phänomen eines Forschungsvorhabens ist, daß in dem Moment, wo Antworten entstehen, neue Fragen auftauchen.

> „Wenn Theorie als das verstanden würde, was sie ist - ein fehlerhafter, sich immer im Wandel befindender Versuch zur Konstruktion eines feinmaschigen Netzes, das zuverlässige Fakten beinhaltet - könnte sie als Anreiz für weiteres kreatives Denken dienen“ (Rogers, 1959, S.16).

9.5 Zusammenfassung

Die zunehmende Singularisierung der Gesellschaft legte es nahe, dem Phänomen der Partnerlosigkeit im mittleren Erwachsenenalter nachzugehen.

Zur Erschließung der Thematik wurde die bisherige Forschungsliteratur analysiert, wobei sich vier inhaltliche Schwerpunkte abzeichneten:

1. Die **gesellschaftlichen Rahmenbedingungen** offerierten, daß Partnerlosigkeit mit gesellschaftlichen Strukturänderungen einhergeht.

2. Auf die individuelle **Bindungsgeschichte** bezogen, interessierte, welche Bindungs-Verhaltensweisen in den einzelnen Altersphasen erworben werden sollten, um später eine Partnerschaft einzugehen. Ebenfalls erschien als Basis-Voraussetzung für eine Partnerschaft von Relevanz, daß die erfahrene Bindungsqualität in „inneren Arbeitsmodellen" repräsentiert wird, die sich auf das Bindungsverhalten auswirken.

3. Der Gedanke, daß aufgrund erhöhter Vulnerabilität nur eine geringe Offenheit gegenüber potentiellen Partnern bestehen kann, führte zur thematischen Auseinandersetzung mit **traumatischen Erlebnissen** und ihren möglichen Auswirkungen auf eine Partnerschaftsanbahnung.

4. Denkbar war ebenfalls, daß ein Partnersuchender deshalb erfolglos bei der Partnersuche ist, weil er ineffektive **Vorstellungen und Verhaltensweisen** gegenüber potentiellen Partnern zeigt.

Die aus der Literatur gewonnenen Hypothesen fanden sich auch in den narrativen Interviews (Voruntersuchung) wieder, die teilweise eine Konkretisierung oder Erweiterung der Hypothesen ermöglichten.

In der Hauptuntersuchung wurden die Hypothesen mittels eines Fragebogens überprüft, der 150 Singles (= partnerlos seit mindestens 18 Monaten) und 150 Verheiratete (als Kontrollgruppe) erreichte.

Die Auswertung der Daten erbrachte, daß – abgesehen von der Hypothese über die unterschiedliche Bindungsentwicklung der Singles in der Kindheit und Jugend – die Haupthypothesen weitgehend bestätigt werden konnten. So *unterscheiden sich Singles* in folgenden Bereichen von Verheirateten:

1. **Gesellschaftliches Leben:** Singles verfügen über sehr qualifizierte Schul- und Berufsabschlüsse. 'Generativität' und 'soziales Miteinander' werden von Singles weniger präferiert.

2. **Bindungsgenese:** Ihre eigene Geburt beschreiben Singles häufiger als unerwünscht. Singles fühlen sich gegenwärtig abhängiger von ihrer Herkunftsfamilie

und Single-Frauen verantwortlicher für sie. Die erste Partnerbeziehung wird von Singles durchschnittlich zwei Jahre später eingegangen. Singles geben häufiger einen ängstlich-vermeidenden Bindungsstil an. Der Bindungsstil wirkt sich auf bindungsrelevante Persönlichkeitsfaktoren aus, wie seelische Gesundheit, Sinnerfülltheit, Selbstvergessenheit, Expansivität, Selbstwertgefühl, Liebesfähigkeit, Reflexivität und auf 'beziehungsverhinderndes Verhalten'.

3. **Traumatisierende Bindungserfahrungen:** Singles stufen häufiger ihre Sozialisationsbedingungen sowie die Paarbeziehung der Eltern und ihre eigene Beziehung zu den Eltern als problematisch ein. Sie berichten häufiger über Suizidgedanken. Single-Frauen geben häufiger als Single-Männer und Verheiratete belastende Lebensereignisse an.

4. **Partnerschaftsspezifische Kompetenzen:** Die Vorstellungen über einen Partner sind häufiger bei Singles ausdifferenziert und mit einem Idealbild verbunden. Eine „feste Beziehung" wird häufiger mit Nachteilen verbunden und die Assoziationen zu „Beziehungsstimuli" sind häufiger negativ oder ambivalent besetzt. Der Faktor 'beziehungsverhinderndes Verhalten' ist bei Singles stärker ausgeprägt. Single-Männer können Verhaltensweisen anderer nicht adäquat interpretieren, sie verlieben sich häufiger in Personen über ihrem eigenen Attraktivitätsniveau, flirten aber dafür mehr. Schwierigkeiten mit Intimität haben vor allem Single-Frauen. Für eine Partnerbindung relevante Persönlichkeitsmerkmale wie „seelische Gesundheit", „Sinnerfülltheit" und „Selbstvergessenheit" sind geringer ausgeprägt. Die Wissensstrukturen weisen eine geringere Bezogenheit auf einen potentiellen Partner oder auf eine angestrebte Partnerschaft auf.

Bei den Unterhypothesen wurde eine größere Differenzierungsbreite, als vorher angenommen, ersichtlich. So spielte häufig die Geschlechtszugehörigkeit eine größere Rolle als der Status (partnerlos/verheiratet). Andere Faktoren wie Alter, Bildungsstand und das Vorhandensein eigener Kinder stellten bei einigen Items die entscheidende Größe dar.

Literaturverzeichnis

Ainsworth, M.D.S. (1967). Infancy in Uganda: Infant care and the growth of attachment. Baltimore: John Hopkin University Press.

Ainsworth, M.D.S. (1969). Object relation, dependency and attachment: A theoretical review to the infant - mother relationship. Child Development, 40, 969 - 1026.

Ainsworth, M.D.S. (1972). Attachment and dependency: A comparison. In J.L. Gerwirtz (Ed.). Attachment and dependency (pp. 97 - 138). Washington, D.C.: V.H. Winston.

Ainsworth, M.D.S. (1977). Skalen zur Erfassung mütterlichen Verhaltens: Feinfühligkeit versus Unempfindlichkeit gegenüber den Signalen des Babys. In K.E. Grossmann (Hrsg.). Entwicklung der Lernfähigkeit (S. 96 - 107). München: Kindler.

Ainsworth, M.D.S., Blehar, M.D., Waters, E. & Wall, S. (1978). Patterns of attachment. A psychological study of the strange situation. Hillsdale, New York : Erlbaum.

Ainsworth, M.D.S. (1979). Infant - mother attachment. American Psychologist, 34, 932 - 937.

Ainsworth, M.D.S. & Eichberg, C.G. (1991). Effects of infant – mother's unresolved loss of an attachment figure, or other traumatic experiences. In C.M. Parks, J. Stevenson-Hinde, & P. Marris (Eds.). Attachment across the life cycle (pp. 160 - 183). London, New York: Tavistock, Routledge.

Allerbeck, K. & Hoag, W.J. (1985). Jugend ohne Zukunft? Einstellungen, Umwelt, Lebensperspektiven. München, Zürich: Piper.

Appel, G. & Rudinesco, J. (1951). Maternal deprivation in young children. Tonfilm, Tavistock Child Development Research Unity, London; N.Y. University Film Library, New York.

Arbeitsgemeinschaft Riedmüller/ Glatzer/ Infratest: Berger-Schmitt, R., Glatzer, W., Günther, B., Kulawik, T., Milenovic, I. & Riedmüller, B. (1991). Die Lebenssituation alleinstehender Frauen. Schriftenreihe des Bundesministers für Frauen und Jugend. Band 1. Stuttgart, Berlin, Köln: Kohlhammer.

Argyle, N. & Henderson, M. (1990). Die Anatomie menschlicher Beziehungen. Spielregeln des Zusammenlebens. München: Moderne Verlagsgesellschaft.

Asendorff, G. (1985). Studien zur Schüchternheit Nr. 1: Dispositionale Schüchternheit im Selbstbildnis von Studenten. Unveröffentlichter Projektreport, München: Max-Planck-Institut für psychologische Forschung.

Aßhauer, M. & Hanewinkel, R. (1998). Prozeßevaluation eines Lebenskompetenztrainings in der Grundschule. Heilpädagogische Forschung. Zeitschrift für Pädagogik und Psychologie Behinderter, 24, 4, 327 – 346.

Bachmann, R. (1991). Singles: zum Selbstverständnis und zum Selbsterleben von 30 bis 40-jährigen partnerlos alleinlebenden Männern und Frauen. Dissertation: Universität Bamberg.

Badinter, E. (1996). Die Mutterliebe. Geschichte eines Gefühls vom 17. Jahrhundert bis heute. München, Zürich: Piper.

Backhaus, K., Erikson, B., Plinke, W., Schuchard-Ficher, Ch. & Weiber, R. (1987). Multivariante Analysemethoden: Eine anwendungsorientierte Einführung. Berlin, Heidelberg: Springer.

Bank, St.P. & Kahn, M.D. (1994). Geschwister - Bindung. München: Deutscher Taschenbuch Verlag.

Bannister, D. & Fransella, F. (1981). Der Mensch als Forscher: Die Psychologie der persönlichen Konstrukte. Münster: Aschendorff.

Barnhelm, H. (o.J.). Wird kommen die Zeit, vergeht und bleibt. Wuppertal: Kiefel Verlag.

Bartholomew, K. (1989). Attachment styles in young adults: Implications for selfconcept and interpersonal functioning. Unpublished doctoral dissertation: Standford University, Standford, CA.

Bartholomew, K. (1990). Avoidance of intimancy: An attachment perspective. Journal of Social Personal Relationships, 7, 147 - 178.

Bartholomew, K. & Horowitz, L.M. (1991). Attachment styles among young adults: A test of a four-category model. Journal of personality and social psychology, 61, 2, 226 - 244.

Bauriedl, T. (1985). Das systemische Verständnis der Familiendynamik in der Psychoanalyse. In M. Ermann & T. Seifert (Hrsg.). Die Familie in der Psychotherapie. Theoretische und praktische Aspekte aus tiefenpsychologischer und systemtheoretischer Sicht (S. 9-20). Berlin: Springer.

Bayer, H., & Bauereiß, R. (1995). Alleinstehend und Alleinlebend. Die „ Singles" in der amtlichen Statistik. In H. Bertram (Hrsg.). Das Individuum und seine Familie. Lebensformen, Familienbeziehungen und Lebensereignisse im Erwachsenenalter (S. 35-59). Familien Survey, Band 4. Opladen: Leske & Budrich.

Becker, P. (1989). Der Trierer Persönlichkeitsfragebogen (TPF) - Handanweisung. Göttingen, Toronto, Zürich: Hogrefe.

Beal, E. & Hochman, G. (1994). Wenn Scheidungskinder erwachsen sind. Psychische Spätfolgen der Trennung. Frankfurt a. M.: Fischer.

Beck, U. & Beck-Gernsheim, E. (1990). Das ganz normale Chaos der Liebe. Frankfurt a. Main: Suhrkamp.

Beck, U. (1986). Risikogesellschaft. Auf dem Weg in eine andere Moderne. Frankfurt a. M.: Suhrkamp.

Beck, U. (1987). Die Zukunft der Familie. Psychologie Heute, 11, 44-49.

Beck-Gernsheim, E. (1983). Vom „Dasein für andere" zum Anspruch auf ein Stück „eigenes Leben". Individualisierungsprozesse im weiblichen Lebenszusammenhang. Soziale Welt, 3, 307- 340.

Berentzen, D. (1994). Die Liebe im Zeitalter ihrer technischen Reproduzierbarkeit. Psychologie Heute, 12, 22-26.

Berscheid, E. & Walster, H.E. (1978). Interpersonal attraction. Mass.: Addison - Wesley.

Bertram, H. (1995). Individuen in einer individualisierten Gesellschaft. In H. Bertram (Hrsg.). Das Individuum und seine Familie. Lebensformen, Familienbeziehungen und Lebensereignisse im Erwachsenenalter (S. 9-34). Familien – Survey, Band 4. Opladen: Leske & Budrich.

Bien, W. & Bender, D. (1995). Was sind Singles? Ein alltagstheoretischer Zugang zur Problematik. In H. Bertram (Hrsg.). Das Individuum und seine Familie. Lebensformen, Familienbeziehungen und Lebensereignisse im Erwachsenenalter (S. 61-89). Familien Survey, Band 4. Opladen: Leske & Budrich.

Bierhoff, H.W. (1984). Sozialpsychologie. Ein Lehrbuch. Stuttgart, Berlin, Köln: Kohlhammer.

Bierhoff, H.W., Grau, I. & Ludwig, A. (1993). Enge Beziehungen. Marburg: unveröffentlichter DFG-Bericht.

Bierhoff, H.W. (1993). Heterosexuelle Partnerschaften: Entstehung, Aufrechterhaltung und Auflösung. In A.E. Auhagen & M. v. Salisch (Hrsg.). Zwischenmenschliche Beziehungen (S. 175 - 194). Göttingen, Toronto, Zürich: Hogrefe.

Bilden, H. (1991). Geschlechtsspezifische Sozialisation. In K. Hurrelmann & D. Ulich (Hrsg.). Neues Handbuch der Sozialisationsforschung (S. 278 - 301). (4. Auflage). Weinheim, Basel: Beltz Verlag.

Blossfeld, H.-P. (1985). Bildungsexpansion und Berufschancen. Frankfurt, New York: Campus-Verlag.

Bock, M. (1992). Das halbstrukturierte-leitfadenorientierte Tiefeninterview. Theorie und Praxis der Methode am Beispiel von Paarinterviews. In J.H.P. Hoffmeyer-Zlotnik (Hrsg.). Analyse verbaler Daten (S. 90 - 103). Opladen: Westdeutscher Verlag.

Borg, I. & Staufenbiel, T. (1993). Theorien und Methoden der Skalierung. Eine Einführung. Methoden der Psychologie, Band 11. Bern: Huber.

Borkenau, P. (1993). Reicher Mann und schöne Frau? Zwei Studien zu Geschlechtsunterschieden in der Partnerpräferenz. Zeitschrift für Soialpsychologie, 24, 4, 289-297.

Bossi, J. (1995). Augen - Blicke. Zur Psychologie des Flirts. Bern: Verlag Hans Huber.

Bowlby, J. (1940). The influence of early environment in the development of neurosis and neurotic character. International Journal of Psycho-Analysis, 21, 154-178.

Bowlby, J. (1969). Attachment and loss. (Vol. 1). New York: Basic Books.

Bowlby, J. (1973). Mütterliche Zuwendung und geistige Gesundheit. München: Kindler.

Bowlby, J. (1975). Bindung. Eine Analyse der Mutter - Kind Beziehung. München: Kindler.

Bowlby, J. (1976). Trennung: Psychische Schäden als Folgen der Trennung von Mutter und Kind. München: Kindler.

Bowlby, J. (1980). Das Glück und die Trauer. Herstellung und Lösung affektiver Bindungen. Weinberg: Klett - Cotta.

Bowlby, J. (1983). Verlust, Trauer und Depression. Frankfurt a. M.: Fischer.

Bowlby, J. (1985). Mutterliebe und kindliche Entwicklung. Beiträge zur Kinderpsychotherapie, 13. München: Reinhardt.

Bowlby, J. (1986). Trennung. Psychische Schäden als Folge der Trennung von Mutter und Kind. Frankfurt a. M.:Fischer.

Bowlby, J. (1995). Elternbindung und Persönlichkeitsentwicklung. Therapeutische Aspekte der Bindungstheorie. Heidelberg: Dexter.

Brennan, K.A., Shaver, P.R. & Tobey, A.E. (1991). Attachment style, gender, and parental problem drinking. Journal of Social and Personal Relationships, 8, 451-466.

Bretherton, I. (1985). Attachment theory: Retrospect and prospect. In I. Bretherton & E. Watson (Eds.). Growing points of attachment theory and research. Monographs of the Society for Research. Child Development, 50, 3-35.

Brückner, M. (1994). Die Begegnung der Geschlechter. In U. Nuber (Hrsg.). Mann & Frau. Liebe, Freundschaft und so weiter (S. 66-75). München: Wilhelm Heyne Verlag.

Buss, D. (1994). Die Evolution des Begehrens. Hamburg: Kabel.

Cohen, D. (1995). Körpersprache in Beziehungen. Reinbek bei Hamburg: Rowohlt.

Cohn, D. A. (1990). Child - Mother attachment of six-year-olds and social competence at school. Child Development, 61, 152-162.

Crittenden, P.M. (1988). Relationships at Risk. In J. Belsky & T. Nezworsky (Eds.). Clinical Implications of Attachment (pp. 136 - 174). Hillsdale, New York: LEA.

Crittenden, P.M. & Ainsworth, M.D.S. (1989). Child maltreatment and attachment theory. In D. Cichetti & V. Carlson (Eds.). Child maltreatment. Theory and research on the causes and consequences of child abuse and neglect (pp. 432-465). Cambridge: Cambridge University Press.

Curran, J.P. (1977). Skills training as an approach to the treatment of heterosexual-social anxiety: A review. Psychological Bulletin, 84, 140–157.

Damon, W. (1989). Die soziale Entwicklung des Kindes. Ein entwicklungspsycholgisches Lehrbuch. Stuttgart: Klett - Cotta.

Diekmann, A. (1992). Determinanten des Heiratsalters und des Scheidungsrisikos. Habilitation: Universität München.

Dion, K.K. & Dion K.L. (1975). Self - esteem and romantic love. Journal of Personality, 43, 39 - 57.

Dion, K.K. & Dion, K.L. (1985). Personality, gender and the phenomenology of romantic love. In P. Shaver (Ed.). Self, Situations and Social Behavior. Review of Personality and Social Psychology, 6, 209 - 239.

Doermer - Tramitz, Ch. (1990). ... Auf den ersten Blick. Über die ersten dreißig Sekunden einer Begegnung von Mann und Frau. Opladen: Westdeutscher Verlag.

Easterbrook, M.A. & Lamb, M.E. (1979). The relationship between quality of infant - mother attachment and infant competence in initial encounters with peers. Child Development, 50, 380 - 387.

Eibel - Eibesfeldt, L. (1983). Patterns of parent-child interaction in a cross-cultural perspective. In A. Oliverio & M. Zapalla (Eds.). The behavior of Human infants (pp. 177- 217). New York: Plenum Press.

Erikson, E. (1970). Wachstum und Krisen der gesunden Persönlichkeit. Identität und Lebenszyklus. Frankfurt a. M.: Suhrkamp.

Erni, M. (1967). Das Vaterbild der Tochter. Eine psychologisch- pädagogische Untersuchung bei 13- 20-jährigen Mädchen und bei einer kleinen Vergleichsgruppe von Knaben. Einsiedeln, Zürich, Köln: Benziger Verlag.

Faltermaier, T., Mayring, Ph., Saup, W. & Strehmel, P. (1992). Entwicklungspsychologie des Erwachsenenalters. Stuttgart, Berlin, Köln: Kohlhammer.

Farmer, S. (1992). Endlich lieben können. Gefühlstherapie für erwachsene Kinder aus Krisenfamilien. Reinbek bei Hamburg: Rowohlt.

Feeney, J.A. & Noller, P. (1990). Attachment styles as a predictor of adult romantic relationship. Journal of Personality and Social Psychology, 58, 2, 281 - 291.

Feeney, J.A. & Noller, P. (1991). Attachment style and verbal descriptions of romantic partners. Journal of Social and Personal Relationships, 8, 187 - 215.

Fey, E. (1990). Zur Frage der Prävention von sexuellem Mißbrauch an Mädchen und Jungen. Das Child Assault Prevention Project (CAPP). In H. Lutter. Sexueller Mißbrauch von Mädchen und Jungen (S. 119-135). Hannover: Landesstelle Jugendschutz.

Filipp, S.-H. (1984). Selbstkonzept - Forschung. Probleme, Befunde, Perspektiven (2. Auflage). Stuttgart: Klett - Cotta.

Fischer, U. (1992). Single. Glücklich allein? Brigitte, 17, 144-158.

Fisher, H. (1995). Anatomie der Liebe. Warum Paare sich finden, sich binden und auseinandergehen. München: Knaur.

Freeman, D., Mead, M. & Samoa (1983). The making and unmaking of an anthropological myth. Cambridge: Harvard University Press.

Fremmer-Bombik, E. (1987). Beobachtungen zur Beziehungsqualität im zweiten Lebensjahr und ihre Bedeutung im Lichte mütterlicher Kindheitserinnerungen. Dissertation: Universität Regensburg.

Fried, E. (1995). Gedichte. München: Deutscher Taschenbuch Verlag.

Frommer, E.A. & O´Shea, G. (1973). Antenatal indentification of women liable to have problems in managing infants. British Journal of Psychiatry, 123, 149 - 156.

Galassi, J.P. & Galassi, M.D. (1979). Modification of heterosocial skills deficits. In A.S. Bellack & M. Hersen (Eds.). Research and practice in social skills training (pp. 131-187). New York: Plenum.

Gärtner, K. (1990). Sterblichkeit nach dem Familienstand. Zeitschrift für Bevölkerungswissenschaft, 1, 53 - 66.

George, C., Kaplan, N. & Main, M. (1985). Adult Attachment Interview. Unpublished manuskript, University of California, Department of Psychology, Berkeley.

Gibran, K. (1984). Der Prophet. Olten, Freiburg im Breisgau: Walter-Verlag.

Girtler, R. (1988). Methoden der qualitativen Sozialforschung. Anleitung zur Feldarbeit. Wien, Köln, Graz: Böhlau.

Goldfarb, W. (1943). The effect of early institutional care on adolescent personality. Child Development, 14, 213 -223.

Grammer, K. (1995). Signale der Liebe. Die biologischen Gesetze der Partnerschaft. München: Deutscher Taschenbuch Verlag.

Grossmann, K. (1984). Zweijährige Kinder im Zusammenspiel mit ihren Müttern, Vätern, einer fremden Erwachsenen und in einer Überraschungssituation: Beobachtungen aus bindungs- und kompetenztheoretischer Sicht. Dissertation: Universität Regensburg.

Grossmann, K. (1995). Kontinuität und Konsequenzen der frühen Bindungsqualität während des Vorschulalters. In G. Spangler & P. Zimmermann (Hrsg.). Die Bindungstheorie. Grundlagen, Forschung und Anwendung (S. 191- 202). Stuttgart: Klett - Cotta.

Grossmann, K.E. (1990). Laudatio für John Bowlby. Zeitschrift für Entwicklungspsychologie und Pädagogische Psychologie, 2, 166 - 174.

Grossmann, K.E. & Grossmann, K. (1979). Mutter und Kind: Auf das Zusammenspiel kommt es an. Psychologie Heute, 6, 9, 72-74.

Grossmann, K.E., Grossmann, K., Huber, F. & Wartner, U. (1981). German children´s behavior towards their mothers at 12 month and their fathers at 18 month in Ainsworth´s Strange Situations. International Journal of Behavioral Development, 4, 157 - 181.

Grossmann, K., Fremmer - Bombik, E., Rudolph, J. & Grossmann, K.E. (1988). Maternal attachment representations as related to child-mother attachment patterns and maternal sensivity and acceptance of her infant. In: R.A. Hinde & J. Stevenson-Hinde (Eds.). Relations within families (pp. 241 - 260). Oxford: Oxford University Press.

Grossmann, K.E., August, P., Fremmer-Bombik, E., Friedl, A., Grossmann, K., Scheurer-Englisch, H., Spangler, G., Stephan, Ch. & Suess, G. (1989). Die Bindungstheorie: Modell und entwicklungspsychologische Forschung. In H. Keller (Hrsg.). Handbuch der Kleinkindforschung (S. 31 - 55). Berlin: Springer.

Grossmann, K.E. & Grossmann, K. (1991). Attachment quality as an organizer of emotional and behavioral responses in a longitudinal perspective. In C.M. Parkes, J. Stevenson-Hinde & P. Marris (Eds.). Attachment across the life cycle (pp. 93 - 114). London: Tavistock.

Guidano, V.F. & Liotti, G. (1983). Cognitive processes and emotional disorders. New York: Guilford Press.

Hackenberg, W. (1992). Geschwister behinderter Kinder im Jugendalter - Probleme und Verarbeitungsformen. Längsschnittstudie zur psychosozialen Situation und zum Entwicklungsverlauf bei Geschwistern behinderter Kinder. Berlin: Edition Marhold im Wissenschaftsverlag.

Handl, J. (1988). Berufschancen und Heiratsmuster von Frauen. Empirische Untersuchungen zu Prozessen sozialer Mobilität. Frankfurt, New York: Campus.

Harlow, H.F. (1958). The nature of love. American Psychologist, 13, 673 - 685.

Harlow, H.F. (1959). Love in Infant Monkeys. Scientific American, 200, 68 - 74.

Harlow, H.F. & Zimmermann, R.R. (1959). Affectional responses in the infant monkey. Science, 130, 421 - 432.

Harlow, H.F. & Harlow, M.K. (1965). The Affectional Systems. In A.M. Schrier, H.F. Harlow, & F. Stollnitz (Eds.). Behavior of Nonhuman primats. (Vol. 2). New York: Academic press.

Hazan, C. & Shaver, P.R. (1987). Romantic love conceptualized as an attachment process. Journal of Personality and Social Psychology, 52, 3, 511 - 524.

Hazan, C. & Shaver, P.R. (1990). Love and work: An Attachment-Theoretical Perspective. Journal of Personality and Social Psychology, 59, 270 - 280.

Heckmann, F. (1992). Interpretationsregeln zur Auswertung qualitativer Interviews und sozialwissenschaftlich relevanter „Texte“. Anwendungen der Hermeneutik für die empirische Sozialforschung. In J.H.P. Hoffmeyer-Zlotnik (Hrsg.). Analyse verbaler Daten (S.142-167). Opladen: Westdeutscher Verlag.

Helsper, W. (1989). Selbstkrise und Individuationsprozeß. Subjekt- und sozialisationstheoretische Entwürfe zum imaginären Selbst der Moderne. Opladen: Westdeutscher Verlag.

Henke, K.-D. (1989). Statement: Konsequenzen der Steuerreform für Haushalt und Familie. In: H. Rapin (Hrsg.). Familiengerechte Steuer- und Transferpolitik. Eine kontroverse Diskussion (S. 34 – 36). Frankfurt, New York: Campus-Verlag.

Herman, J.L. (1981). Father-daughter incest. Cambridge: Harvard University Press.

Herman, J.L. (1988). Father- daughter incest. In: F.M. Ochberg (Ed.). Paust - traumatic therapy and victims of violence (pp. 175-195). New York: Brunner & Mazel.

Herman, J. L. (1993). Die Narben der Gewalt. Traumatische Erfahrungen verstehen und überwinden. München: Kindler.

Herms–Bohnhoff, E. (1995). Hotel Mama. Warum erwachsene Kinder heute nicht mehr ausziehen. München: Goldmann Verlag.

Hetherington, M.E., Cox, M. & Cox, R. (1987). Long-term effects of divorce and remarriage on the adjestment of children. In S. Chess & A. Thomas (Eds.). Annual progress in child psychiatry and child development (pp. 407-429). New York: Academic Press.

Hinde, R.A. (1974). Biological bases of human social behavior. New York, London: Mc Graw - Hill.

Hinde, R.A. (1989). Untersuchung von Kindern im Kontext von Beziehungen. In H. Keller (Hrsg.). Handbuch der Kleinkindforschung (S. 253-270). Berlin: Springer.

Hinde, R. (1993). Auf dem Weg zu einer Wissenschaft zwischenmenschlicher Beziehungen. In: A.E. Auhagen & M. v. Salisch (Hrsg.). Zwischenmenschliche Beziehungen (S. 7-36). Göttingen: Hogrefe.

Hinsch, R. & Pfingsten, U. (1983). Gruppentraining sozialer Kompetenzen (GSK). Materialien für die psychosoziale Praxis. München, Wien, Baltimore: Urban & Schwarzenberg.

Höhn, Ch. & Otto, J. (1985). Bericht über die demographische Lage in der Bundesrepublik Deutschland und über die Weltbevölkerungstrends. Zeitschrift für Bevölkerungswissenschaft, 11, 4, 445-518.

Höpflinger, F. (1987). Wandel der Familienbildung in Westeuropa. Frankfurt, New York: Campus-Verlag.

Hoffmann, R., Lautmann, R. & Pagenstecher, C. (1993). Unter Frauen – unter Männern: homosexuelle Liebesbeziehungen. In A.E Auhagen & M. v. Salisch (Hrsg.). Zwischenmenschliche Beziehungen (S. 195 - 211). Göttingen: Hogrefe.

Holm, S. (1979). A simple sequentially rejective multiple test procedure. Scandinavion Journal of Statistics, 6, 65-70.

Hornstein, W. (1982). Jugend ohne Orientierung? Zur Sinnkrise der gegenwärtigen Gesellschaft. München: Urban & Schwarzenberg.

Illingworth, R.S. & Holt, K.S. (1955). Children in hospital: Some observations of their reactions with special reference to daily visiting. Lancet, 17. 12., 1257 - 1262.

Institut für Tiefenpsychologie und Philosophie (Hrsg.) (1990). Ob das Liebe ist? Die Kunst der Partnerschaft. München: Kösel.

Jaeggi, E. (1993). Ich sag' mir selber Guten Morgen. München: Piper.

Jäger, H., Schmidtchen, G. & Süllwold, C. (1981). Lebensanalysen. Opladen: Westdeutscher Verlag.

Jeschek, W. (1989). Schulische Bildung und berufliche Qualifikation von Frauen und Männern. Wochenbericht des Deutschen Instituts für Wirtschaft, 56, 9-10, 106-112.

Kaiser, A. (1992). Prinzipien einer Didaktik der Erwachsenenbildung. In H. Tietgens. Didaktische Dimensionen der Erwachsenenbildung. Studienbibliothek für Erwachsenenbildung, Band 2. Frankfurt a. M.: Studienbibliothek für Erwachsenenbildung.

Kaufmann, F.-X. (1995). Zukunft der Familie im vereinten Deutschland. Gesellschaftliche und politische Bedingungen. München: Beck.

Kernberg, O. F. (1978). Borderline-Störungen und pathologischer Narzißmus. Frankfurt a. M.: Suhrkamp.

Klaus, M.H., Jerauld, R., Krieger, N.C., Mc Alpine, W., Steffa, M. & Kennell, J.H. (1972). Maternal attachment: importance of the first post - partum days. New English Journal Medicine, 286, 460 - 463.

Klaus, M.H. & Kennell, J.H. (1976). Maternal - Infant bonding. St.Louis: Mosby.

Klein, R. (1991). Modelle der Partnerwahl. In M. Amelang, H.-J. Ahrens & H.W. Bierhoff (Hrsg.). Partnerwahl und Partnerschaft. Formen und Grundlagen partnerschaftlicher Beziehungen (S. 31 - 69). Göttingen: Hogrefe.

Klippel, B. (1994). Explikation und Analyse mentaler Repräsentationen unter besonderer Berücksichtigung selbstgenerierten Materials. Dissertation: Ruhr - Universität Bochum.

Kobak, R.R. & Sceery, A. (1988). Attachment in late adolescence: Working models, affect regulation, and representations of self and others. Child Development, 59, 135 -146.

Koch, K. (1995). Die Brautpaare werden immer älter. Westdeutsche Zeitung, Ausgabe Wuppertal West, 271, 2.

Köcher, R. (1988). Wer nennt den Kaiser nackt? Über Versuche, die Bevölkerung bei der Suche nach Lebenssinn irrezuführen. Institut für Demoskopie, Allensbach. Logotherapie, 3, 2, 164-178.

Kreisman, G.J. & Straus, H. (1992). Ich hasse dich - verlaß`mich nicht. Die schwarzweiße Welt der Borderline - Persönlichkeit. München: Kösel.

Kreppner, K. (1993). Eltern - Kind Beziehungen: Kindes- und Jugendalter. In A.E. Auhagen & M. v. Salisch (Hrsg.). Zwischenmenschliche Beziehungen (S. 79 - 104). Göttingen: Hogrefe.

Krüger, D. (1990). Alleinleben in einer paarorientierten Gesellschaft. Eine qualitative Studie über die Lebenssituation und das Selbstverständnis 30- bis 45 jähriger lediger, alleinlebender Frauen und Männer. Aktuelle Frauenforschung, Band 8. Pfaffenweiler: Centaurus Verlagsgesellschaft.

Krüger, D. (1991). Lieber allein? Männer und Frauen bewerten ihr Single - Leben unterschiedlich. Psychologie Heute, 4, 26 -29.

Kruse, O. (1991). Emotionsentwicklung und Neurosenentstehung. Perspektiven einer klinischen Entwicklungspsychologie. Stuttgart: Ferdinand Enke Verlag.

Kruskal, J.B. (1986). Multidimensional scaling. London: Sage.

Lamb, M. (1977). Father - infant and Mother - infant Interaction in the First Year of Life. Child Development, 48, 167 - 181.

Lamb, M., Thompson, R.A., Gardner, W., Charnov, E.L. & Connell, J.P. (Eds.) (1985). Infant – mother attachment. Hillsdale, New York: Lawrence Erlbaum.

Lamnek, S. (1993). Qualitative Sozialforschung. Band 2: Methoden und Techniken. München: Beltz.

Lauth, G. & Viebahn, P. (1987). Soziale Isolierung - Ursachen und Interventionsmöglichkeiten. München: Psychologie-Verlags-Union.

Lazarus-Mainka, G. & Siebeneick, S.M. (1997). Ängstlichkeit als Selbstkonzept. Göttingen: Hogrefe.

Lazarus-Mainka, G., Kerres, A. & Siebeneick, S.M. (1990). Ängstlichkeit - ein konzeptuelles System des Selbst. Psychologische Beiträge, 32, 3-4, 394 - 412.

Lermer, St. & Meiser, H.-Ch. (1991). Lebensabschnittspartner. Die neue Form der Zweisamkeit. Frankfurt a. M.: Krüger.

Levinger, G. & Snoek, D.J. (1972). Attraction in relationship: A new look at interpersonal attraction. Morristown, New York: Generel Learning Press.

Levy, D. (1937). Primary affect hunger. American Journal of Psychiatry, 94, 643 - 652.

Lewis, R.A. (1973). A longitudinal test of a developmental framework for premarital dyadic formation. Journal of marriage and the Family, 35, 16 - 25.

Lewis, M. & Rosenblum, L.A. (1975). Friendship and peer relations. New York, London: Wiley.

Lieberman, A.F. (1977). Preschoolers´competence with a peer: Relations with attachment and peer experience. Child Development, 48, 1277 - 1287.

Lowen, A. (1986). Narzißmus. Die Verleugnung des wahren Selbst (2. Auflage). München: Kösel.

Lutter, H. (1990). Sexueller Mißbrauch von Mädchen und Jungen. Hannover: Landesstelle Jugendschutz Niedersachsen.

Lupri, E. (1990). Harmonie und Aggression. Über die Dialektik ehelicher Gewalt. Kölner Zeitschrift für Soziologie und Sozialpsychologie, 42, 3, 474 - 501.

Maccòby, E.E. (1980). Social development. New York: Harcourt Press.

Main, M. & Weston, D. (1981). The quality of the toddler´s relationship to mother and father: Related to conflict behavior and the readiness to establish new relationships. Child Development, 52, 932 - 940.

Main, M., Kaplan, N. & Cassidy, J. (1985). Security infancy, childhood and adulthood: A move to the level of representation. In I. Bretherton & E. Waters (Eds.). Growing points of attachment in theory and research. Monographs of the Society of research. Child Development, 50, 66 - 104.

Main, M. & Cassidy, J. (1988). Categories of response to reunion with the parent at age six: Predictable from the infant attachment classification and stable over a one-month-period. Developmental Psychology, 24, 415 - 426.

Main, M. & Solomon, J. (1990). Procedures for Identitifying Insecure-Disorganized/ Disoriented Infants: Procedures, Findings, and Implications for the classification of Behavior. In M. Greenberg, D. Cicchetti & M. Cummings (Eds.). Attachment in the Preschool Years: Theorie, Research, and Intervenation (pp. 121 -160). Chicago: University of Chicago Press.

Main, M. (1990). Cross - cultural studies of attachment organization: Recent studies, changing methodologies and the concept of conditional strategies. Human Development, 33, 48 - 64.

Maler-Sieber, G. (1976). Das Verhalten des Menschen. Berlin, Gütersloh: Bertelsmann.

Manager-Seminare (1998). Erfolgskonzept Sozialkompetenz, 32, 3, 88 – 121.

Marcia, J.E. (1980). Identy in adolescence. In J. Adelson (Ed.). Handbook of adolescent psychology (pp. 159 - 187). New York: Wily.

Marx, W. (1976). Die statistische Sicherung des Überlappungskoeffizienten. Zeitschrift für experimentelle und angewandte Psychologie, 23, 2, 267-270.

Mayring, P. (1992). Bindungsgefühl. In D. Ulich & P. Mayring. Psychologie der Emotionen (S. 138). Suttgart, Berlin, Köln: Kohlhammer.

Mebes, M. (1997). Stück für Stück: sicher, stark, selbstbewußt. Arbeitsmittel für Mädchen und Frauen. Ruhnmark: Donna-Vita.

Meiselmann, K.C. (1978). Incest: A psychological study of causes and effects with treat recommendations. San Fracisco: Jossey - Bass.

Merten, K. (1983). Inhaltsanalyse. Einführung in Theorie, Methode und Praxis. Opladen: Westdeutscher Verlag.

Meyer, S. & Schulze. E. (1989). Balancen des Glücks. Neue Lebensformen: Paare ohne Trauschein, Alleinstehende und Singles. München: Beck.

Micic, Z. (1962). Psychological stress in children in hospital. International Nurses Review, 9, 6, 23 - 31.

Mikula, G. & Stroebe, W. (1991). Theorien und Determinanten der Zwischenmenschlichen Anziehung. In M. Amelang, H.-J. Ahrens, H.W. Bierhoff (Hrsg.). Attraktion und Liebe. Formen und Grundlagen in partnerschaftlichen Beziehungen (S. 61 - 104). Göttingen: Hogrefe.

Ministerium für Bildung, Wissenschaft, Forschung und Kultur des Landes Schleswig-Holstein (1997). Lehrplan Grundschule. Kiel, Glückstadt: Glückstädter Werkstätten.

Mitscherlich, A. (1986). Auf dem Weg zur vaterlosen Gesellschaft. München: Piper.

Miyake, K., Chen, S. & Campos, J.J. (1985). Infant temperament, mother´s mode of interaction, and attachment. In I. Bretherton & E. Waters (Eds.). Monographs of the Society for Research Child Development, 50, 1/ 2, 276 - 306.

Mollenhauer, K. (1983). Erziehungswissenschaft. In D. Kreft & I. Mielenz (Hrsg.). Wörterbuch Soziale Arbeit (S. 140 – 144). Weinheim, Basel: Beltz Verlag.

Morgenstern, Ch. (o. J.). Ich meine es müßte einmal... In (o. A.). Worte der Liebe (S. 120). Köln: Naumann & Göbel.

Morike, K.P., Betz, E. & Mergentaler, W. (1981). Biologie des Menschen (11. Auflage). Wiesbaden: Quelle & Meyer.

Mussen, P.H., Conger, J.J. & Kagan, J.C. (1981). Lehrbuch der Kinderpsychologie (3. Auflage). Stuttgart: Klett - Cotta.

Nave-Herz, R. (1987). Bedeutungswandel von Ehe und Familie. In H.J. Schulze (Hrsg.). Familie - Zerfall oder neues Selbstverständnis? (S. 18 – 27). Würzburg: Königshausen & Neumann.

Nave-Herz, R. (1990 a). Die subjektiven Scheidungsgründe und ihre zeitgeschichtlichen Veränderungen. In R. Nave-Herz, M. Daum-Jaballah, S. Hauser, H. Matthias & G. Scheller (Hrsg.). Scheidungsursachen im Wandel. Eine zeitgeschichtliche Analyse des Anstiegs der Eheschließungen in der Bundesrepublik Deutschland (S. 57 - 73). Bielefeld: Kleine Verlag.

Nave-Herz, R. (1990 b). Zusammenfassung und Ausblick. In R. Nave-Herz, M. Daum-Jaballah, S. Hauser, H. Matthias & G. Scheller (Hrsg.). Scheidungsursachen im Wandel. Eine zeitgeschichtliche Analyse des Anstiegs der Eheschließungen in der Bundesrepublik Deutschland (S. 136 - 141). Bielefeld: Kleine Verlag.

Noelle-Neumann, E. (1993). „Wer sein selbst Meister ist". Wertewandel in Deutschland. Rheinischer Merkur, 28, 32.

Nuber, U. (1991). Einsame Egoisten? Psychologie Heute, 4, 20 f.

Nuber, U. (1994 a). Partnerwahl: warum zwei sich finden. In U. Nuber (Hrsg.). Mann & Frau. Liebe, Freundschaft und so weiter (S. 30 - 43). München: Wilhelm Heine Verlag.

Nuber, U. (1994 b). Intimität. So nah und doch so fern. In U. Nuber (Hrsg.). Mann & Frau. Liebe, Freundschaft und so weiter (S. 91 - 98). München: Wilhelm Heyne Verlag.

Nuber, U. (1995). Die Wiederentdeckung der Geborgenheit. Psychologie Heute, 12, 20 - 27.

Nuber, U. (1997). Partnerwahl: Wer paßt zu mir? Psychologie Heute, 1, 20 - 31.

Oerter, R. (1987 a). Kindheit. In R. Oerter & L. Montada. Entwicklungspsychologie (S. 204 - 264) (2. Auflage). München, Weinheim: Beltz Psychologie - Verlags - Union.

Oerter, R. (1987 b). Jugendalter. In R. Oerter & L. Montada. Entwicklungspsychologie (S. 265 - 338) (2. Auflage). München, Weinheim: Beltz Psychologie - Verlags - Union.

Olbrich, E. (1987). Frühes Erwachsenenalter: Entwicklung im Familienzyklus. In R. Oerter & L. Montada. Entwicklungspsychologie (S. 339 - 360) (2. Auflage). München, Weinheim: Beltz Psychologie - Verlags - Union.

Opaschowski, H.W. (1983). Arbeit, Freizeit, Lebenssinn? (Orientierung für eine Zukunft, die längst begonnen hat). Leverkusen: Leske & Budrich.

Pastor, D. L. (1981). The quality of mother - infant attachment and it's relationship to toddlers initial sociability with peers. Developmental Psychology, 17, 326 - 335.

Petri, H. (1991). Partnerschaft ohne Illusion? Psychologie Heute, 8, 60 - 65.

Petermann, F. & Petermann, U. (1990). Training mit aggressiven Kindern. München: Psychologie Verlags Union.

Pfrang, H. (1987). Der Mann in Ehe und Familie. In H.J. Schulze & T. Mayer (Hrsg). Familie. Zerfall oder neues Selbstverständnis? (S. 67 – 106). Würzburg: Verlag Königshausen & Neumann.

Piaget, J. (1970). Piaget's theory. In P.H. Mussen (Ed.). Carmichael's manual of child psychology. New York: Wiley.

Pölert-Klassen, A. (1999). Soziales Lernen in der Sekundarstufe 1. Pädagogik Unterricht, 1, 38 – 46.

Provence, S. & Lipton, R.C. (1962). Infants in Institutions. International Universities Press.

Puls, W. (1989). Soziale Isolation und Einsamkeit. Ansätze zu einer empirisch - nomologischen Theorie. Wiesbaden: Deutscher Universitäts - Verlag.

PZ: Politische Zeitung (1996). Risikogesellschaft. Bundeszentrale für politische Bildung, 85, 3.

PZ: Politische Zeitung (1998). Die Würde des Menschen ist unantastbar. Thema: Grundrechte. Bundeszentrale für politische Bildung, 96, 4.

Quinton, D. & Rutter, M. (1976). Early hospital admission and later disturbance of behavior; an attempt replication of Douglas findings. Developmental Medicine, 18, 447 - 459.

Rauh, H. (1987). Frühe Kindheit. In R. Oerter & L. Montada. Entwicklungspsychologie (S. 103 - 203). München, Weinheim: Beltz Psychlogie - Verlags - Union.

Rauh, R. (1987). Programm zur Berechnung des Überlappungskoeffizienten. Ruhr-Universität Bochum.

Rerrich, M. S. (1990). Balanceakt Familie. Zwischen alten Leitbildern und neuen Lebensformen. Freiburg: Lambertus-Verlag.

Richter, H.E. (1963). Eltern, Kind und Neurose. Hamburg: Rowohlt.

Riemann, F. (1991). Die Fähigkeit zu lieben. Stuttgart: Kreuz Verlag.

Rinn, R.C. & Markle, A. (1979). Modification of social skill deficits in children. In A.S. Bellack & M. Hersen (Eds.). Research and practice in social skills training (pp. 107 – 129). New York: Plenum.

Rink, J.E., Dickscheit, J. & Wittrock, M. (1999). Die Haltung von Gruppen Jugendlicher gegenüber sozialen Grenzen: Standardbild und Abweichungen. Ein Zwischenresümee von der Reaktionsforschung. Sonderpädagogik, 28, 4, 184 - 193.

Robertson, J. & Robertson, J. (1971). Young children in brief seperation: A fresh look. Psychoanalytic Study of the Child, 26, 264 - 315.

Rodin, J. (1993). Die Körper-Falle. Psychologie Heute, 7, S. 20 - 23.

Rogers, C.R. (1959). A theory of therapy, personality and interpersonal relationships, as developed in the client-centered framework. In S. Koch (Ed.). Psychology: A Study of a Science (p. 16; Vol. 3). New York: Mc Graw-Hill.

Röhner, Ch. (1994). Trennungskinder. Die Grundschulzeitschrift, 8, 73, 19-22.

Rosenbaum, H. (1996). Formen der Familie. Untersuchungen zum Zusammenhang von Familienverhältnissen, Sozialstruktur und sozialem Wandel in der deutschen Gesellschaft des 19.Jahrhunderts. Frankfurt a. M.: Suhrkamp.

Rossi, A. & Rossi, P. (1990). Of human bonding: Parent child - relationships across the life course. Hawthorne, New York: Aldine and Gruyter.

Rubinstein, C., Shaver, P. & Peplau, L.A. (1980). Die Kluft zwischen Wunsch und Wirklichkeit. Psychologie Heute, 2, 27 - 33.

Rutter, M. (1978). Bindung und Trennung in der frühen Kindheit. Forschungsergebnisse zur Mutterdeprivation. München: Juventa Verlag.

Saint – Exupéry, A. de (1982). Worte wie Sterne. Freiburg : Herder.

Schaffer, H.R. & Emerson, P.E. (1964). The Development of Social Attachment in Infancy. Monogr. Soc. Res. Child Development, 29, 1.

Schermer, F.J. (1991). Lernen und Gedächtnis. Stuttgart, Berlin: Kohlhammer.

Schiefenhövel, W. (1988). Geburtsverhalten und reproduktive Strategien der Eipo. Ergebnisse humanethologischer und ethnomedizinischer Untersuchungen im zentralen Bergland von Irian Jaya (West - Neuguinea), Indonesien. Berlin: Reimer.

Schmidt, M. (1989). Karrierefrauen und Partnerschaft. Sozialpsychologische Aspekte der Beziehung zwischen karriereambitionierten Frauen und ihren Lebenspartnern. Münster, New York: Waxmann.

Schmidtbauer, W. (1994). Die Angst vor Nähe. Reinbek bei Hamburg: Rowohlt.

Schmiedel-Vavra, M. (1995). Altersbedingte Sprachunterschiede. Diplomarbeit: Ruhr-Universität Bochum.

Schönfeld, G.-M. (1996). Future Sex. STERN, 29, 36 - 46.

Schofer, B., Bender, H., & Utz, R. (1990). Sind Singles individualisiert? Lebenslage und Lebensstil Alleinlebender. Zeitschrift für Bevölkerungswissenschaft, 17, 4, 461 - 488.

Schreiber, H. (1980). Singles: allein leben, besser als zu zweit? München: Ullstein.

Schütze, F. (1977). Die Technik des narrativen Interviews in Interaktionsfeldstudien - dargestellt an einem Projekt zur Erforschung von kommunalen Machtstrukturen (MS). Universität Bielefeld, Fakultät für Soziologie, Arbeitsberichte und Forschungsmaterialien, Nr. 11.

Shaver P.R., Hazan, C. & Bradshaw, D. (1988). Love as attachment: The integration of the behavioral systems. In R.J. Sternberg & M.J. Barnes (Eds.). The Psychology of love (pp. 68-99). New Haven: C.T. Yale University Press.

Shaw, R. (1989). Eifersucht und Selbstwertgefühl. Unveröffentlichte Semesterarbeit in Psychologie. Universität Marburg.

Sichrovsky, P. & Scheer, P. (1991). Liebe, Haß und Gleichgültigkeit. Die moderne Beziehung in der Sackgasse. Hamburg: Hoffmann & Campe.

Sieder, R. (1987). Sozialgeschichte der Familie. Frankfurt a. M.: Suhrkamp.

Simpson, J. A. (1990). Influence of attachment styles on romantic relationships. Journal of Personality and Social Psychology, 59, 971 - 980.

Spiegel, E. (1986). Neue Haushaltstypen. Entstehungsbedingungen, Lebenssituationen, Wohn- und Standortverhältnisse. Frankfurt a. M., New York: Campus-Verlag.

Spitz, R.A. & Wolf, K.M. (1946). Anaklitic depression: An inquiry into the genesis of psychiatric conditions in early childhood II. Psychoanalytic Study of the Child, 2, 313 - 342.

Springer, A. (1998). Singles - außerhalb von Ehe und Familie. Radio Feature: 22. 01. 1998. Westdeutscher Rundfunk.

Sroufe, L.A. (1979). The coherence of individual development: Early care, attachment, and subsequent development issues. American Psychologist, 34, 834 - 841.

Sroufe, L.A. (1983). Infant-caregiver attachment and patterns of adaptation in preschool: The roots of maladaptation and competence. In M. Perlmutter (Ed.). Development and policy concerning children with special needs. The Minnesota symposia on child development (pp. 41 - 81) (Vol. 16). Hillsdale, N.J.: Lawrence Erlbaum.

Sroufe, L.A. & Waters, E. (1984). The Domain of developmental Psychopathology. Child Development, 55, 1, 17 - 29.

Statistisches Bundesamt (Hrsg.) (1987). Statistisches Jahrbuch 1986 für die Bundesrepublik Deutschland. Wiesbaden.

Statistisches Bundesamt (Hrsg.) (1996). Statistisches Jahrbuch 1995 für die Bundesrepublik Deutschland. Wiesbaden.

Statistisches Bundesamt (Hrsg.) (1997). Datenreport 1997. Zahlen und Fakten über die Bundesrepublik Deutschland. Schriftenreihe Band 340. Bonn: Bundeszentrale für politische Bildung.

Sternberg, R.-J. (1994). Interview mit H. Ernst: Die Liebe - eine Geschichte? Psychologie Heute, 12, 27 - 29.

Strube, G. (1984). Assoziation. Der Prozeß des Erinnerns und die Struktur des Gedächtnisses. Berlin, Heidelberg: Springer.

Szczesny-Friedmann, C. (1991). Völlig losgelöst. Von der Mühe sozialer Beziehungen. Psychologie Heute, 4, 22 - 26.

Tausch, A.M. & Tausch, R. (1991). Erziehungspsychologie. Göttingen, Toronto, Zürich: Hogrefe.

Trommsdorf, G. (1991). Sympathie und Partnerwahl. Enge Beziehungen aus interkultureller Sicht. In M. Amelang, H.-J. Ahrens & H.W. Bierhoff (Hrsg.). Partnerwahl und Partnerschaft. Formen und Grundlagen partnerschaftlicher Beziehungen (S. 185 - 219). Göttingen, Toronto, Zürich: Hogrefe.

Ulich, D. (1992). Sozialisation und Entwicklung von Emotion. In D. Ulich & P. Mayring (Hrsg.). Psychologie der Emotionen (S. 103 - 130). Stuttgart, Berlin, Köln: Kohlhammer.

Wagener, H. (1982). Deutsche Liebeslyrik. Stuttgart: Kreuz Verlag.

Walden, K. (1992). Zusammenhänge zwischen Bindungsstilen im Erwachsenenalter und Erinnerungen an die Kindheit. Diplomarbeit: Universität Marburg.

Wallerstein, J.S. (1987). Children of divorce: Report of a ten-year follow-up of early latency-age children. American Journal of Orthopsychiatry, 57, 199 - 211.

Walper, S. (1991). Trennung der Eltern und neue Partnerschaft: Auswirkungen auf das Selbstkonzept und die Sozialentwicklung Jugendlicher. Schweizerische Zeitschrift für Psychologie, 50, 1, 34 - 47.

Wartner, U. (1987). Attachment in infancy and at age six, and children´s self - concept: A follow-up of a German longitudinal study. Unpublished doctoral dissertation: University of Virginia, Charlottesville, V A , USA.

Waters, E., Wippman, J. & Sroufe, I.A. (1974). Attachment, positive affect and competence in the peer group: Two studies of construct validation. Child Development, 51, 208 - 216.

Watzlawick, P. (1988). Anleitung zum Unglücklichsein (27. Auflage). München: Piper.

Weber, K. (1996). Italien: Großfamilie stirbt aus. WZ (Wuppertaler Zeitung), 13. April.

Weidenbach, J. (1997). Ungewollt kinderlos: Zu enge Bindung an die eigenen Eltern? Psychologie Heute, 9, 14.

Weinraub, M. & Lewis, M. (1977). The Determination of Children's Responses to Seperation. Monogr. Soc. Res. Child Development, 42, 4.

White, G.L. (1980). Physical attractiveness and courtship progress. Journal of Personality and Social Psychology, 39, 660 - 668.

Willi, J. (1991). Was hält Paare zusammen? Reinbek bei Hamburg: Rowohlt.

Wolf, W. (1987). Alltagsbelastung und Partnerschaft. Eine empirische Untersuchung über Bewältigungsverhalten. Bern: Huber.

Wolkind, S. & Krug, S. (1985). From child to parent: Early seperation and the adaptation to motherhood. In A.R. Nicol (Ed.). Longitudinal studies in child psychology and psychiatry (pp. 53 - 74). New York: Wiley.